解讀中國改革開放

蔡 昉 著

商務印書館

解讀中國改革開放

作　　者：　蔡　昉
責任編輯：　黃振威
封面設計：　黎奇文
出　　版：　商務印書館（香港）有限公司
　　　　　　香港筲箕灣耀興道 3 號東滙廣場 8 樓
　　　　　　http://www.commercialpress.com.hk
發　　行：　香港聯合書刊物流有限公司
　　　　　　香港新界大埔汀麗路 36 號中華商務印刷大廈 3 字樓
印　　刷：　美雅印刷製本有限公司
　　　　　　九龍觀塘榮業街 6 號海濱工業大廈 4 樓 A 室
版　　次：　2018 年 7 月第 1 版第 1 次印刷
　　　　　　© 2018 商務印書館（香港）有限公司
　　　　　　ISBN 978 962 07 6607 7
　　　　　　Printed in Hong Kong

目　錄

第一章

從而立到不惑

子曰：「如有王者，必世而後仁。」孔子十一代孫、西漢經學家孔安國對這句話的權威解釋是：「三十年曰世。如有受命王者，必三十年仁政乃成。」也就是說，30 年叫做一代，治理國家者施行仁政，解決民生問題，30 年是一個可以初顯實效的時間區段。以 1978 年召開中國共產黨第十一屆三中全會作為改革起始，到 2008 年為 30 年，到 2018 年為 40 年，其間中國經歷的巨大變化是幾千年歷史上從未有過的，在世界經濟史上也是罕見的。而在三十而立到四十不惑的 10 年，特別是中國共產黨的十八大以來，這種變化更顯突出。

改革開放成就最突出地表現為民生的普遍改善。即在高速經濟增長和居民收入整體提高的過程中，政府也實施了大規模的農村扶貧規劃，着力解決「三農」問題，並在推動城鄉就業擴大的同時，加強了勞動力市場規制，建立和完善了社會保護機制，為勞動力市場上的脆弱羣體提供了基本安全網。這些無可爭辯的事實表明，40 年的中國經濟社會發展是包容式的。但是，城鄉居民的生活水平提高速度快慢不一，社會保護得到改善的程度也有差別，表現為居民之間收入差距的擴大和享有基本公共服務的不均等，都構成不容迴避的政策挑戰。

1.1 人均收入的翻番

在迄今為止的整個改革開放期間，即 1978-2011 年期間，中國經濟增長率得以保持每年近 9.9% 的速度。不僅是經濟總量，人均收入增長也創造了奇跡。這期間，剔除通貨膨脹因素之後，人均國內生產總值（GDP）的年平均增長率高達 8.8%。按照統計學的一個拇指法則，7% 的年均增長率可以實現 10 年翻一番，而 10% 的年均增長率則可以在 7 年實現翻番。由此可以想像，上述人均 GDP 增長速度在 30 年乃至 40 年的持續，可能產生的效果。

讓我們來比較不同國家在類似發展階段上，人均收入翻一番所需要的時間。英國在 1780 年至 1838 年花了 58 年，美國在 1839 年至 1886 年花了 47 年，日本在 1885 年至 1919 年花了 34 年，韓國在 1966 年至 1977 年花了 11 年。而中國在 1978 年至 1987 年期間只用了 9 年的時間，隨後又在 1987 年至 1995 年和 1995 年至 2004 年期間分別用 8 年和 9 年時間再次兩度翻番，並於 2011 年再翻一番，而這一次只用了 7 年的時間。2011 年至 2016 年期間，人均 GDP 實際增長每年為 6.9%，再次翻番指日可待。

經濟史學家發現，自 18 世紀較晚的時期開始，即大致以工業革命為界，世界經歷了一個國家之間發展水平的「大分流」，隨後則形成富裕國家和貧窮國家的分野格局，至今未變。因此，經濟學家從事研究孜孜不倦的熱情和持久動機，就是探索後進國家如何在人均收入上趕上甚至超過先進國家。而做到這一點的關鍵，就在於落後國家能否發動起一個快於先進國家的經濟增長速度，

並在較長的時間內加以保持。作為低收入國家，如果能夠長期保持足夠高速的經濟增長速度，無疑會創造趕超奇跡。

中國 GDP 總量在 1990 年只排在世界第 10 位，到 1995 年，中國超過了加拿大、西班牙和巴西，排在第 7 位，到 2000 年，中國超過意大利，晉升到第 6 位。隨後，在本世紀前 10 年中，中國又依次超過了法國、英國和德國，到 2009 年終於超過了日本，成為世界第二大經濟體，僅僅位於美國之後。2011 年，中國 GDP 總量為 11.2 萬億美元，相當於美國的 60.3% 和世界的 14.8%。中國在近 40 年的時間裏，顯著地縮小了與發達經濟體的發展水平和生活質量差距。這一經驗充分證明，只要選對了道路，即堅持改革開放促經濟發展的方向，相對落後的國家完全可以實現趕超。

當 GDP 總量被創造出來之後，如何在各種生產要素之間，或者經濟當事人之間進行分配，例如在資本要素所有者和勞動要素所有者之間的分配，或者在勞動者、經營者和國家之間的分配，決定了經濟增長的分享水平。換句話說，要看一個經濟增長奇跡是不是真正惠及民生，除了觀察人均 GDP 的增長速度，更要看城鄉居民收入的增長速度。

國家統計局城鄉住戶調查資料顯示，從 1978 年到 2015 年的 37 年時間裏，城鄉居民的實際收入都以驚人的速度提高，剔除物價因素之後，農村和城鎮居民的家庭人均收入年均增長率分別為 8.2% 和 7.3%。與此同時，農村人口比重從 82% 下降到 44%，意味着整體收入水平的明顯改善。從變化趨勢上看，在 20 世紀 80 年代，農村居民人均收入的提高速度快於城鎮居民人均可支配收入，90 年代開始，農村居民收入提高速度相對滯後於城鎮居民收

入，而在 2004 年以後，農村居民收入重新拾起了較高的速度，呈現逐漸快於城鎮居民收入的趨勢。

在分析城鄉居民收入資料時，我們還可以看到一個常常被忽略的事實，即研究者習慣於激烈抨擊的城鄉收入差距，實際上並沒有普遍認為的那麼嚴重。通常的計算方法是，把每年的名義城鄉收入，以農村居民收入作為 1，來計算兩者之間的比率。按照這個方法，2015 年城鎮居民名義收入為 24565 元，農村居民名義收入為 7917 元，城鄉收入比為 3.1，無疑高於 1978 年的 2.57，比歷史上城鄉收入差距最小的 1983 年（1.82）更是高出許多。但是，由於農村與城鎮的生活費用不盡一致，物價變動幅度也不同，這種忽略了價格因素，依據城鄉名義收入計算收入比的方法是不科學的。

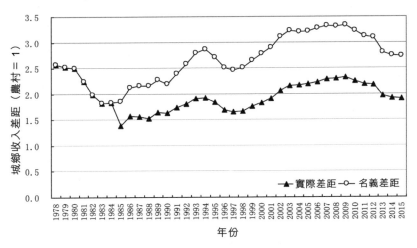

圖 1-1　實際城鄉收入差距起伏中趨降

資料來源：國家統計局《中國統計年鑒》相關年份。

按照城鄉不同的消費價格指數進行調整，我們計算出可比的歷年城鄉居民收入，以及城鄉收入比。觀察這一組城鄉收入比數字，我們發現，其一，2012 年的城鄉收入比為 2.18，已經低於 1978 年的水平；其二，這個收入差距比 1988 年的 1.52 仍然高出不少，說明城鄉收入差距經歷了一個 U 字型的變化過程，即在改革之後一度顯著下降，隨後再次擴大；其三，2012 年的城鄉收入差距已經低於 2004-2011 年三年的水平，顯示出縮小的趨勢；最後，自 2013 年開始，國家統計局採取了城鄉一體化的調查口徑，把此前農村採用農戶純收入和城鎮採用可支配收入，統一為人均可支配收入。按照最新資料，2015 年城鄉收入差距已經縮小為 1.91。

不僅如此，現行統計體系中的住戶調查，因遺漏了農村勞動力外出打工的收入，因此，圖 1-1 中顯示的城鄉收入差距，很多年裏仍然包含着高估的成分。由於官方統計系統內的住戶調查，在 2013 年以前是分城鄉獨立進行的，因此，舉家遷入的農村家庭和外出打工農村家庭成員，既因難以進入抽樣範圍而被顯著排除在城市樣本外，又因長期外出不再作為農村常住人口，而被大幅度排除在農村樣本住戶的調查覆蓋之外。

一些研究者無疑注意到了現行城鄉住戶收入統計的這一缺陷，嘗試從不完善的統計體系中挖掘出相關的證據，告訴我們更加接近於真相的城鄉收入差距。他們選擇一個發達地區省份浙江和一個西部省份陝西，通過對包括統計局記賬戶和抽取的其他住戶進行調查，重估了被城市和農村遺漏的農民工收入。結論是，僅因官方統計系統的住戶調查抽樣和定義中存在的問題，就導致

城鎮居民可支配收入平均被高估 13.6%，農村居民純收入平均被低估 13.3%，城鄉收入差距平均被高估了 31.2%[1]。

1.2 世界減貧範例

中國實施改革開放政策以來，不僅實現了世界上最快速的經濟增長，最大程度地改善了人民生活水平，也實現了世界上規模最大的扶貧、減貧。1978 年，按當時中國政府確定的貧困標準每人每年 100 元統計，不足溫飽的貧困人口為 2.5 億人，佔農村總人口的 30.7%。1984 年，扶貧標準提高到每人每年 200 元，貧困人口下降到 1.28 億，貧困發生率降低至 15.1%。進一步，按照 2010 年的扶貧標準 1274 元統計，農村貧困人口從 2000 年的 9422 萬人，減少到 2010 年的 2688 萬人，相應地，貧困發生率從 10.2% 下降到 2.8%（圖 1-2）。

1　高文書、趙文、程傑：〈農村勞動力流動對城鄉居民收入差距統計的影響〉，蔡昉主編《中國人口與勞動問題報告 No. 12 ——「十二五」時期挑戰：人口、就業和收入分配》，北京：社會科學文獻出版社，2011 年，第 228-242 頁。

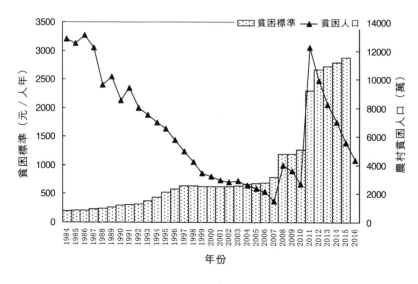

圖 1-2 扶貧標準提高的同時貧困發生率下降

資料來源：國家統計局（歷年），《中國統計年鑒》，中國統計出版社。

　　2011 年中央政府把國家扶貧標準大幅度提高到以 2010 年不變價為基準的 2300 元，比 2009 年提高了 92%。這一新標準的出台，使得全國貧困人口數量和覆蓋面由 2010 年的 2688 萬人擴大到了 1.28 億人。按照國際可比的購買力平價法，這一新的扶貧標準相當於人均每天 1.8 美元，超過了世界銀行 2008 年制定的每天 1.25 美元的國際貧困標準。如圖 1-2 所示，在這個新標準下，農村貧困人口繼續大幅度減少。李克強總理在 2018 年全國人民代表大會的《政府工作報告》中指出，2012-2017 年的五年中，共幫助貧困人口 6800 多萬脫貧，按照新標準計算的貧困率從 10.2% 下降到 3.1%。

　　中國扶貧開發以及在整體上提前完成千年發展目標的巨大

成就，得到了國際社會的普遍讚譽。世界銀行認為，中國扶貧開發所取得的成就深刻地影響着國際社會。聯合國開發計劃署也認為，中國的扶貧成就為發展中國家甚至整個世界提供了一種模式。亞洲開發銀行認為：中國扶貧開發有許多經驗，值得其他國家學習。中國扶貧領域取得的成就，在亞洲首屈一指，中國政府完全可以為之驕傲。

這些國際機構承認，30 年來，全人類取得的減貧事業成就中，三分之二應歸功於中國。其實不僅如此。在 1981-2013 年期間，按照世界銀行標準界定的全世界絕對貧困人口，即每天收入不足 1.9 國際美元（2011 年不變價）的人口，從 18.93 億減少為 7.66 億，同期中國從 8.78 億減少為 2517 萬，這就是說，中國對全球扶貧的貢獻率為 75.7%。這是中國對國際扶貧和發展事業的巨大貢獻，也是對人類文明和進步事業的巨大貢獻。

回顧中國農村多年的發展歷程，緩解貧困的過程可以分為三個階段。第一階段，是 20 世紀 80 年代初期到 80 年代中期的一段時間。對農村經濟體制的全面改革，成為這一時期促進國民經濟快速發展的主要動力，農村居民整體收入增長，成為這一時期減貧的主要因素。

1978 年開始農業經營制度進行了重大的變革，以家庭承包經營制度取代人民公社的集體經營制度，極大地調動了農民生產積極性，與提高農產品價格、加速農業結構調整以及鄉村工業化等一道，全面促進了農村經濟的增長。以鄉鎮企業為代表的鄉村工業化在這一時期也開始發展，不僅增強了農村經濟的活力，也給一些有知識、有技能的農村勞動力拓展就業管道、實現脫貧致富

提供了新的機遇。由於這一輪經濟增長主要是通過制度創新實現的，且解決了微觀個體的激勵機制問題，改革所帶來的收益也因此迅速傳遞到貧困人口，使貧困農民得以脫貧致富，農村貧困現象大幅度緩解。

1978-1985 年期間，全國農業增加值增長了 55.4%，農業勞動生產率提高了 40.3%；農產品綜合收購價格指數提高了 66.8%，據估計農民因價格提高增加的收入，佔此時期農民新增收入的 15.5%。同期，伴隨着各種農產品產量的迅速增長，農民人均純收入增長了 2.6 倍，農民人均攝取熱量從 1978 年的每人每天 2300 千卡，增加到 1985 年的 2454 千卡。在這一時期，生活在絕對貧困線以下的農村人口，從改革開放之初的 2.5 億，下降到 1985 年的 1.25 億，佔農村人口的比例下降到 14.8%；貧困人口平均每年減少 1786 萬人。這無疑是當今世界規模最大、速度最快的減貧過程。

20 世紀 80 年代中期到 20 世紀末的一段時間，可以看作是實施減貧的第二階段。政府成立了專門扶貧工作機構，多管道安排了專項資金，制定了專門的優惠政策，對傳統的救濟式扶貧進行徹底改革並確定了開發式扶貧方針。通過採取特殊的政策和措施，開展有計劃、有組織、大規模的開發式扶貧。這一階段扶貧工作可以看作是針對農村特定人羣的政府努力，有兩個特殊經驗。

首先，在確定了區域開發式扶貧的總體思路後，為了集中使用扶貧資金，有效地扶持貧困人口，中國政府制定了國家重點扶持貧困縣的標準，確定了一批國家重點扶持貧困縣。中國政府於 1986 年第一次確定了國家重點扶持貧困縣標準：以縣為單位，

1985 年農民年人均純收入低於 1150 元的縣。此後，隨着經濟的發展，特別是貧困地區經濟狀況的不斷改善，對貧困縣的標準也及時作出調整。當時確立了 592 個國定貧困縣，佔全國縣級行政單位的將近 1/5。

其次，1993 年國家制訂並頒發了《國家八七扶貧攻堅計劃》。這個計劃力爭在 20 世紀內最後 7 年，集中力量，基本解決目前全國農村 8000 萬貧困人口的溫飽問題。這個規劃以一種特殊努力的方式，利用中國社會較強的動員力和共識程度，集中在較短的時間裏達到最大的扶貧效果。在 1997 年至 1999 年這三年中，中國每年有 800 萬貧困人口解決了溫飽問題，達到進入 20 世紀 90 年代以來中國解決農村貧困人口年度數量最高水平。

到 2000 年底，國家「八七」扶貧攻堅目標基本實現。7 年時間中國農村貧困人口減少了 5000 萬，農村貧困發生率從 8.7% 進一步降低到 3.4%。這有力地推動了第二個階段的扶貧事業。從 1986 年至 2000 年，國家重點扶持貧困縣的農民人均純收入從 206 元增加到 1338 元，全國貧困人口從 1.31 億減少到 3209 萬。

緩解農村貧困不僅體現於以收入度量的貧困人口和貧困發生率的下降，也體現在人文發展和貧困集中地區各項社會事業的發展。這一時期，貧困地區基本的基礎設施明顯改善，屬於扶貧重點的基礎設施如交通、通訊、電力、學校等擁有率已接近非貧困地區。通過這一階段的政府扶貧努力，農村貧困的總體分佈也發生了明顯的變化，區域特徵更加明顯。貧困更加集中於一些自然條件惡劣的中西部地區。

隨着《國家八七扶貧攻堅計劃》基本完成，中國政府的扶貧努

力進入第三階段。2001 年，中國扶貧開發進入新階段。在東部經濟發達地區，貧困發生率已經顯著降低。因此，根據貧困人口主要集中於中西部，但遍佈全國各地農村的分佈新特點，在中西部地區確定了 592 個國家扶貧開發工作重點縣。2002 年，重點縣的絕對貧困人口佔全國總數的 62.1%，低收入人口佔全國總數的 52.8%。

從 2000 年開始，農村地區的貧困發生率基本維持在同一水平，隨後的 10 年總共減少貧困人口 521 萬。考慮到國家每年投入的扶貧資金在不斷增加，意味着區域開發計劃已經不再向以前那樣具有明顯的扶貧效果。而農村貧困的性質也主要以邊緣化的貧困為主，由於地理、氣候等自然條件和由於個人能力所導致的長期貧困成為邊緣化貧困的主要特徵。

在這種情況下，治理貧困的手段也面臨着比較大的調整，通過區域瞄準、促進地方經濟發展的方法，已經很難惠及這一部分貧困人口。更明確的瞄準措施和更直接的救助方式，將是徹底解決農村貧困的主要手段。

2001 年，中國共產黨中央、國務院制定並頒佈實施了《中國農村扶貧開發綱要（2001-2010 年）》。這個《綱要》的一個顯著特點是扶貧到村，被稱為「整村推進扶貧戰略」。進入新世紀，農村貧困的性質開始發生轉變。即便是在貧困縣內部，貧困人羣和非貧困人口的分化也越來越明顯。扶貧資金的使用以及區域經濟的增長能否真正惠及貧困羣體，成為一個日漸突出的問題。

因此，扶貧政策需要縮小瞄準的範圍，以提高資金的使用效率，使扶貧的資源能夠真正惠及窮人。在這種情況下，從 2001 年起在貧困縣的範圍內確定了一批重點貧困村，繼而又在全國各省

確定了 14.8 萬個重點貧困村。這樣，既瞄準了貧困的區域，又對貧困羣體進行更細緻的甄別，提高了貧困瞄準的效率。

通過實施該綱要，貧困地區的各項社會事業有了長足進步。這一時期扶貧的整村推進效果十分顯著。扶貧重點村的農戶收入增長速度明顯高於貧困縣，更高於全國平均水平。在貧困村中，實施整村推進的貧困村農戶的收入增長比沒有實施整村推進的貧困村高 8%-9%。貧困村在生產性基礎設施和生活服務設施方面的改善也同樣顯著，改善速度大大高於貧困縣的平均變化速度。

隨着到 2010 年底，全國貧困人口進一步下降，並且率先實現了聯合國千年發展目標中貧困人口減半的目標。緊接着，國家開始實施《中國農村扶貧開發綱要（2011-2020 年)》，以大幅度提高的扶貧標準，將集中連片特殊困難地區確定為扶貧攻堅的重點，為這些地區的扶貧工作提供更加有力的政策保障和資金支援。同時，國家把扶貧標準提高到國際通行標準之上，不僅表明政府提高了自身扶貧責任，把更多的農村低收入人口納入到扶貧範圍，對貧困地區和貧困人口給予更大的扶持力度，還表明中國扶貧戰略開始實現從消除絕對貧困，向同時解決相對貧困的目標轉變。

中國共產黨第十八次代表大會以來，中國以一場新的攻堅戰的姿態，加大力度實施脫貧攻堅工程，實施精準扶貧、精準脫貧，分類扶持貧困家庭，取得了扶貧脫貧的新成就。在更高貧困標準下，農村貧困人口從 2011 年 1.22 億減少到 2016 年的 4335 萬，平均每年減少 1581 萬，打破的扶貧領域的邊際扶貧效果遞減「規律」。2016 年開始實施的第十三個五年規劃確立了更為宏大的目標，即按照根據物價等因素調整的現行貧困標準，2020 年使人均

年收入不足 4000 元的農村貧困人口全部實現脫貧，貧困縣全部摘帽，解決區域性整體貧困。

1.3 中國特色「三農」政策

在中共十一屆三中全會於 1978 年冬天在北京召開的同時[2]，安徽鳳陽縣小崗村的 18 戶農民面臨着如何應對災荒和飢餓的選擇：是像往年一樣外出逃荒要飯，還是衝破體制牢籠，把土地承包給家庭經營。最終他們選擇冒天下之大不韙，寫下血書（承擔政治責任），率先搞了包產到戶，結果立竿見影，一下子解決了溫飽問題，其做法和效果也不脛而走。隨後，在政策逐步放寬的鼓勵下，家庭承包制迅速地在全國推廣。1980 年初還只有 1.1% 的生產隊實行家庭承包制，年底就達到 20%，1984 年底則達到 100%，並且實行家庭承包制的農戶也達到了 97.9%。

實行家庭承包制，即農民拋棄生產隊大呼隆勞動方式和大鍋飯分配方式，選擇包乾到戶這種承包形式，根本改變了農業中的基本經營制度。與此同時，國家通過提高農產品收購價格，以及把國家統購制改為合同定購制等一系列農產品收購制度改革，為後來過渡到農產品流通的市場化邁出最初的步伐，也從價格上

2　這次會議重新確立了中國共產黨解放思想、實事求是的思想路線，被認為是標誌着經濟改革起步的重要里程碑。

對農業生產提供了有效的激勵。由於這一步改革取得了良好的激勵效果，農業生產迅速得到恢復，不僅農民溫飽問題得到即刻解決，為非農產業和城市居民提供農產品的保證程度也大大增強。

家庭承包制提高生產效率的潛力，看似是一次釋放的，基本上在包乾到戶在全國普遍實行，覆蓋幾乎全部生產隊和農戶的 20 世紀 80 年代中期告結束。許多學者把 1985 年以後出現的農業生產增長減速作為標誌，認為農村第一輪改革到此就結束了。事實上，還有若干其他因素，使得增加農民收入和提高生產效率的改革效應，在 20 世紀 80 年代後期繼續得以保持。

其中最值得指出的是，由於勞動積極性和微觀效率的提高，農業中勞動力的使用大大減少，勞動力剩餘現象顯現化。在農產品收購制度改革後的價格信號引導下，這些農業剩餘勞動力相繼從單純的糧食種植，轉移到種植業多種經營、農林牧副漁業全面發展，及至推動了鄉鎮企業的迅速壯大。因此，這一步改革是通過改善激勵機制和解放生產要素，在農村內部挖掘效率潛力的過程。大規模勞動力依次向更加廣闊的生產領域轉移，農村經濟內部效率改進的機會獲得更全面的開發，農村勞動力得到更充分的利用，從而使農民收入增長以及城鄉收入差距縮小的過程，得以繼續維持。

總體來看，那個時期的農村改革主要還是着眼於改進農業中的激勵機制和農村經濟的配置效率，並沒有觸及到城鄉關係的另一極，即城市居民的既得利益。而當改革重點進入到以國有企業為對象的城市經濟領域，在很大程度上則不可避免地要利用農村改革的成果，即農產品的充足供給和農村經濟的穩定，與此同時

卻儘可能不損害既定城鄉關係格局中的城市利益。因此，在城市改革方興未艾的同時，農村改革的效應似乎有所減弱，農民收入的增長速度也減慢了。

通過回顧當時的改革情景和相關討論，我們可以看到有若干因素，表明在城鄉關係既定格局沒有發生根本性變化的情況下，導致進一步的農業增產、農民增收和農村發展受到了制約。例如，1985 年對糧食統購制度進行的改革，在大幅度降低了此前農民獲得的超購加價水平的同時，也沒有能夠真正放開糧食市場，因而對生產者來說價格信號是消極的。此外，這一時期還表現出了農業生產投入品價格上漲快於農產品價格上漲的剪刀差擴大，以及政府對農業投入減少等情形。在整個 20 世紀 90 年代，國家對農業的投入佔財政總支出的比例，表現為徘徊和下降的趨勢。

但是，通過改革獲得制度變革收益的過程，本身具有自發性和不可逆性。在國家支持「三農」的政策以及從直接投入上調整城鄉關係的努力，沒有達到令人滿意程度的同時，仍然受到制度性束縛的中國農民，繼續尋找着發揮生產潛能、增加家庭收入的各種經濟機會，促使傳統的城鄉關係格局照樣以驚人的速度得到改變。

推動這個變化的主要動力，是農村勞動力的大規模轉移和跨地區流動，從而促進了城鄉勞動力市場的一體化，在越來越大的範圍內實現了資源重新配置，顯著提高了整體生產率。計量分析表明，1978-1998 年期間，在國民生產總值（GDP）高達 9% 以上的年平均增長中，勞動力數量擴大的貢獻份額為 24%，人力資本

貢獻率 24%，勞動力從農業向非農產業轉移的貢獻率則為 21%[3]。

雖然地方政府，特別是勞動力流入地區的城市政府，常常擔心農村勞動力的流入會導致由地方財政補貼形成的社會福利的流失，擔心外來勞動力會衝擊當地的就業，因而隨着就業形勢的變化而調整對待外來勞動力的態度，形成政策上的搖擺，但是，城市經濟增長對勞動力的需求終究表現出勞動力流動的積極效果，所以大多數情況下，城市政府對外來勞動力的進入至少是持容忍態度的。

此外，全面統籌城鄉和區域平衡發展的傾向，使得中央政府在大部分年份，都把農村勞動力流動看作是積極的現象，並在把握平衡中逐步放寬勞動力流動政策，為農村勞動力進城打工和居住創造了越來越好的政策環境。在整個 20 世紀 90 年代，中央政府和地方政府出台和試驗了各種各樣的改革措施，作出有利於勞動力流動的政策努力。

這種促進農村勞動力跨地域流動的政策調整，是在若干個主體之間互動或博弈的結果。這種互動發生在勞動力流出地政府與流入地政府之間、地方政府與中央政府之間、流動勞動力與城市本地勞動力之間，以及兩類勞動者與政府之間。總體來說，這個政策調整過程也是把改革寓於經濟發展之中，並遵循了「帕累托改進」的原則，即只有獲益者而沒有受損者。

由於勞動力的無限供給和戶籍制度的存在，農民工雖然在工資和福利方面受到一定的歧視，但是，隨着勞動力流動規模的擴

3　蔡昉、王德文：〈中國經濟增長可持續性與勞動貢獻〉，《經濟研究》1999 年第 10 期。

大，農戶從打工中獲得的收入總額不斷擴大。例如，在 1997-2004 年農民工工資沒有實質增長的情況下，由於勞動力外出規模從不到 4000 萬人增加到超過 1 億人，農民工工資總額實現了年平均 14.9% 的增長速度，而農戶工資性收入，即使在被低估的情況下，佔農戶純收入的比重也從 24.6% 提高到 34.0%[4]。另一方面，農民工的參與也填補的城市大量的崗位缺口，對地方經濟和社會發展，進而對中國經濟的整體發展，作出了重要的貢獻，城市居民、地方和中央政府無疑獲益頗豐。

然而，農村勞動力向城市轉移，終究要受到傳統城鄉關係格局的制約。在計劃經濟時期，城市勞動者的就業由計劃統一安排，無論技能與崗位是否相稱，不管勞動態度好與壞，也不管企業經營狀況如何，都沒有被解僱之虞。職工的社會保障和相當一部分福利保障，都是通過單位提供的。基礎教育按照戶籍由城市社區來提供。城市基礎設施和一系列公共服務，都隱含着政府財政補貼。

所有這些方面都嚴重地制約了農村勞動力向城市轉移的徹底性，因而戶籍制度的改革遲遲沒有根本性的進展。由此造成農村勞動力流動像候鳥一樣地周而復始，以致這個日益壯大的羣體成為城市的邊緣人，被稱為流動人口。在這個改革階段上，資源流動的不對等和公共服務不平等現象仍然得以保持，在某些方面甚至有所擴大。

4　蔡昉、都陽、高文書、王美艷《勞動經濟學 —— 理論與中國現實》，北京：北京師範大學出版社，2009 年，第 220 頁。

學者們曾經對整個計劃經濟時期以各種形式實現的農村資源向城市的無償轉移進行估算，歸納起來，估計數額大約在 6000 億至 8000 億元[5]。改革後的很長時間內，這種農業和農村資源向非農產業和城市單向流動的局面也沒有扭轉過來。也有學者估計，在 1980-2000 年期間，以 2000 年不變價格計，通過各種管道從農業吸取了 1.29 萬億元的剩餘用於工業發展。如果從城鄉關係看，同期有大約 2.3 萬億元資金從農村流入城市部門[6]。

與此同時，官方統計顯示，2000 年第一產業增加值佔 GDP 的比重下降到 15.1%，第一產業勞動力佔全國勞動力比重下降到 50%。而從研究角度，這一年農業勞動力比重很可能已經下降到 28.9%。按照南韓和中國台灣省的經驗，中國大陸已經達到了實行「城市支持農村，工業反哺農業」政策的發展階段[7]。進入 21 世紀，2002 年中國共產黨十六大召開以後，伴隨着深入貫徹落實「以人為本」的科學發展觀和構建社會主義和諧社會的實踐，中國進入一個調整城鄉關係的全面改革階段。這個階段農村改革的內容十分豐富，並且不斷得到擴展。

國家財力的大幅度增強，是能夠實行對農業、農村、農民「多予少取」政策，徹底改變城鄉關係格局的重要物質保障。這個以

5　參 見　Cai Fang, Justin Lin Yifu, and Cao Yong, *The Chinese Economy: Reform and Development, Singapore*. Boston and others: McGraw Hill Education, 2009, p. 193.

6　Jikun Huang, Keijiro Otsuka and Scott Rozelle, "The Role of Agriculture in China's Development", presented at the workshop "China's Economic Transition: Origins, Mechanisms, and Consequences", Nov. 5-7, 2004, Pittsburgh.

7　在南韓和中國台灣，這個轉變採取了農業保護的形式，是在 20 世紀 70 年代，其農業產值比重和勞動力比重分別下降到 1/4 和 1/2 以下的水平時開始的。參見基姆·安德森、速水佑次郎：《農業保護的政治經濟學》，天津：天津人民出版社，1996 年，第一章和第二章。

解決長期困擾中國的「三農」問題的改革，最初是以實行「城市支持農村，工業反哺農業」的政策提出的。繼而以「建設社會主義新農村」的具體形式推進實施。在提出「生產發展、生活寬裕、鄉風文明、村容整潔、管理民主」的社會主義新農村目標之後，農村改革的內涵進一步集中到基礎設施建設向農村傾斜，公共財政向農村傾斜，以及統籌城鄉就業和社會保障等重要領域。

這一輪城鄉關係調整取得了良好的成績，如為農民工進城居住和工作創造良好的政策環境，取消實行長達 2600 年的農業稅，對種糧實行各種形式的直接補貼，實行農村免費義務教育、農村最低生活保障制度、新型農村合作醫療制度和新型農村社會養老保險制度等。自中國共產黨的十八大以來，以城鄉一體化為核心，以人民為中心的發展思想引領城鄉關係調整，更是實現了一系列具有里程碑意義的重要成果。

1.4 社會保護從無到有

在許多情況下，人們的幸福感並不與富裕程度成正比。換句話說，更高的收入也可能導致較低的幸福感。雖然相關學科的研究者，迄今為止尚未對此給出令人滿意的解釋，社會保護機制的健全與否所決定的安全感，無疑對幸福的感受產生很大的影響。所謂社會保護，通常指這樣一系列政策和制度安排，以政府和社會為主體，通過發育富有效率的勞動力市場，降低人們面對的經

濟風險和就業衝擊，提高居民保護自身收入和生活水平的能力，從而降低貧困發生率和減少脆弱性。

很顯然，與社會保護相關的制度安排，應該主要包括旨在保護就業安全性和勞動者權益的就業政策和勞動力市場制度，旨在保護居民免受失業、災害、疾病、傷殘和老齡困擾的社會保障體系，以及針對特殊困難和脆弱人羣，如兒童、孤寡老人、特殊地區居民的社會救助和福利等。

在計劃經濟時代，許多社會福利都是由企業或單位提供的，形成與市場經濟條件下相反的情形，即國家越俎代庖作出各種生產決策，而單位在小範圍內提供本應社會化提供的各種服務，終身僱用制（鐵飯碗）替代了社會化失業保險，企業承擔公費醫療和職工困難補助等，國家出資為企業職工養老，乃至企業分配住房、解決職工子女入託，甚至開辦義務教育等，可以說是實施了一種低水平的「從搖籃到墳墓」保障方式。

隨着經濟體制改革深入，特別是為了減輕國有企業的社會責任和負擔，釐清經營性虧損和政策性虧損，進而搞活國有經濟，相應的社會服務逐漸從企業剝離出來。但是，企業從社會責任中擺脫出來之後，並不意味着政府以公共服務的方式，完全接續了相關的社會責任。實際上，在一個時期中形成了社會保護不足的體制性缺口。這個缺口既是制度銜接問題造成的，也與一定的發展階段有關。因為在這個時期，地方政府集中資源發展經濟，用於社會發展的資源十分有限。不僅如此，由於面臨着計劃經濟時期留下來的龐大遺產成本，政府財政能力一度不敷應付。

在 1994 年分稅制改革之前，財政包乾、財政分灶吃飯等分權

改革，強化了地方政府的財政激勵，調動了發展地方經濟的積極性。與此同時，中央財政能夠進行轉移支付的能力大大減弱，因此導致相應的宏觀協調缺失。伴隨着經濟發展水平的差異擴大，縮小地區之間財政能力差距、加大轉移支付力度的籲求十分強烈。

分稅制改革因應了這種要求，強化了中央財政能力，解決了相應的問題。在相當長的時間內，中央進行轉移支付，提高了公共服務均等化水平，彌補了地方政府社會保護不足的缺口，並通過實施區域發展戰略，提高了地區之間經濟社會發展的均衡水平。可以說，以經濟增長為政府特別是地方政府主要目標的時期，這種財政體制在很大程度上保障了必要的區域協調、公共服務和社會保護，總體效果是積極的。

不過，無論是政府集中精力發展經濟，還是繼續借助企業承擔社會責任，無疑是具有符合發展階段特點的政治經濟學理性的。中國領導人在改革伊始就堅定不移地把發展經濟作為改革獲得最廣泛支持的前提，通過做大餡餅使羣眾從改革中獲益。此外，通過再分配與分層承擔社會保護責任，以保持社會穩定也是獲得羣眾支持，保證改革和發展順利推進的關鍵。

因此，在勞動力市場發育過程中，解除規制的改革方式與制定勞動力市場規制的改革方式並重，一方面逐漸打破鐵飯碗，增強勞動力市場競爭性，另一方面通過讓企業，特別是國有企業繼續承擔社會責任，對勞動者進行社會保護。這類政府責任包括：責成工會履行困難職工的救助職能；勸説企業在遇到經營困難的時候儘量不解僱工人；儘量保持原有職工免受勞動力市場競爭，既維持制度性工資水平，又最大限度保護就業崗位。

這方面最典型的例子，是 20 世紀 90 年代末遭遇就業衝擊時，國有企業所承擔的責任。當時出現了計劃經濟時代從未有過的大規模失業現象。由於失業保險制度尚不健全，積累的失業保險基金不敷使用，中央政府要求在企業一級成立下崗職工再就業服務中心，並提出由政府、社會（當時積累的失業保險金）和企業，按照各 1/3 的比例共同負擔發放下崗職工生活補貼。雖然實際上企業直接負擔的費用沒有達到 1/3（如 2002 年是 17.2%），但是，企業承擔着接續下崗工人的社會保險，以及提供就業培訓、崗位資訊等幫助實現再就業的職責。

與此同時，在應對就業衝擊的過程中，中央政府實施了積極的就業政策，提供扶助就業和再就業的公共服務，並基本建立起社會保障體系，城市居民得以被安全網覆蓋。進入 21 世紀以來，在均等公共服務的政策理念之下，以社會保障和社會保護為核心內容的公共服務迅速向農村延伸。

首先，立法更加着眼於保護勞動者。改革開放後的第一個《勞動法》頒佈於 1994 年。由於當時處在典型的勞動力無限供給階段，勞動力從嚴重剩餘的農業轉移到非農產業就業，無論對僱主還是對勞動者而言都是最為迫切的要求，因此，該法並沒有很好執行。最初預期會因此法執行而導致企業成本提高的情形也沒有發生。這種勞動力市場靈活性超過社會保護充分性的特點，甚至被其他發展中國家視為一個有利於增強產業、產品競爭力以及擴大就業的正面經驗。

隨着新的發展階段對勞動者保護的需求增強，2008 年同時開始實施三個與就業有關的法律：勞動合同法、就業促進法和勞

動爭議調解仲裁法，分別對簽訂勞動合同、加入社會保障、禁止就業歧視和建立和諧勞動關係各個方面作出規定和規範。雖然在頒佈之後中國實體經濟遭遇到全球金融危機的衝擊，地方政府一度適當放鬆了一些條文的執法力度，但是，法律的約束性大幅度規範了企業的用工行為，提高了勞動力市場制度化水平。

許多觀察者援引 2008 年以後勞動爭議，特別是與農民工有關的勞動爭議案件的大幅度增加，暗示勞動關係的惡化。其實，這類勞動爭議案件記錄和報導數量的增加，具有某種內生性，即與此前相比，有諸多因素產生鼓勵勞動者提起勞動訴訟的效果。由於 2008 年三個勞動法規的頒佈與宣傳，使勞動者感覺更加有法可依。而在勞動供求關係變化和政府對於社會和諧關注程度提高的情況下，勞動爭議案件的仲裁和判決，天秤大幅度地偏向勞動者一方，給予勞動訴訟結果良好的預期。此外，一個次要但並非沒有意義的因素是，勞動爭議調解仲裁法規定了「勞動爭議仲裁不收費」，大大降低了提起訴訟的成本。這些變化都使得普通勞動者特別是農民工，更多地對那些以往採取忍耐態度的勞動爭議提出訴訟。

其次，勞動力市場制度作用加強。實際上，前述變化也是中國跨越以勞動力短缺和工資上漲為特徵的路易斯轉捩點後，政府政策取向變化的結果。很多研究表明，在不同的發展階段上，勞動力市場制度作用程度與範圍是不盡相同的。隨着路易斯轉捩點到來，工資及其他待遇、就業條件進而勞動關係，更多地不再是由市場自發顯示出的勞動力供求關係決定，而是由勞動力市場制度決定。

一個具有代表性的類似變化，是最低工資標準調整頻率和幅度的變化趨勢。該制度實施初期，即在 20 世紀 90 年代，特點是標準較低、很少進行調整、通常不應用於農民工。隨着 2004 年以後民工荒在各地普遍出現，意味着勞動力短缺成為經常現象，中央政府於 2004 年要求各地至少每兩年進行一次調整。並且被廣泛適用於農民工。各城市政府感受到勞動力短缺的壓力，競相提高最低工資水平。

　　總體來看，本世紀以來，2004 年以後對最低工資標準進行調整的城市明顯增多，調整的幅度有所提高。在遭遇全球金融危機的 2009 年，最低工資標準在各城市都沒有調整。但是，隨着宏觀經濟恢復強勁，勞動力市場重歸活躍，2010 年開始各地進行了補償性的調整，這一年幾乎所有城市提高了最低工資標準，實際提高幅度平均為 20.8%。此後，最低工資調整明年都有較大調整。

　　第三，社會保障體系建設更具包容性。20 世紀 90 年代末到 21 世紀初，城市職工的社會保障和社會保護覆蓋水平大幅度提高，包括城市居民最低生活保障制度的全面覆蓋、基本養老保險制度對退休職工的基本覆蓋、對在職勞動者覆蓋率的逐步提高、城市職工和城市居民醫療保障制度，以及失業保險等社會保險制度的實施。

　　2004 年以後，社會保障制度建設工作的重點被延伸到農村。已經實現制度全覆蓋的項目，包括農村最低生活保障制度、新型農村合作醫療制度等和新型農村養老保險制度等。為了貫徹勞動合同法和社會保險法，提高農民工參加社會養老保險的積極性，2010 年開始執行包括農民工在內的城市職工基本養老保險關係接

續和轉移辦法。以基本養老保險覆蓋率為例，2016 年全國城鄉已經有 88777 萬人參加，這一大幅度的覆蓋率擴大，主要貢獻因素在於實施了不以單位為基礎的城鄉居民基本養老保險（圖 1-3）。

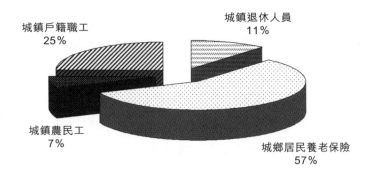

圖 1-3 基本養老保險覆蓋率明顯提高

資料來源：人力資源社會保障部《2016 年度人力資源和社會保障事業發展統計公報》，2017 年 5 月 31 日發佈，2017 年 10 月 1 日下載。

地方政府在提供更好社會保障和社會保護方面的積極性得以調動。在一些勞動力短缺的地區，政府利用在金融危機時期允許緩繳和少繳社會保險費等中央政府的寬鬆要求，有意識地降低了農民工加入社會保險的繳費水平，擴大了覆蓋率。農民工子女的義務教育得到明顯改善，雖然中央政府早有明確要求，但是，由於義務教育的支出責任在地方政府，因此，這個問題最終得以較好解決，主要依靠勞動力輸入地政府的積極性。地方政府在幫助農民工追索拖欠工資，仲裁勞動爭議，以及與城市戶籍職工同等待遇等方面的作用大為增強，傾向性明顯改變。

最後，戶籍制度改革速度加快。許多研究者認為戶籍制度改

革沒有取得期望的進展，因為他們只是從戶籍身份變化的表面進行觀察，即僅僅看到大多數進城務工經商者尚未獲得城市戶口，而忽略了戶籍制度作為阻止勞動力流動和人口遷移的制度障礙，以及內含不平等的社會保障和社會保護水平的功能。如果從後一個角度觀察，不應該否認戶籍制度改革已經取得的進展。

誠然，的確可以從廣義和狹義兩個概念上認識中國的城市化。第一，按照6個月以上常住人口定義的城市化率，2016年已經達到57.4%，在1978年17.9%和1995年29.0%的基礎上，每年以超過3%的速度提高，屬於世界經濟史上最快的城市化速度。不過，這個常住人口城鎮化率中，包含了長期進城務工的農民工，但他們並沒有獲得城市戶口。第二，按照城鎮戶籍人口比重這樣一個中國特色的戶籍人口城鎮化率指標，2016年也達到41.2%，在1995年23.8%的基礎上，也是以每年2.6%的平均速度提高。

有兩個因素促進了戶籍人口城鎮化率的提高。首先無疑是由於城市政府感受到勞動力短缺的壓力，因而不斷地降低了農民工落戶條件，即地方政府推動農民工獲得城市戶口的實踐所促成的。其次在很大程度上也是由於縣改市（區）、鄉改鎮、村改居（委會）的行政區劃變動推動的。根據跨國比較，可以得出的國際經驗是，在33%這樣的城市化水平上，平均而言每年城市化提高速度幅度在0.7%-1.8%之間，可見，如果用非農戶籍人口比重的年平均提高速度，作為中國特色的城市化速度，在過去的一定期間也是大大快於世界平均水平的。

1.5 不斷提高的發展包容性

經濟發展的本意是居民享受更高的生活質量、幸福感和安全感。這在很大程度上固然可以用人均收入水平衡量。但是，由於人們的幸福感和安全感有賴於政府提供的各種基本公共服務和一般公共服務，表現為社會發展水平和均等化程度的不斷提高，因此，也常常因存在着包容性不強和分配不均等的問題，與整體收入水平的提高相分離。

中國過去近 40 年創造的史無前例的經濟增長奇跡，始終伴隨着前所未有的生活水平改善和社會安全感的增強。但是，也有許多研究者認為，在經濟發展同步地惠及全體城鄉居民方面，中國的經驗迄今為止並未表現出與經濟增長同樣的不同尋常。其實，如果不是認識上的偏見或者觀察上的疏遠，至少也是觀察角度不同導致的結論。

經濟發展總體上的包容性和分享性的，集中表現在勞動力市場發育推動了城鄉居民就業更加充分，為全體居民分享經濟發展成果創造了良好的條件。與此同時，勞動力市場作用、政府扶貧努力和社會保護制度建設，共同促成貧困發生率的大幅度下降、社會保護覆蓋率明顯提高。

固然，由於中國的經濟發展本身還存在着不平衡和不協調的問題，一度也由於政府在社會發展方面的作用，在力度上相對弱於推動經濟增長方面的努力，造成區域發展差距特別是東部、中部和西部地區之間的發展差距仍然存在，城鄉之間和居民之間的

收入差距在一段時期內的擴大，存在着勞動力市場上的就業歧視和社會保護方面的待遇歧視，戶籍制度等制度障礙繼續妨礙着社會保護的充分覆蓋和基本公共服務的均等享受。

普通居民的感受應該作為經濟社會發展效果的最終評判者。觀察一下公眾對社會熱點問題的關注情況，可以看到在經濟發展包容性和分享性方面存在的問題。例如，根據社會學家 2006 年、2008 年和 2011 年的調查，公眾連續多年對物價上漲、看病難、看病貴、收入差距過大及至貧富分化，以及腐敗等諸多問題表示高度關注[8]。無論是中外學者還是中國領導人，在肯定了作為經濟發展績效結果的社會發展成績的同時，也都觀察到了社會發展的相對滯後，以及該領域存在的諸多問題及其相關的社會風險[9]，大量研究也分別從不同的角度描述了發展中的不均衡問題。

中國共產黨的十八大以來，以習近平同志為核心的黨中央進一步明確以人民為中心的發展思想，宣導共用發展理念，以前所未有的力度使一系列惠及民生的政策出台落地。不僅城鄉就業更加充分，收入差距縮小，在逐漸滿足老百姓學有所教、勞有所得、病有所醫、老有所養、住有所居基本公共服務需求方面，也取得了長足的新進展。

8　中國社會科學院「中國社會狀況綜合調查」課題組：〈2011 年中國民生及城市化調查報告〉，汝信、陸學藝、李培林主編《2012 年中國社會形勢分析與預測》，北京：社會科學文獻出版社，2012 年，第 120 頁。

9　例如參見 Assar Lindbeck, *Economic-social Interaction in China, Economics of Transition*, vol. 16 (1), 2008, pp.113-139; 溫家寶：〈關於發展社會事業和改善民生的幾個問題〉，《求是》2010 年第 7 期。

根據世界上大量國家（地區）有關經濟增長與收入分配之間關係的經驗，早期發展經濟學家曾經概括出兩種模式。第一是「先增長、後分配」模式，即在經濟發展的早期階段容忍收入差距的擴大，直到總體收入達到一定水平（如庫茲涅茨轉捩點）時，政府才出面解決收入差距過大的問題。第二是「邊增長、邊分配」模式，即在經濟增長的同時，就強調通過政策設計和制度建設，保持較低的收入差距。

　　一般來說，學者們都十分推崇並建議採取後一種模式。後來的學者和政策制定者還把社會保護的內容納入這種模式，並且用收入水平及其均等程度、幸福感和安全感等指標進行衡量，形成所謂包容式發展模式或分享型發展模式。

　　這裏，我們可以把改革開放以來中國的發展，概括為一種一度經歷「不平衡的包容式發展」，隨後加快轉向更加包容發展的軌跡。這種概括應該有助於我們從中國經濟發展及其階段性的特點，認識問題的原因，從這種發展模式中總結經驗和吸取教訓，以便找出解決問題的途徑，把握今後的變化趨勢，探索未來更加包容的發展模式。

　　其實，從全體居民的收入增長、生活質量改進和社會保護覆蓋水平提高的速度來看，中國在過去近 40 年的表現，堪與早期發達國家數百年的成績等量齊觀，從動態的角度講，越來越符合包容式發展模式的標準。之所以會存在普遍的不滿足感，在於期望與現實之間的差距。人們對生活質量改進的預期、幸福感和安全感，不僅來自於與自身原來享有水平的比較，也來自於對社會發展進程與經濟增長速度之間的比較。經濟增長速度越快，對社會

發展進步的期望值就越高，就越容易形成經濟發展與社會發展之間不同步的判斷，社會面臨的問題也就愈顯突出。

中國經濟增長速度之快，在世界經濟史上是罕見的。在經濟高速增長的同時，社會發展水平相對滯後，同時又存在着分享方面的不平衡和不公正問題，自然強化人們的不滿足感。因此，有人把眾多社會矛盾的產生歸結為老百姓的期望值過高，甚至認為一味滿足這種期望的政策具有民粹主義的色彩。但是，既然人民羣眾對於美好生活的嚮往和期待，是與經濟發展速度和水平相適應的，因此就是合情合理的，也是應該不斷給予滿足的，希望通過降低期望值來緩解社會矛盾是沒有出路的。

與經濟增長相比，社會發展往往要求更為長期、複雜的制度建設。所以，在經濟增長以超乎常態的速度推進的情況下，社會發展滯後於經濟增長的現象也不可避免會發生。但是，這決不能成為容忍社會發展不足的藉口。特別是，社會發展水平以及相關的制度環境，本質上也是經濟增長可持續性的必要條件。

按照人均 GDP 水平，中國已經進入世界銀行所定義的中等偏上收入國家的行列。一方面，從經濟發展階段來看，社會發展與經濟發展之間的不相適應，今後仍將越來越突出。另一方面，未來的經濟增長會對社會凝聚力提出越來越高的要求。分享程度是蛋糕不斷做大的目的和結果，也是蛋糕得以繼續做大的社會條件和制度保障。

第二章

發展是硬道理

許多發展中國家的政治領導人，因應民眾的殷切期待，不約而同地作出承諾要大幅度改善老百姓的生活。但是，如果沒有實質性的經濟增長，民生的改善只是無源之水、無米之炊，這種承諾終究不能兌現。在過去 40 年改革開放期間，中國人民生活水平得到大幅度的提高，歸根結底是卓有成效經濟發展的成果。鄧小平的名言「發展是硬道理」，由此得到最好的詮釋。不僅如此，中國的成功實踐也不斷為發展這個詞語賦予了新的涵義，可以為解決人類問題貢獻中國智慧，提供中國方案。

2.1 「風景這邊獨好」

　　1992 年早春，鄧小平在他那次載入史冊的南巡途中，來到一家鄉鎮企業。當聽到這家原本名不見經傳的小廠在 7 年間，產量增加了 16 倍，排名全國第一，並出口到東南亞一些國家，他高興地說：「我們的國家一定要發展，不發展就會受人欺負，發展才是硬道理。」最後這句話，為人們反覆引用，時至今日仍然廣為流傳。雖然這個「硬道理」也曾經遭到過一些人的置疑，但是，在 20 多年之後的今天，無論從中國人民現實的生活感受，還是從統計數字的鑿鑿證據，都反覆揭示和驗證了這個硬道理。

雖然 GDP 作為一個衡量經濟增長的指標，在國際上特別是學者中廣受詬病，但是，儘管經濟學家和統計學家歷盡各種努力，迄今為止，尚沒有找到一個比 GDP 本身更綜合全面的替代指標，用來更好地反映經濟發展績效。所以，我們觀察中國改革開放以來的經濟增長成就時，還需要借助於 GDP 增長率這個指標，分別做橫向與縱向的比較。

依據世界銀行對各國家在 1978-2016 年期間 GDP 年度增長率的統計資料，我們把中國在這個時期的經濟增長績效，分別與一組具有不同類型代表性的國家進行比較（圖 2-1）。在比較中，我們可以通過清楚地觀察各個經濟體的經濟增長表現，及其背後的故事，有助於更好地了解中國經濟的趕超過程及其成效。總體而言，這一時期中國實際 GDP 年均增長率為 9.6%，韓國為 6.2%，美國為 2.6%，日本為 2.1%，俄羅斯（1989-2016 年資料）僅為 0.4%，南非為 2.4%。

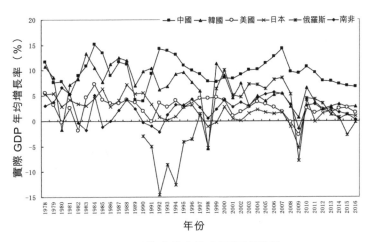

圖 2-1 國際比較中的中國經濟增長

資料來源：世界銀行資料庫 https://data.worldbank.org.cn/indicator/NY.GDP.MKTP.
KD（2017 年 10 月 2 日下載）

我們把中國改革開放以來的長期增長績效，與相鄰的韓國和日本進行比較，具有兩重意義。一重意義在於相鄰經濟體的警示意義和示範效應。20 世紀 70 年代末、80 年代初，在中國作出轉向經濟建設為中心的重要戰略部署之際，包括鄧小平在內的黨和國家領導人對發達國家及相鄰國家和地區進行了一系列考察，深切認識到中國在經濟發展上的落後，感受到在儘可能短的時間裏實現趕超的緊迫性。

1978 年秋天鄧小平訪問日本時有兩個細節，反映了經濟落後對鄧小平的刺激，以及他迫切提高中國人民生活水平的決心。根據傅高義的描述 [1]，鄧小平下車伊始，就對東道主說，自己來的目的之一，是像徐福一樣來尋找「仙草」，即尋找如何實現現代化的秘密。當他乘坐新幹線列車時，則是情不自禁地說了一句「快，真快！」與周邊地區的比較，無疑也是鄧小平「貧窮不是社會主義」思想的來源。

另一方面，歷史起點相似的這些相鄰國家和地區，其成功經驗既給我們以趕超信心，也可以提供有益的發展經驗。實際上，這些國家和地區的經驗，是中國在上個世紀 80 年代初制定「翻兩番」和「三步走」戰略的重要參照點。

一個令人刻骨銘心的記憶是與香港連繫在一起的。在計劃經濟時期，中國大陸的政治運動和僵化體制阻礙了經濟增長和人民生活水平的改善。與此形成鮮明對照的是，香港作為聞名於世的「亞洲四小龍」之一，在實現經濟起飛之後，生活水平大幅度

1　傅高義：《鄧小平時代》，北京：生活・讀書・新知三聯書店，2013 年，第 10 章。

改善。這一對比似乎表明，當時尚未根本擺脫貧困面貌的中國大陸，在與實行資本主義制度的香港的經濟競賽中，沒有顯示出「社會主義」制度的優越性。

在那個年代，許多廣東省居民非法越境，形成了所謂「逃港」現象。據廣東省的不完全統計，1954 年到 1980 年，官方明文記載的「逃港」事件就涉及 56.5 萬人次 [2]。因此，把改革開放以來的大陸發展速度與香港進行比較，尤其意味深長。

這一比較的另外一重意義在於，韓國、新加坡、中國香港和台灣地區是後來被普遍稱作「東亞奇跡」的一部分，並稱為成功實現經濟趕超的「亞洲四小龍」，一度也是世界上增長最快的地區。此外，作為東亞國家和地區，這些經濟體在文化傳統、地理環境和資源條件等方面，與中國大陸有諸多相似之處。因此，與之進行比較，更能夠襯托出中國大陸隨後的經濟增長績效。從世界範圍看，韓國、新加坡和中國香港這三個亞洲經濟體的增長績效，即便不是鳳毛麟角，也屬差強人意。但是，由於這些經濟體都已經進入到高收入階段，經濟增長速度自然不能與處於趕超過程中的中國經濟相媲美。

日本既是亞洲鄰國，也與美國一道代表着當時最發達的國家，並且在歷史上先後充當過世界製造業中心。特別是，當中國改革開放起步之時，美國和日本在列入世界銀行統計的國家中，經濟總量分別排名世界第一位和第二位。因此，把中國經濟增長

2　引自百度百科「逃港」，https://baike.baidu.com/item/%E9%80%83%E6%B8%AF（2017年 10 月 2 日下載）。

績效與之相比較，可以更清晰地觀察中國經濟的趕超特點。對於這兩個高度成熟的經濟體來說，由於處於新古典增長階段，每一步實質性增長都要依靠技術進步和生產率的提高，在長期中固然不能指望有與趕超國家相媲美的增長速度。不過，日本在 1990 年之後，年平均經濟增長率不到 1%，陷入「失去的三十年」，有其自身的原因，我們會在本書的其他章節加以說明。

2003 年，高盛集團從國家規模和增長表現等方面，識別出對世界經濟具有重要影響，並且值得投資者給予格外關注的巴西、俄羅斯、印度和中國，冠名為「金磚四國」。2010 年，金磚四國一致接受南非加入金磚國家合作機制。目前，金磚五國已經成為重要的新興經濟體的代表。然而，中國之外的其他金磚國家，經濟增長表現卻遠遠遜色於中國。在 1978-2016 年期間，除了這裏顯示的南非和俄羅斯之外，巴西和印度的年平均增長率分別為 2.5% 和 6.0%。特別是，這些國家在 2008 年和 2009 年世界性金融危機中，遭受較大衝擊，隨後的恢復也不穩定。

不僅如此。南非以勞資衝突為表現之一的社會對立問題、印度嚴重滯後的基礎設施建設和人力資本不足，以及巴西政治上的不穩定和經濟上過度依賴初級產品出口，從而表現出「去工業化」的趨勢，也使這些經濟體的長期增長表現，不被很多分析家和投資者看好。

國際上也通行把一些國家稱作從計劃經濟向市場經濟轉型的經濟體，包括亞洲的中國和越南，以及前蘇聯國家和東歐國家。在這裏，我們把中國的增長表現與俄羅斯進行比較。由於後者改革起步較晚，而且大多採取了激進的改革方式，經歷過經濟增長

急劇下滑的時期，在過去的二十多年中，整體表現不盡如人意。對於大多數這些轉型國家，我們可以形象地用 L 型增長軌跡來描述，即經濟轉型導致嚴重的衰退，GDP 陷入多年負增長，隨後的恢復也不盡強勁。

可見，無論是與改革開放之前的自身進行比較，還是與各類有代表性的經濟體進行比較，中國在過去近 40 年實現的高速經濟增長堪稱奇跡。因此，中外人士常常喜歡用「一枝獨秀」，或者「風景這邊獨好」這樣富有色彩的語言，來刻畫中國經濟增長的傑出表現。任何人都不會否認，沒有這個經濟總量的增長，13.8 億中國人也不會享有今天的生活水平改善，也不會有世界第二大經濟體所表現出的上九天攬月、下五洋捉鱉的綜合國力。

2.2 「中國崩潰論」

正如中國經濟增長奇跡為世人矚目一樣，置疑這個奇跡的論調也曾經喧囂一時，並在唱衰中國的預言一次次破產之後，又不時捲土重來。人們常常把經濟學稱作「沮喪的科學」，一個原因就是，經濟學家常常扮演關於經濟前景的烏鴉嘴，喜歡揭示出一種普通人看不到，或者不願意看到的經濟未來。作為這門學科的從業者，經濟學家中有樂於報喜的，也有不懼眾怒而頻頻報憂的，各有各的用途。

保羅・克魯格曼獲得 2008 年諾貝爾經濟學獎時，一些媒體

大肆渲染，宣稱是他成功地預測到 1997-1998 年的亞洲金融危機。雖然這種說法並沒有充分的證據和說服力，但是，克魯格曼的確以其對所謂「亞洲奇跡」的置疑，以及對東亞經濟模式的批評著稱。如果我們從「物必自腐而後蟲生」的邏輯看問題，也不妨認為，他確實洞見到了東亞模式中固有的弊端及其潛在的經濟風險。因此，他的觀點也許並不完全正確，卻並不妨礙所涉及的國家和地區採取一種「寧可信其有」的態度。

例如，在經歷了克魯格曼等人對新加坡增長奇跡的質疑和批評，以及經濟學家關於東亞經濟增長模式和全要素生產率表現的大爭論之後，新加坡政府儘管並不認可經濟學家對其增長模式的批評，但終究認識到全要素生產率對於經濟增長可持續性的重要性，因此把這個複雜而且拗口的生產率指標設為國家目標，提出每年提高 2% 的要求。或許也正是因為如此，新加坡的經濟發展最終沒有讓那些經濟學家的預言成為現實。

克魯格曼與另一位美國經濟學家艾爾文·揚堅持扮演詛咒東亞經濟體和中國經濟增長的角色。繼把亞洲四小虎稱為「紙老虎」預言其經濟增長不可持續之後，進而否認中國經濟有生產率的實質進步，並預言中國經濟終究要撞牆[3]。這些學者在預言一次次被證明錯誤之後，仍然堅持並反覆做同樣的預測，有點像謊報「狼來了」的放羊男孩，實在有點令人匪夷所思了。

3　Alwyn Young, "Gold into the Base Metals: Productivity Growth in the People's Republic of China During the Reform Period", *Journal of Political Economy*, Vol. 111, No. 6, 2003, pp. 1220-1261; Paul Krugman, Hitting China's Wall, *New York Times*, July 18, 2013.

尤其使人無從作出反應的是，還有一類預言絲毫不帶有建設性，乾脆就是為批評而批評。關於中國經濟的前景，就自始至終有一個這樣的「中國崩潰論」學派，其中最不負盛名的學者當屬章家敦（Gordon Chang）。在章家敦出版其英文版暢銷書《中國即將崩潰》的 2001 年 [4]，發生了兩樁將對歷史產生深遠影響的事件，一個是好消息——中國被接受為 WTO 成員國，另一個是壞消息——9 月 11 日紐約世界貿易大廈被恐怖主義分子劫持的飛機撞毀。這兩個事件都被章家敦兼收並蓄，作為唱衰中國經濟的證據素材。

他的邏輯大體上是這樣的。中國經濟雖然一度實現了高速增長，但是，由於無法自我克服的體制弊端，如官員的腐敗和國有企業的低效率，經濟增長始終存在着隱患。一旦加入 WTO 等因素使競爭在更大範圍成為不可避免的，又由於「911 事件」之後美國等西方國家經濟處於低谷，外需不足以成為經濟增長的拉動力，中國的增長就不再是可持續的，因此，崩潰是完全可以預期的。

這部書中的驚世駭俗預言，在其出版之後的十多年時間裏，被證明無一應驗。而且，由於作者表現出很強烈的意識形態偏見和感情色彩，許多資料的出處頗為可疑，在嚴肅的學者中間，為之叫好者寥寥。我們在本書的以後章節將從各種角度說明，為甚麼事實對章家敦如此不講情面。有趣的是，作為辭了鐵飯碗做自由撰稿人的該書作者來說，承認自己預言失算的代價是高昂的。

4　英文版請見 Gordon Chang, *The Coming Collapse of China*, New York: Random House, 2001；中文版請見章家敦：《中國即將崩潰》，台北：雅言文化出版股份有限公司，2002/2003 年。

因此，人們將看到章家敦一次又一次地發出聲音，繼續充當唱衰中國經濟的角色，慘澹經營自己作為領軍人物的「中國崩潰論」。

任何一個國家，在其經濟發展的過程中都會經歷不同階段，分別產生這樣或那樣需要克服的困難。例如，隨着人口轉變階段的變化，中國在借助人口紅利實現30餘年高速經濟增長之後，在21世紀第二個十年中迎來了勞動年齡人口停止增長的人口轉變新階段，進而迎來勞動力成本提高、人口紅利消失的經濟發展新階段，必然面臨嶄新的挑戰，需要加快把經濟增長源泉從以往依靠要素投入的模式，轉向依靠技術進步、生產率提高和創新驅動的模式。

面對這些挑戰，嚴肅的學者揭示問題所在，結合古今中外經驗和教訓，向社會公眾作出警示，向政策制定者提出政策建議，無疑是必要且應該受到歡迎的。章家敦先生與時俱進，從人口趨勢看到了中國面臨着這樣一些挑戰，無疑是有意義的，雖然他不是唯一的，也不是第一個。但是，對於他斷言中國將取代美國的密歇根，成為新的「鏽帶」的代表，我真的很擔心他又要犯一次「狼來了」式的錯誤。

我的建議是，若要就人口問題發言，特別是對於人口與經濟增長關係的問題說三道四，至少需要懂得人口轉變理論和人口紅利經驗。所以，我們將在下節開始討論這個問題。至於「鏽帶」這個說法，通常指美國東北部早期的製造業中心，在產業結構調整中的式微。這種現象反映了比較優勢變化的必然性和影響，背後也有很多一般規律和特殊現象需要深入研究，遠不是一兩篇專欄文章可以講得清楚的。我們也將在隨後的章節，給出較之章家敦先生更為嚴謹的回答。

2.3 高速增長的源泉

如果人口轉變的特點看，1978-2010 年時期，恰是中國的改革開放與勞動年齡人口增長快於非勞動年齡人口增長的人口轉變相重合的時期。我們把這個時期視為人口機會視窗或人口紅利收穫期。因此，在改革開放以來的整個二元經濟發展時期，中國經濟增長顯著地獲益於人口紅利。這既符合經濟理論的預期，又具有中國特色，並且可以得到統計印證。我們可以從經濟增長源泉的以下幾個方面，看人口轉變創造的有利人口結構，如何在中國經濟增長中被兌現為人口紅利。

首先，人口撫養比的持續下降，為高速經濟增長中的資本形成提供了人口基礎，有利於國民經濟保持較高的儲蓄率。早在計劃經濟時期，中國的儲蓄率即固定資產形成與 GDP 的比率就非常高，改革時期繼續提高，在 21 世紀的前 10 年達到空前的水平。1995-2010 年期間，該比率的名義值從 32.9% 提高到 69.3%，提高了 1 倍多。而如果分別對 GDP 總量和固定資產形成額按照價格指數進行修正的話，由於 GDP 的縮減指數大於固定資產價格指數，則該比率的提高幅度會更大，絕對水平也更高。

此外，充足的勞動力供給，在一定時期內阻止了資本投入的報酬遞減現象。新古典增長理論建立在資本報酬遞減律之上，前提是假設勞動力是短缺的。這個假設無疑對於理解西方發達經濟體是必要的，但是，卻不符合中國的現實。所以，很長時間之內，由於勞動力無限供給這一特徵的作用，中國的資本回報率都是很

高的。因此，在分解經濟增長源泉時，高儲蓄率和高資本回報率兩個因素，都表現為資本投入的貢獻率。

其次，勞動年齡人口持續增長，保證了充足的勞動力供給。有利的人口結構保證了新成長勞動力的不斷進入，而對於後進國家來說，勞動力整體人力資本的改善，主要是靠這個增量途徑實現的。隨着勞動者受教育程度的提高，使中國在參與經濟全球化的過程中，保持了明顯的同等素質勞動力的低成本優勢。也就是說，在很長的時期內，中國的競爭優勢不僅表現為勞動力豐富和工資成本低，而且與其他發展中國家相比勞動力素質較高。

例如，2005年，中國勞動年齡人口平均受教育年限比印度高33%。較高的受教育水平有利於提高勞動生產率。對中國製造業企業的分析表明，職工受教育年限每提高1年，勞動生產率可以提高17%。因此，勞動力的豐富與素質雙重優勢，使中國得以長期享受單位勞動成本優勢[5]。這些因素對經濟增長的積極效應，表現為生產函數中勞動投入和人力資本積累等變數的增長貢獻。

第三，因農村在人口轉變上滯後於城市，以及計劃經濟時期累積了大量的農業剩餘勞動力，在改革時期他們大規模轉移出來，創造了勞動力從低生產率部門向高生產率部門流動的資源重新配置效率，成為這一時期勞動生產率提高的主要來源（這一結論對全要素生產率也適用）。在1978-2015年期間，中國的勞動生產率（勞均GDP）實際提高了16.7倍，其中第一產業、第二產業

5　參見蔡昉、都陽、王德文：〈中國教育改革和發展戰略若干問題研究〉，載蔡昉主編《中國人口與勞動報告No. 10——提升人力資本的教育改革》，北京：社會科學文獻出版社，2009年，第1-26頁。

和第三產業勞動生產率提高，合計貢獻率為 56%。勞動力轉移導致的配置結構變化，對勞動生產率提高的貢獻為 44%[6]。

第四，因人口轉變而產生的人口紅利貢獻，並非可以全部為上述幾種變數所囊括殆盡。統計上，如果以人口撫養比作為人口紅利的顯性代理變數，可以將其對經濟增長的貢獻，看作是純粹意義上的人口紅利，或者與人口紅利有關因素的殘差。在既往的經濟學文獻中，無論是針對中國還是其他國家和地區所做的人口紅利計量分析，大都選取人口撫養比，即純粹消費型人口（15 歲以下及 65 歲以上）與生產型人口（15-64 歲）的相對比率，作為人口紅利的代理變數。

例如，美國經濟學家威廉姆森以人口撫養比做變數，估計了在 1970-1995 年期間，人口紅利對東亞經濟增長的貢獻率為 1/4-1/3。此外，他還利用歐洲和北美 17 個國家在 1870-1913 年期間的經濟增長和人口結構資料進行分析，發現新大陸人均 GDP 增長率優於舊大陸的部分，幾乎全部可以由較低的撫養比來解釋[7]。

利用生產函數的方法，我們嘗試對中國 20 世紀 80 年代初以來的經濟增長，進行更加全面的分解，以便觀察改革開放期間各種因素對經濟增長的相對貢獻。對於這些理論上可能對經濟增長作出貢獻的因素，我們選擇固定資產形成、全社會就業人數、就業人員受教育年限、人口撫養比和殘差作為變數，分別代表資本

6　蔡昉：〈中國經濟改革效應分析 —— 勞動力重新配置的視角〉，《經濟研究》2017 年第 7 期，第 4-17 頁。

7　Jeffrey Williamson, Growth, Distribution and Demography: Some Lessons from History, *NBER Working Paper Series*, No.6244, 1997.

投入、勞動投入、人力資本、人口紅利和全要素生產率對 GDP
增長率的貢獻。進一步，我們還可以把全要素生產率的貢獻，分
解為勞動力轉移產生的資源重新配置效率及殘差。圖 2-2 顯示的
就是這樣一種分解結果，從中可以更加清晰地看到經濟增長各種
源泉，在改革開放期間對中國經濟奇跡——GDP 的高速增長，所
作出的相對貢獻。

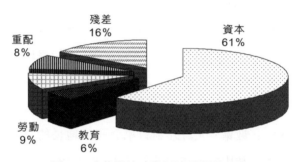

圖 2-2 改革開放時期經濟增長的源泉

資料來源：蔡昉《改革時期農業勞動力轉移與重新配置》，《中國農村經濟》2017 年
第 10 期。

2.4 轉向發展新理念

對「發展才是硬道理」的置疑被證明是錯誤的。但是，這種觀
點雖然的確僅限於少數人之中，其存在也是不無其針對性的。說
到底，這些人看到並擔憂中國經濟中出現的 GDP 掛帥傾向，特別
是這種傾向表現為：地方政府一度把經濟總量的增長當作經濟工
作的重心，甚至當作唯一目標，不遺餘力地追求 GDP 總量擴大，

以致形成經濟發展不平衡、不協調和不可持續的嚴重問題，積重難返。下文中，我們概括並討論經濟發展中存在的這些問題。

經濟發展存在着與資源、環境和生態之間的不協調性。很長時間以來，保持高速增長速度壓力與資源的相對有限性和環境的容忍限度發生矛盾。過度依賴於高投入、高能耗的生產方式、產業結構的重化工業化趨勢、引進外商直接投資的高能耗和高污染傾向，以及生產過程的貧困惡性循環，都放大了上述矛盾的表現。

各級地方政府單純追求 GDP 的政績觀，以及增值稅激勵導致重化工業化的強烈動力，與中國面臨的能源供給的不可支撐性之間的矛盾。許多地區，甚至改革開放以來主要依靠勞動密集型產業取得高速增長的地區，認為本地區已經到了重化工業化的階段，借實施產業政策和區域發展戰略之由，鼓勵重工業優先發展和人為拔高重工業比重。地方政府追求 GDP 的政績觀，以及由於重工業比重高有利於增加稅收的增值稅體制，都推動了重工業化動機。近年來，機械、汽車、鋼鐵等重化行業已經成為 GDP 增長的主要推動力。

這是一種對產業結構調整的誤解。把經濟增長從過度依靠要素投入的模式，轉到依靠生產率提高和創新驅動的軌道上，是產業結構調整的要義。在很長的時間裏，中國曾經處在勞動力豐富、資本相對稀缺，而資源絕對稀缺的發展階段。首先，在這個階段發展重工業違背比較優勢原則，事後結果表明其成本是高昂的。其次，這種重工業化模式沒有可持續性。在中國發展資源絕對稀缺的條件下，資源的國際政治學制約着我們的發展。依靠重化工業化的經濟增長，能耗和原材料消耗都是巨大的。最後，即

使在人口紅利消失之後，經濟發展進入新常態，迫切需要進行產業結構調整和發展方式轉變，遵循的原則應該是生產率導向，而不是按照產業結構的輕與重進行選擇。

地方政府對外商直接投資嗷嗷待哺的飢渴症，鼓勵甚至順應了發達國家把高能耗、高污染產業向中國轉移的傾向，增強了增長不可持續性的程度。中國的高速增長及其潛力，吸引了世界外商直接投資的進入。毋庸否認，在看中勞動力豐富和廉價，以及龐大的市場和潛在市場的同時，許多外商直接投資輸出國家和地區的意圖是把高污染、高能耗的產業轉移到中國。在世界能源供給趨緊、減排壓力增大的情況下，這種傾向將日益強烈。

另一方面，更為嚴重的問題是，在沿海地區勞動力成本提高，勞動密集型產業向中西部地區轉移的過程中，也有可能出現這種不顧環境代價的傾向。如果我們不加選擇地吸引投資，污染和能耗產業將以空前的速度向中國中西部地區轉移，造成這些地區產業結構對可持續性要求的嚴重背離。

對於經濟發展包容性的關心，也使得社會上有一些人對於發展是硬道理的說法產生疑慮。解決溫飽和收入增長的迫切要求，使得項目不顧環境污染，勞動行為不計傷害，造成污染事故和人身傷害以及重大事故頻仍不斷。這一方面導致對污染的危害的低估，另一方面也導致在追求生產擴張的過程中，對安全的忽略，乃至對生命的蔑視。隨着社會的進步和網路媒體的發展，環境污染事件和工傷、礦難等傷害事故得到及時的報導，引起全社會的更大關注，也越來越受到社會的監督。

此外，相對於經濟增長成績來說，社會發展相對滯後，政府

在提供公共服務從而構建社會保護機制方面的作用，不像在推動經濟發展方面那樣有力，造成實際社會保護水平與需求相比嚴重不適應。很長時間裏各種類型的收入差距都呈擴大趨勢，發展成果未能均等地為全體人民所分享。

針對社會經濟發展中存在的這種現象，中國共產黨提出了科學發展觀這一嶄新的發展理念。進一步，在中國共產黨第十八屆五中全會上，又提出創新、協調、綠色、開放、共用五大發展理念。正如中國共產黨十八大報告指出「在當代中國，堅持發展是硬道理的本質要求就是堅持科學發展」，認識和踐行五大發展理念，也應該從堅持發展與賦予其創新、協調、綠色、開放、共用性質着眼。

首先，全面建成小康社會和實現中華民族偉大復興的中國夢，必然以經濟發展水平和國力的極大提高為支撐。2016 年，中國的人均國民總收入（GNI）已經超過 8260 美元，按照世界銀行分組標準，位居中等偏上收入國家的行列 8。但是，從這個發展水平進入到高收入國家的行列，並非自然而然、水到渠成的事情，也不是人均收入達到 12235 美元就算大功告成。諸多國家的經濟發展教訓表明，這是一個容易落入中等收入陷阱的發展階段。復興中華民族的宏偉願景，要求中國必須保持合理適度的經濟增長速度，才能順利跨越中等收入階段。

並非所有人都懂得這個必須堅持發展的道理。在 2010 年的

8　根據 2017 年的最新劃分標準，人均 GNI 不足 1005 美元屬於低收入國家，在 1006-3955 美元之間為中等偏下收入國家，在 3956-12235 美元之間為中等偏上收入國家，超過 12235 美元為高收入國家。

一個會議上，在討論如何跨越中等收入階段、避免中等收入陷阱的時候，有位學者站出來否認這個命題本身，認為中國這麼大一個國家，達到所謂高收入發達國家是不可能的。而且，世界資源不能支撐中國成為高收入國家，為了避免導致資源、生態和環境的竭澤而漁，中國不應該追求更高收入的收入目標。因此他建議，中國在達到中等收入水平以後，只要實現全社會比較公平的分配，大家可以生活得相當不錯[9]。

這是得出天真結論的典型言論。從那些落入中等收入陷阱的國家經驗看，在經濟增長停滯的條件下，收入分配狀況是根本不可能改善的，因此在這樣的社會，大家是無法「生活得相當不錯」的。社會公平當然是我們追求的目標，但是，分好蛋糕的前提是有蛋糕並且不斷做大蛋糕。如果沒有充分湧流的社會財富，提高人們生活水平和改善收入分配的任何承諾，都只是一紙空文，難以真正兌現。

據說有一種幸福感排位，在其榜上，位於喜馬拉雅山東段南坡的不丹王國名列前茅。不丹總理引人入勝的 TED 講演也大受歡迎。這似乎是一個老百姓的幸福感與人均收入水平徹底分家的典型案例。可是，進一步觀察的結果表明，這個 2015 年人均 GDP 只有 2380 美元，位列全球第 129 名的國家，物質和文化需求尚不能得到滿足，不足溫飽或者貧困還是其首要特徵。所以，充其量只能說，這是個安貧樂道、知足常樂的國家，距離客觀評價的幸

9　余永定主編：《中國的可持續發展：挑戰與未來》，北京：生活・讀書・新知三聯書店，2011 年，第 43 頁。

福，不啻千里之外。

此外，我們面臨的資源、生態和環境問題，本質上並不是要不要發展的問題，而是依靠甚麼樣的方式實現經濟發展的問題，希冀靠「羅馬俱樂部」式的「零增長」解決資源環境難題，無異於因噎廢食。一個明顯的例子是世人矚目的亞馬遜熱帶雨林的破壞。這個具有最豐富的生物多樣性並且對於全球氣候變化至關重要的地區，恰好橫跨以巴西為主的 8 個拉美國家。由於這些國家長期徘徊在中等收入階段，廣泛存在的貧困現象給資源環境施加更大的壓力，其經濟增長方式恰恰背離可持續發展的要求，沒有能力保護這塊生態寶地，反而變本加厲地亂砍濫伐，使得這個堪稱「地球之肺」的生態地區陷入危險境地。

在 2016 年的一次講話中，習近平主席從以人民為中心的發展思想出發，高屋建瓴地闡述了保護資源、生態和環境並非僅僅是發展的手段，更是發展的目的本身，從而達到了這一領域發展理念的新高度。他指出，生態環境沒有替代品，用之不覺，失之難存。環境就是民生，青山就是美麗，藍天也是幸福，綠水青山就是金山銀山；保護環境就是保護生產力，改善環境就是發展生產力 [10]。

其次，經濟發展的目的是滿足人民羣眾日益增長的美好生活需要，需要解決的是發展不充分和不平衡的問題，要求發展必須是包容、分享、全面和協調的。早期發展理論的出發點都是提高

10　習近平《在省部級主要領導幹部學習貫徹黨的十八屆五中全會精神專題研討班上的講話》，《人民日報》2016 年 5 月 10 日 02 版。

效率、擴大生產，最終增加經濟總量和人均福利水平。然而，經濟增長並沒有自然而然地形成所謂的「涓流效應」，從而並不必然導致全體人民公平地享有發展的結果，在很多國家帶來各種各樣的經濟和社會問題。

中外學者在對增長本身帶來的問題進行不同學科的觀察之後，形成各種相異的發展理論。發展觀所關注的內容廣泛，從哲學意義上的人類社會演進，到發展過程中個人的痛苦。由於發展的結果與初衷相反，人們提出應該如何定義發展、規定發展的本質等問題。與此同時，各種衡量發展結果的度量方法也紛紛受到質疑，新的辦法不斷得到嘗試。

馬爾薩斯最早從人口增長的制約角度反思發展。在他看來，貧困產生的真正原因是「自然法則」，即人口按幾何級數比率增加，生活資料的供給趕不上人口的增長。最終，人口的持續增長將會使人們陷於低水平均衡陷阱。1972年羅馬俱樂部報告《增長的極限》把馬爾薩斯式的人口－食物危機，擴展到人口－資源－環境危機。

作為對新馬爾薩斯主義的批評，一些經濟學家運用經濟學分析方法，指出在發達國家，人口增長通過知識進步和規模經濟，對經濟增長產生正效應，並從多方面論述地球資源的豐富性，指出只要政治、制度、管理和市場等多種機制較好地發揮作用，從長期看，人口的增長有利於經濟發展和技術進步[11]。

可持續發展思潮追求的是一種新的發展途徑，體現在世界環

11　朱利安・西蒙著，彭松建等譯：《人口增長經濟學》，北京：北京大學出版社，1984年。

境與發展委員會 1987 年出版的《我們共同的未來》報告中。這種發展途徑強調以人為本，着眼於從代際關係上解決人口與資源和環境之間的協調，從而「使人類進步不局限於區區幾處、寥寥數年，而且要將整個地球持續到遙遠的未來。」可持續發展追求的是「既滿足當代人的需要，又不對後代人滿足其需要的能力構成危害的發展。」[12]

法國學者佩魯把「增長」與「發展」兩個概念作了區分。他認為，發展包含比人均 GDP 的提高更為廣泛的內容，他強調的是表現為「各種形式的人力資源都有機遇獲得效力和能力」的結構變革和演進[13]。

從此出發，托達羅歸納了發展的三個核心含義 —— 基本生活需求、自尊和自由，從而提出發展的目標應該是：必須使基本生活必需品得以不斷增長，必須通過擴大就業和教育機會，提高人的尊嚴和文化價值，必須擴大個人和國家的經濟社會選擇範圍[14]。經濟學家斯蒂格利茨指出，發展意味着一系列經濟和社會變化，但是，這些變化本身只是實現目標的手段，目的是使個人和社會更好地掌握自己的命運[15]。阿馬蒂亞・森指出：發展是擴展人們享有真正自由的一個過程，其最根本的目的是為人謀福利[16]。

12 *World Commission on Environment and Development, Our Common Future*, New York, Oxford University Press, 1987.
13 佩魯著，張寧、豐子義譯：《新發展觀》，北京：華夏出版社，1987 年。
14 邁克爾・托達羅著，黃衛平、彭剛等譯：《經濟發展（第六版）》，北京：中國經濟出版社，1999 年。
15 斯蒂格利茨：《新的發展觀：戰略、政策和進程》，載胡鞍鋼、王紹光編《政府與市場》，北京：中國計劃出版社，2000 年。
16 阿馬蒂亞・森著，任賾、于真譯：《以自由看待發展》，北京：中國人民大學出版社，2002 年。

按照不同的方式定義發展，導致對於發展過程中增長與分配的關係，進而公平和效率關係的看法大相徑庭。收入分配問題的一個重要命題，是要對發展的福利效果進行衡量和評價。庫茲涅茨發現，在經濟增長的早期，隨着收入水平的提高，收入分配有惡化的傾向，而當收入進一步提高並到達一個拐點後，收入分配狀況便逐漸得到改善。這個似乎有統計資料支援的經驗總結，構成以庫茲涅茨命名的倒 U 字型曲線 [17]。這條曲線本身所隱含的所謂規律，隨後被一些國家和地區的發展經驗證明並非一定成立。同時，這種關係作為一種發展觀念，也已經遭到大多數學者和政策制定人的擯棄。

早在中國的計劃經濟建立初期，毛澤東主席就嘗試處理好公平與效率之間既相統一，又相矛盾的辨證關係。但是，後來形成的經濟體制以及在多年的建設實踐中，實際上並不存在有效的激勵機制，個人、集體和企業的生產積極性被嚴重抑制，這種關係實際上沒有處理好，最終也阻礙了生產力的發展。

兼顧公平與效率的統一，關鍵在於如何在政策上和激勵機制上處理好先富和共同富裕的關係。鄧小平在宣導「一部分人生活先好起來」的時候，不僅強調了是讓一部分地區、企業和一部分工人農民，通過自己的辛勤努力而收入先多起來，還指出了這種先富的目的是產生示範力量，帶動其他單位其他地區的人們，最終使全國各族人民都富裕起來 [18]。一部分人先富，是激勵機制發

---

17 S. Kuznets, "Economic Growth and Income Inequality", *American Economic Review*, 45 (1), 1955, pp. 1-28.

18 《鄧小平文選》第二卷，北京：人民出版社，1983 年，第 152 頁。

揮作用從而產生效率的必然結果，在任何體制下都必然如此。因此，鄧小平這一「波浪式共同富裕論」思想，是符合社會發展規律的。

創新、協調、綠色、開放、共用的發展理念，充分反映了十八大以來中國共產黨治國理政的新理念、新思想和新戰略，對關於發展的目的、方式、路徑、着力點、衡量和共用等方面的問題作出了全面回應，具體體現了目標導向與問題導向的統一。其中，創新發展着眼於培養新常態下經濟增長新動力；協調發展着眼於發展的健康性；綠色發展着眼於發展的永續性，順應人民對美好生活的追求；開放發展着眼於用好國際國內兩個市場、兩種資源，實現內外發展聯動；共用發展着眼於解決社會公平正義問題，體現中國特色社會主義本質要求和發展目的。

2.5　轉變經濟發展方式

中國經濟發展中始終存在的不平衡、不協調和不可持續現象，並不意味着給我們提出要不要 GDP 的問題，而是用甚麼樣的方式推動經濟發展的問題。回答這個核心問題，過去的高速增長，既有成功的經驗，也有值得反思的教訓。

國內外經濟學界對於改革開放 40 年創造的「中國奇跡」有各種解釋。經濟學家聯繫對中國的經濟改革和發展效果的事後評價，分別進行了關於改革目標模式的討論，如華盛頓共識和北京

經驗；進行了關於改革方式的討論，如改革的漸進性和激進性；進行了關於政府和市場關係的討論，如威權型體制和中性政府。

有趣的是，針對同樣的中國經驗，學者們常常得出針鋒相對或截然相反的結論。在多數學者利用中國經驗證明「華盛頓共識」失效的同時，也有的經濟學家認為，中國改革的成功在於正確地運用了標準的經濟理論（也就是說遵循了「華盛頓共識」）[19]。實際上，這種認識混淆了治病的「處方」與「療效」兩個不同的概念。講到中國的改革，沒有證據說我們從出發點上遵循了甚麼理論教條，但是，令世人矚目的是我們達到了甚麼實際效果。

造成上述運用概念上產生歧義和觀察現象上出現矛盾的原因，在於相對於其他國家來說，中國的改革理念和實踐具有以下特徵，即中國改革的目標是確定的，具體的目標模式以及達到目標的手段和方式卻可以不確定，而呈現多樣性和不斷變化的性質。可見，如果未能認識到中國共產黨全心全意為人民服務的宗旨，以及以人為中心的發展思想從根本上對中國特色改革、開放和發展道路的指導與引導，則無法準確地理解「中國奇跡」。

從某種教條出發，在評估中國改革、開放、發展成效時，西方經濟學家習慣於用一個固定的、先驗的參照系來進行比較[20]，但是，往往發覺這個參照系並非中國改革所自覺遵循與主動追尋

---

19 姚洋：《作為制度創新過程的經濟改革》，上海：格致出版社、上海人民出版社，2008 年，第 1 頁。

20 例如，一本在美國出版的討論中國改革的著作，就套用鄧小平的名言「摸着石頭過河」而取名為「離彼岸還有多遠？」。參見 Nicholas C. Hope, Dennis Tao Yang and Mu Yang Li (eds.) *How Far Across the River: Chinese Policy Reform at the Millennium*, Stanford, California: Stanford University Press, 2003.

的。其實，這裏體現的是中國與其他國家在改革哲學上的不同。也就是說，中國改革的出發點並先驗地要達到某個既定的目標模式，是以提高人民生活水平和增強國力為最終目的，依此來選擇改革的步驟和路徑，進而逐步明確目標模式。

從這個目的出發，我們逐步探索出走一條符合中國國情的道路，以實現從計劃經濟向市場經濟的轉變，但是，市場經濟體制這個目標並沒有固定成為獨立的模式，而是服從於改善民生和提高國力的目的。也正是這個改革哲學和直接出發點的不同，使中國改革的指導原則和推進方式並沒有陷入任何先驗的教條中。

但是，改革是為了提高生產力、改善最大多數人民群眾的生活水平和增強國力，這個原則自始至終是明確的，並得以堅持。在這個改革理念指導下，改革、發展和穩定成為一個整體，改革是為了發展，也要服從穩定，而發展成效被用來檢驗改革道路的正確與否，穩定則為進一步改革創造條件。

中央提出加快轉變經濟發展方式的要求，也是中國共產黨的宗旨在經濟發展思想上的具體體現。改革開放之初，中國人均GDP 只有 150 美元，屬於典型的低收入國家。因此，一旦改革煥發出勞動者和經營者的積極性，第一要務就是加快經濟發展，改變貧窮落後的面貌，明顯提高人民生活水平。正如鄧小平也反覆強調，貧窮不是社會主義，發展太慢也不是社會主義。實際上，是不是加快了經濟發展，GDP 總量和人均 GDP 是不是得到提高，有沒有提高人民生活水平，成為檢驗改革開放政策的正確性和成功與否的試金石。因此，在一個時期裏，發展速度至關重要，「又快又好」把「快」放在第一位。

在 1978 年以來的 40 年中，中國實現了年平均近 10% 的 GDP 增長率和超過 8.6% 的人均 GDP 增長率。隨着中國經濟發展進入到新的階段，特別是進入 21 世紀以來，中國相繼進入中等偏下收入和中等偏上收入國家行列，生產要素稟賦相應發生了巨大的變化。與此同時，經濟發展中「不平衡、不協調、不可持續」的問題也日漸突出，轉變經濟發展方式，實現經濟發展和社會發展之間協調的緊迫性愈益突顯。因此，在經歷了一段較長時期的靠犧牲資源、環境和均衡性的高速發展之後，更「好」的發展越來越成為第一選擇。

很久以來，經濟學家和政策制定者廣泛地進行了關於經濟增長模式的討論，一致認為要把經濟增長從粗放型轉到集約型的模式上來。在制訂「九五」計劃時，中國共產黨中央和國務院正式提出實現增長方式的根本轉變的要求。鑒於經濟增長中存在的諸多問題都是與增長模式相關，經過經濟學界的長期討論，「十一五」進一步強調了「加快推進經濟結構調整和增長方式轉變」，及其對於中國經濟發展的至關重要意義。

「十一五」規劃指出：「我國當前經濟發展中諸多問題的癥結，在於結構不合理和增長方式粗放」。為此，國家制訂了一系列指標，特別是約束性指標，要求實現從「高投入、高消耗、高排放、低效率」的粗放擴張的增長方式，轉變為「低投入、低消耗、低排放、高效率」的資源節約型增長方式。

中國共產黨的十七大報告把轉變經濟發展方式具體界定為：「促進經濟增長由主要依靠投資、出口拉動向依靠消費、投資、出口協調拉動轉變，由主要依靠第二產業帶動向依靠第一、第

二、第三產業協同帶動轉變，由主要依靠增加物質資源消耗向主要依靠科技進步、勞動者素質提高、管理創新轉變。」把以往所用的「經濟增長方式」改變為「經濟發展方式」的表述，本身就體現了更加全面、協調、以人為本的發展要求。

中國共產黨的十八大以來，對經濟發展方式轉變的認識更加深刻，實踐中更加自覺。2014 年習近平主席提出中國經濟發展進入新常態、高屋建瓴地概括了新常態所具有的速度變化、結構優化和動力轉化特徵。這一深刻判斷已經成為認識經濟形勢、找對主要挑戰和着力施策的定盤星。在新常態下，經濟發展的主要特點是：增長速度要從高速轉向中高速，發展方式要從規模速度型轉向質量效率型，經濟結構調整要從增量擴能為主轉向調整存量、做優增量並舉，發展動力要從主要依靠資源和低成本勞動力等要素投入轉向創新驅動。

回顧增長理論與國際經驗可知，由於在不同的增長階段上，經濟賴以增長的主要源泉是不一樣的，與之相適應的發展方式在一定的時期也具有其存在的必然性。只是當一種增長源泉從式微到耗竭時，為了開發新的增長源泉，發展方式的轉變才具有至關緊迫性。有助於克服增長制約因素的可持續協調發展，是在經濟發展方式轉變的基礎上，由增長的需要所誘致形成的。中國經濟已經發展到這樣的階段，體制改革和對外開放所誘導出的巨大增長衝動，已經最大限度地動員了已經具備的增長源泉，並使其發揮作用的餘地耗竭。如果不能把經濟增長從主要依靠投入擴張轉向主要依靠生產率提高，經濟增長的潛力就會減弱乃至枯竭。

經濟發展進入新常態，既帶來了新的挑戰也提供了難得機

遇。應對挑戰抓住機遇不僅要求我們深刻認識和主動適應新常態，還要求按照新常態的內在邏輯積極引領新常態，即通過全面深化改革加快發展方式轉變、經濟結構調整，實現經濟增長動力從投入驅動向創新（生產率）驅動的轉換，保持經濟中高速可持續增長、產業結構邁入中高端和經濟效率明顯提高，在 2020 年如期全面建成小康社會，實現中國共產黨的十八大確定的第一個一百年任務目標。

　　許多國內外學者認為，中國面臨的一個最大挑戰，就是如何避免陷入「中等收入陷阱」。習近平主席指出：對中國而言，「中等收入陷阱」過是肯定要過去的，關鍵是甚麼時候邁過去、邁過去以後如何更好向前發展。在經濟保持中高速增長的前提下，假設 2016 年之後中國人均 GNI 以 6% 的速度增長，按照不變價格將從目前的 8260 美元提高到 2023 年的 12420 美元，即跨越中等偏上收入到高收入國家行列的分界線。

　　然而，着眼於中等收入陷阱這個概念的經濟學含義而非統計學含義，鑒於以下因素，我們必須做好長期應對的準備。首先，世界銀行對國家分組的劃分標準是動態的，今後也有可能向上調整，並且也會受到匯率變化的干擾而改變我們的排位。其次，高收入國家的平均人均 GNI 遠遠高於門檻上的收入水平，目前就高達 41046 美元。達到這個人均收入水平，中國仍有很長的路要走。第三，提出中等收入陷阱這個概念本身，並非僅僅一種判斷或預言，而是提醒一個國家，實現中等收入到高收入階段的轉變，不再能夠簡單沿襲其跨越低收入陷阱時的做法，哪怕很多是彼時彼地行之有效的做法。基於對這一現象形成原因以及中國經

濟已經開始的減速原因的分析，首位的任務是要對症施治，穩定經濟增長速度，同時解決好收入分配，提高發展的共用水平，並使各方面制度更加成熟和定型，以支撐經濟社會健康發展。

早在 2010 年，中國按官方匯率計算的人均 GDP 已經超過 4000 美元，跨入中等偏上國家的行列。把中等收入階段作為一個獨特的發展階段，立足於這個新的發展階段定位，應對前所未有的新挑戰，是重視這個概念本身的意義所在。性命攸關的則在於能否實現經濟發展方式的轉變。中共十八大報告指出：深化改革是加快轉變經濟發展方式的關鍵。同時，相關領域的改革不會是一路坦途和一帆風順的，需要拿出更大的政治勇氣和智慧。轉變經濟發展方式需要的體制改革和政策調整包括：經濟增長動能轉向生產率提高，要求清除一系列阻礙生產要素在城鄉之間、部門之間和生產單位之間自由流動的體制障礙；經濟增長需求因素轉向出口、投資和消費更加均衡，有賴於投融資體制和收入分配制度等方面的改革，等等。

第三章

改革是根本動力

正如中國經濟創造了發展的奇跡，使 13.8 億中國人的平均收入水平比 40 年前提高 16 倍以上一樣，中國的改革與開放也引起世人矚目。事實上，經濟增長與生活水平提高的成就，正是改革開放取得成功的強有力證明。然而，就中國確立的建立完善的社會主義市場經濟體制目標而言，改革的任務還沒有完成，各方面制度也尚未成熟、定型；而且，改革作為一種順應制度需求進行的制度變遷和政策調整過程，也是永無止境的。因此，為了應對未來深化改革路途上的各種挑戰，有必要梳理迄今為止的改革邏輯，總結改革進程中的經驗和教訓，進而揭示尚未完成的改革任務。

3.1　中國改革的邏輯

　　在解釋國家經濟增長績效時，理論經濟學家傾向於分裂為兩個陣營。第一個陣營的經濟學家從制度是給定的這一假設出發，或者強調單一生產要素的積累，或者強調生產率的進步。這包括突出土地獨一無二作用的重農學派、強調資本積累關鍵性作用的早期增長理論、在資本積累前提下考慮到勞動力作用的發展經濟學、更加突出人口結構作用的人口紅利學派，以及認為全要素生

產率是經濟增長唯一可持續源泉的新古典增長理論。

另一個陣營的經濟學家，則是把全部注意力集中到制度對經濟增長的作用上面。這類理論解釋更是五花八門，包括把經濟增長成功與否歸結於是否具備了節慾和儲蓄的新教精神、清晰界定的產權、抑制利益集團活動的機制，以及完備的市場機制或積極並恰如其分的政府作用等等，不一而足。

顯而易見的是，簡單地按照這樣兩個陣營把眾說紛紜的經濟理論進行分類並不準確，不過，在實證經濟學家嘗試把各種生產要素的積累、生產率的提高、制度安排和政府職能等種種變數兼收並蓄於計量經濟學模型中的同時，理論經濟學家的確未能形成邏輯上具有一致性和一貫性，從而把生產要素、生產率與經濟體制對經濟增長的作用作出統一解釋的理論模型。主流經濟學的這種傾向，導致在指導發展中國家和轉軌國家的實踐時，或者在解釋成功及失敗的經濟增長績效時，往往力有不逮、捉襟見肘。

世界銀行前首席經濟學家錢納里（Hollis Chenery）認為，一旦發現並消除關鍵障礙，一個國家即使不具備經濟發展的必備條件，其經濟增長也可以獲得加速[1]。這一觀點固然強調了體制變革的重要性，然而，假設一個國家可以在不具備發展條件的情況下，仍然可以高速增長，顯然是缺乏說服力的。

因此，我們在討論改革的重要意義之前，不妨暫且把體制因素放置一邊，而僅僅觀察必要的發展條件，特別是生產要素積累

---

1 轉引自 Loren Brandt and Thomas G. Rawski, "China's Great Economic Transformation", in Loren Brandt and Thomas G. Rawski (eds), *China's Great Economic Transformation*, Cambridge, New York: Cambridge University Press, 2008, p. 9.

的基礎。事實上，改革開放之前的中國，可以說已經具備了高速增長的諸多條件。我們可以從經濟增長計量模型中通常選取的幾個要素變數，即勞動力、資本和人力資本的積累情況來觀察。

首先，截止到 20 世紀 80 年代之前，中國已經進入了從人口轉變的第二個階段即高出生、低死亡、高增長的階段，向第三個階段即低出生、低死亡、低增長階段的轉變過程。從 20 世紀 60 年代後期開始，並於整個 70 年代，總和生育率迅速下降，相應地，15-59 歲勞動年齡人口增長速度，已經開始快於全部人口的增長速度，勞動年齡人口比重開始提高，人口撫養比開始下降。

其次，相對於人均收入水平，中國在改革開放之前已經具備了較好的人力資本積累。例如，無論按照何種資料來源，1980 年中國的人均國民總收入或人均 GDP，都是排在世界上有統計數字的 100 多個國家的倒數第四位；然而，作為人力資本指標之一的 25 歲以上人口平均受教育年限，在有資料的 107 個國家中排在第 62 位；在人力資本的另一個指標——出生時預期壽命上，在有資料的 127 個國家中排在第 56 位。

最後，雖然低下的人均收入水平代表着較低的資本稟賦，由於計劃經濟時期的中國具有很強的資源動員能力，實現了很高的資本積累率。相對於人均收入水平，在改革開放開始之前，中國已經形成了一個門類比較齊全，然而重工業比重畸高的工業體系。這種工業化模式固然是低效率的，由此形成的產業結構是背離比較優勢的，但卻得益於很高的積累率。在 1953-1978 年期間，

中國的積累率平均達到 29.5%，高於世界平均水平 [2]。

　　但是，由於數次出現的重大政策失誤和普遍存在的體制弊端，改革開放之前已經出現的有利的人口變化趨勢，並沒有轉化為改革開放期間所顯示出的人口紅利，人力資本和物質資本的積累也沒有能夠在計劃經濟時期轉化為實質性的經濟增長，因而人民生活水平長期不能得到提高。

　　對於那些認識到經濟制度影響經濟增長績效的經濟學家來說，往往熱衷於製造出一個實現經濟增長必須遵循的圭臬，並冠之以「共識」，及至在受到邀請的情況下，建議轉軌國家實施一個一攬子式的改革，即所謂休克療法。然而，中國沒有接受曾經頗為流行的「華盛頓共識」，更沒有採用休克療法，迄今為止卻取得了比那些對自由市場經濟圭臬亦步亦趨的國家遠為優異的改革成績。

　　許多國外的觀察家和研究者都注意到，中國的漸進式經濟改革，是在沒有一個總體藍圖的情況下起步，採取解決當時存在的緊迫問題和追求直接效果為出發點的方式，分步驟進行的。例如，包括科斯和王寧在內的許多經濟學家對於「引領中國走向現代市場經濟的一系列事件並非有目的的人為計劃」，感到完全出人意料，以致他們認為中國這一經濟轉型是哈耶克「人類行為的意外後果」理論的一個極佳案例 [3]。

2　Justin Yifu Lin, Fang Cai and Zhou Li, *The China Miracle: Development Strategy and Economic Reform (Revised Edition)*, Hong Kong: The Chinese University Press, 2003, p. 71.

3　Ronald Coase and Ning Wang, *How China Became Capitalist*, Basingstoke: Palgrave Macmillan, 2012, Preface, p. X.

中國的改革及其成功，真的只能用「人類行為的意外後果」來解釋嗎？換句話說，中國改革是一個純粹自發的過程，還是一種有意識的制度變革，或者是經濟活動的直接參與者與高層決策者在共識之下的協同博弈呢？其實，在中國特色改革道路的背後，是中國共產黨改善人民生活水平的強烈願望和人民羣眾為此作出的實踐探索。認識到這個改革的根本出發點和實踐特點，就不難理解並能夠描繪出 40 年改革的內在邏輯。

眾所周知而且可以實證檢驗的是，一系列重大的政策調整，對於改革的方向和推進步伐都產生過至關重要的影響。一個這樣的里程碑是 1978 年冬天召開的中共十一屆三中全會，確立了以經濟建設為中心和改革開放的基本路線，啟動了這場人類歷史上最大規模、影響最為深遠的改革。另一個重要的里程碑是 1992 年初的鄧小平南巡講話和年底召開的中共十四大，確立了建立社會主義市場經濟體制目標模式，把改革進一步引向深入。進入 21 世紀第二個十年之際，又一個重要里程碑是中共十八大和十八屆三中全會，進一步部署了全面深化經濟體制改革，使改革進入一個前所未有的深度和廣度上，並取得了重大成效。

1978 年，中國共產黨在理論上撥亂反正，重新確立了「實事求是」這個思想路線之時，面對的是農村有 2.5 億農民不得溫飽的嚴酷現實。雖然當時還沒有達到徹底否定人民公社體制的認識程度，但是，能夠幫助農村人口有效脫貧的體制形式 —— 包產到戶和包乾到戶得到認可，從而揭開了中國改革的大幕。隨後，凡是有利於改善勞動者和微觀生產組織積極性的體制探索，就能夠得到承認和推行，凡是束縛生產力發展的體制障礙，便不斷得以清除。

儘管改革伊始在領導層並沒有形成清晰的目標模式和思路，建立社會主義市場經濟體制的改革指導思想，也是直到 20 世紀 90 年代初才形成，但是，遵循「有利於發展社會主義社會生產力、有利於增強社會主義國家的綜合國力、有利於提高人民的生活水平」的評判標準，可以說，改革從一開始就形成了牢固的政治共識，始終得到了人民羣眾的廣泛支持，具有了不可逆轉的推進邏輯。

　　經濟體制是一個具有內在邏輯一致性的結構。在其中，政府意圖、宏觀政策環境、資源配置方式、價格形成機制、所有制形式和結構，以及微觀激勵機制等，協調統一在一起，實現生產活動和經濟的運行。改革，則是對既有經濟體制的變革，不僅涉及體制結構的所有方面，每個局部改革之間也必然存在內在的邏輯。因此，在分析中國改革的邏輯之前，有必要先回顧改革之前的傳統經濟體制的形成邏輯。

　　中華人民共和國成立之後，領導人強烈的經濟趕超願望體現在加快工業化，特別是重工業化的戰略目標選擇上。無論當時是否有意識地認識到，下述邏輯是不言自明的，即在一個低收入水平的農業社會，實現工業化所必需的資本積累，是無法依靠市場信號引導進行的。因此，人為壓低產品和要素價格，並依靠行政權威和手段配置資源的計劃體制，以及通過經濟活動單位的國有化 (以及農業的人民公社化) 直接控制剩餘再配置的所有制形式，便都是自然而然的制度安排結果[4]。

4　Justin Yifu Lin, Fang Cai and Zhou Li, *The China Miracle: Development Strategy and Economic Reform (Revised Edition)*, Hong Kong: The Chinese University Press, 2003.

跨國別進行的經濟研究和中國在計劃經濟時期的經歷都證明，在這樣一種經濟體制模式下，排斥市場機制導致資源配置的宏觀無效率，缺乏激勵機制導致經濟活動的微觀無效率，沒有獎懲制度傷害了工人、農民和管理者的工作積極性。在政府強力的資源動員下實現的生產要素增長，很大的部分被全要素生產率的負增長所抵消，沒能轉化為良好的經濟增長績效。特別是，資源錯配導致產業結構畸形，人民生活水平也不能伴隨着經濟發展而得到改善。

　　任何制度變遷都不可避免遇到的難題，是必須進行的改革與可能觸動的既得利益及現行意識形態之間的矛盾。中國從 20 世紀 70 年代末開始的改革，沒有觸動既得利益，也沒有馬上放棄計劃經濟是社會主義經濟特徵這種認識，而是從運用物質利益原則調動勞動者積極性和加大企業激勵起步的。隨着價格形成機制的變化和企業競爭的增強，改革開始觸及資源分配體制，通過諸如價格雙軌制一類改革方式，逐漸並最終放棄了計劃經濟體制。

　　以只有獲益者而沒有受損者以及自下而上推進為特點的改革，完成了微觀經濟單位的激勵機制和治理模式再造，基本建立了市場配置資源的體制，市場經濟體制活力得到煥發。然而，隨着改革的深入，這種帕累托改進機會大大減少，改革越來越難以避免觸動既得利益，對進一步的改革提出了頂層設計的要求，也要求一些改革自上到下進行推進。

　　多年以來，在推動改革開放時期高速增長的過程中，政府在發揮了積極而重要作用的同時，也造成了直接干預經濟活動過多的弊端。此類政府行為及其結果，不僅成為進一步改革的對象本

身，也成為阻礙改革的既得利益的一部分。因此，在 40 年成功實踐的基礎上，深化改革必須在一個嶄新的起點上再出發，像中共十八大指出的那樣，以更大的政治勇氣和智慧，通過頂層設計消除利益樊籬對改革的阻礙。

3.2 激勵機制與治理模式

人們普遍認為，1966-1976 年的十年「文化大革命」結束時，國民經濟已經到達瀕臨崩潰的邊緣。把全黨全國的工作重心轉向經濟建設，面臨的最緊迫、最現實的問題，無疑是農村的絕對貧困和城市職工工資增長停滯，人民羣眾生活水平長期沒有得到改善。而缺乏物質利益原則，又抑制了勞動積極性，阻礙了經濟發展和生產力的提高。因此，恢復對社會主義制度優越性的信心，取得改革共識的重要一步就是重新承認物質利益原則。

由於農業生產過程的單個勞動階段與最終成果之間缺乏直接聯繫，農業勞動具有難以監督的特點，所以，農業經濟體制的改革，從一開始就沿着把調動勞動者積極性與土地使用權和經營權相結合的方向進行，集中表現在實行家庭承包制和廢除人民公社。在家庭承包制下，村民集體所有的土地被平均分配給家庭耕種，作物產量在交足農業稅、集體提留，以及按規定把一定的農產品出售給國家之後，家庭自行擁有並支配產品剩餘。

家庭承包制極大地調動了農民的生產積極性，農產品得到大

幅度增產。根據林毅夫的研究，在 1978-1984 年期間，家庭承包制的推行作為一種制度變遷，對農業總產出提供了一次性增產效應，增長貢獻高達 46.9%[5]。與此同時，農戶獲得了自行配置勞動力資源的權利，長期累積的農業剩餘勞動力也被解放出來，先後從糧食種植轉移到廣義種植業、林牧副漁多種經營、鄉鎮企業，直至各級城鎮的非農產業。

從那時至今，隨着人民公社（從而生產隊）的解體、集體統一經營的式微、統購統銷制度的廢除，及至後來農業稅的取消，集體所有的土地實際上為農民家庭永久承包，享有經營權、收益權乃至部分支配權。家庭經營成為法律規定的農業基本經營制度。就農業而言，微觀激勵問題一次性得到了永久的解決。為了推動農業適度規模經營，中國共產黨的十八大後在堅持農村土地集體所有屬性不變前提下，實行農村土地所有、承包、經營「三權分離」改革，促進農村土地經營權有序流轉，是繼家庭承包制之後又一次重大改革。

在城市，針對國有企業的改革，最初是採取了國家對企業放權讓利的形式。1978 年前後，企業和事業單位逐步恢復了在「文化大革命」期間取消的獎金制度。實際上，發放獎金的主要目的和效果還不是根據職工的工作表現進行獎懲，而是繼長期工資未有變化的之後，為了調動工作積極性，作為提高職工收入的手段。當時，經常性生產獎勵制度所支付的獎金，一般從工資基金

5　Justin Yifu Lin, "Rural Reforms and Agricultural Growth in China", *American Economic Review*, Vol. 82, No. 1, 1992, pp. 34-51.

支出，相當於標準工資的 16%-25%。

職工工資和獎勵與企業經營績效掛鈎，是同允許企業保留一部分新增收益的自主支配權，即所謂利潤留成同步進行的。除了工資和獎金發放權之外，企業先後獲得了產品銷售權和定價權、生產要素選擇權、自有資金使用權、聯合經營權、技術進步方向選擇權等，並被允許從事多種經營。在創造了企業生產和經營的激勵機制並且顯示出效果的同時，這些放權讓利舉措也激發了部門和地方政府對企業經營績效的切身關注。

為了進一步理順企業與國家的關係，把企業塑造成市場上自負盈虧的經營主體，20 世紀 80 年代還進行了「利改稅」和「撥改貸」兩項改革。實行「利改稅」改革，是為了劃清政府財政收入和企業可支配收入的界限，形成國家財政收入與稅收掛鈎，企業收入與利潤掛鈎的機制。實行「撥改貸」改革，則是為了提高財政資金使用效益，將國家預算內基本建設投資由撥款改為銀行貸款。雖然「撥改貸」資金形成的法律關係不屬於借貸法律關係，而是財政資金的使用關係，但是，這項改革為最終確立企業作為市場經營主體的地位奠定了重要的基礎。

從對企業放權讓利之初，就孕育出一個有中國特色的改革形式 —— 承包制，被形容為「一包就靈」。1980 年初，山東省率先將利潤留成改為利潤包乾，即企業利潤按定額或比例與國家分成，形成一種工業經濟責任制，被國家認可並廣泛推廣到全國。此後，圍繞建立企業經營機制，形形色色的承包責任制形式被創造出來，展開各種改革試驗。這些形式包括大中型企業的承包制試點，以及小企業的租賃制和股份制試點。

企業承包制的核心，是企業通過對國家承諾利潤（稅收）上繳、技術改造、經濟效益、資產增值等義務，以及自負盈虧的經營責任，獲得國家對企業下放經營自主權和剩餘索取權。雖然企業動機不同，承包制的方式也五花八門，但是，總體上這是在尚未確立市場化改革方向，對國有企業的認識仍有局限的條件下，着眼於讓企業自主經營、自負盈虧，把企業推向市場，國家實行間接調控的有益嘗試，是一個重要的改革步驟。

值得指出的是，在通過承包制對國有企業進行改革的時期，官方認可了所有權與經營權分離的改革原則，並在這一理論指導下於 1988 年頒佈實施了《中華人民共和國全民所有制工業企業法》，從法律上確立了所有權與經營權分離、政企分開、自主經營、自負盈虧、資產增值等原則，賦予企業必要的經營自主權。與此同時，1986 年通過的《中華人民共和國企業破產法（試行）》，從法律上硬化了企業的預算約束，為企業最終走向市場競爭奠定了必要的法律基礎。

國有企業的改革緊迫性歸根結底來自於競爭的加劇，尤其是來自於非國有經濟的競爭壓力。隨着農村剩餘勞動力的顯性化和城市失業壓力的增大，鄉鎮企業異軍突起，城市個體經濟得到認可和鼓勵，非公有制經濟也不再被看作洪水猛獸。雖然在很長時間裏，官方把非公有經濟看作是對公有經濟的必要補充，其實，非公有經濟發展的更重要作用，是給國有企業施加了競爭壓力，強化了改革的必要性和緊迫性。

以 1992 年鄧小平南巡講話和中共十四大召開為標誌，中國決策者對改革的認識進入一個嶄新的高度。在確立了改革就是要

建立社會主義市場經濟體制的同時，也認識到吸收和借鑒當今世界各國包括資本主義發達國家的一切反映現代社會化生產規律的先進經營方式、管理方法，是社會主義贏得與資本主義相比較的優勢的必由之路[6]。隨着中共十四大的召開，企業改革從單純的放權讓利轉向針對國有經濟治理結構的改革。

這一輪國有企業改革的目標是建立產權清晰、權責明確、政企分開、管理科學的「現代企業制度」。在學術界討論和部分企業試行股份制的基礎上，決策層確定了採取公司化的形式，按照「抓大放小」的原則改革國有企業的治理模式。具體來說，單一投資主體的特殊生產行業大中型國有企業改組為獨資公司，多個投資主體的企業改組為有限責任公司或股份有限公司，發展一批全國性的控股公司和跨行業的企業集團。對於小型國有企業，則分別實行承包經營、租賃經營、股份合作制，或出售給集體或個人。

此後，企業改革基本延續了這樣一個抓大放小的路徑，主要效果表現在純粹形式的國有經濟比重迅速降低，非國有經濟和非公有經濟比重大幅度提高，加強了競爭，硬化了企業的預算約束。從統計角度看，多種所有制和混合所有制並存、競爭發展的格局已經基本形成。截止到 2015 年，在年主營業務收入 2000 萬元以上的工業企業中，以國有工業企業性質註冊的企業，僅僅創造了全部主營業務收入的 4.1%，其他部分（即 95.9%）分別為包括私營工業企業、有限責任公司工業企業、外商投資工業企

6　這是鄧小平南巡講話中的一段重要論述。參見董輔礽主編：《中華人民共和國經濟史（下卷）》，北京：經濟科學出版社，第 351 頁。

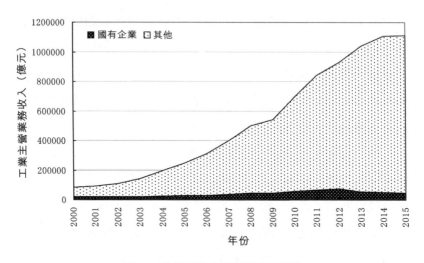

圖 3-1 國有工業企業產值比重變化

資料來源：國家統計局歷年《中國統計年鑒》。

業、中外合資經營工業企業等在內的 29 種註冊類型企業所創造（圖 3-1）。

在競爭增強的情況下，國有企業確實明顯提高了效率。當時，國有企業改革的緊迫性，主要體現在長期缺乏競爭壓力和自主權得不到真正落實，造成嚴重的虧損。例如，20 世紀 90 年代後期，全國國有工業企業的虧損面達到 1/3。針對這種局面，通過實施抓大放小、減員增效、硬化預算約束等改革措施，逐漸實現了扭虧為盈。1998 年以後，國有企業的經營績效明顯改善，全要素生產率的提高速度也大大加快。與此同時，多種經濟成分並存、相互競爭的局面也形成，總體而言，企業治理結構得到改善，微觀效率明顯提高。

從圖 3-1 看，社會上一度流行的「國進民退」的説法，既不是事實，也沒有抓住問題的要害。問題在於，國有經濟並沒有局限於公益性行業和非競爭性領域，還往往被賦予了在定價、職工收入、優惠融資，排斥競爭等方面的壟斷權力。靠這種壟斷權獲得的盈利，沒有依其國有性質上繳財政，用於公益事業和社會事業支出，反而投資於與民爭利的競爭性行業，形成壟斷利潤和過高收入。可見，國有企業的問題已經轉化為如何管理國有資產，以及如何形成各類企業平等競爭條件等問題。

重新界定國有企業與國家的關係，始終是企業改革的關鍵，並延續至今。最初的改革以國家向企業讓利為特徵，分別採取了利潤留成、利改税、撥改貸等改革措施，增強了企業作為市場經濟主體的責任，調整了國家管理國有企業的方式。國務院於 1988 年成立了國有資產管理局。2003 年 3 月 16 日成立國有資產監督管理委員會，代表國家履行出資人職責，監管範圍是中央所屬企業（不含金融類企業）的國有資產。地方政府也成立相應機構，管理地方所屬企業的國有資產。目前正在推進的改革，方向是以管資本為主加強國有資產監管，改革國有資本授權經營體制，組建若干國有資本運營公司，支援有條件的國有企業改組為國有資本投資公司。

3.3 市場競爭環境

在微觀生產單位獲得了經營自主權，並以盈利為出發點的情況下，價格信號是否正確，決定了企業是否真正為市場生產，是否靠良好的經營獲得利潤，以及其預算約束是否硬化。更重要的是，價格形成機制實際上決定了資源配置是否建立在市場的基礎上，從而真正有效率。正如企業改革是通過國有企業自身激勵機制，和治理模式改革與非公有經濟發展帶來競爭的兩條路線進行一樣，價格形成機制的改革，也走了一條雙軌制過渡的路徑。早期的國內外觀察者看到了這種改革路徑注重新舊銜接的特點，給予高度的關注並積極評價。如美國經濟學家諾頓有一個著名的表述，即認為中國經濟的新體制是「從計劃中生長出來」[7]。

在國有企業獲得部分自銷產品和自購投入品的自主權，以及非公有企業參與競爭的情況下，集中由國家計劃分配生產資料和統一銷售產品的模式被打開了缺口，出現了一部分購買和銷售是在計劃分配之外的市場上進行，因而在計劃決定的價格之外，出現了市場供求決定的計劃外價格，其形成主要反映市場供求關係，依靠的是市場機制。而隨着計劃內生產份額的不斷下降和非公有經濟比重的提高，市場決定價格的份額也愈益擴大，雙軌制逐漸向市場決定價格的軌道統一。

7　Barry Naughton, *Growing Out of the Plan: Chinese Economic Reform, 1978-1993*, Cambridge University Press, 1996.

在前蘇聯和中東歐計劃經濟國家的經濟轉軌過程中，許多採取了突然放開價格的休克療法，引起了惡性通貨膨脹，導致經濟增長停滯甚至倒退。中國在 20 世紀 80 年代後期也曾經試圖用一攬子改革的方式，一舉把扭曲的價格信號矯正過來。但是，很快遭遇了通貨膨脹的威脅，1988 年零售商品價格指數提高了18.5%，達到計劃經濟時期和改革開放期間最高的通貨膨脹率，以致這種改革方式被及時叫停，改革和發展也進入治理整頓的時期。

與此同時，價格雙軌制過渡的步伐卻沒有停止，及至在幾年以後即 20 世紀 90 年代中期，社會零售商品由政府定價和政府指導定價的部分，就微乎其微了。農產品和生產資料的價格形成中，市場機制的比重也大幅度提高。此後，產品市場上價格形成機制最終實現了市場化。

一般認為，中國的生產要素市場發育滯後於產品生產，生產要素特別是資本、勞動和土地的價格形成機制尚未充分市場化。雖然這種關於不同領域改革有先有後的判斷不無依據，但是，我們也不應該否認迄今為止生產要素市場發育的程度，以及在生產要素價格形成機制方面的改革成績，而特別是中國共產黨的十八大以來，改革的深度和廣度前所未有，情況發生了根本性的變化。

資本市場的發育可以從銀行體制改革、資本市場發育和利率市場化三個方面來觀察。以實行「撥改貸」為時間起點和邏輯起點，銀行體制改革就開始起步 [8]。這方面改革的一個重要進展線

8　易綱：〈中國銀行業改革的內在邏輯〉，載蔡昉主編《中國經濟轉型 30 年（1978-2008）》，社會科學文獻出版社，2009 年，第 101-120 頁。

79

索，就是從改變中國人民銀行一統天下、經營所有金融業務的格局入手，先後把商業銀行與中央銀行分離，把商業銀行與政策性銀行分離，以及把證券業和保險業與銀行業分離。與此同時，股份制銀行、地方性商業銀行、民營銀行和外資銀行逐步進入，大幅度增加了競爭的因素。並在加入 WTO 之後，按照建立「現代金融企業」的原則，實現了對主要國有商業銀行的股份制改造。

雖然在 20 世紀 90 年代初，以上海和深圳兩個證券交易所的成立為標誌，資本市場發育突破了「姓資姓社」的意識形態樊籠，直接融資比重有了一定的提高。但是，迄今為止股票在企業融資中的作用並不顯著，表現為銀行貸款的間接融資仍然是金融市場的主要形式。例如，在 2016 年實體經濟從金融體系獲得的資金總額，即 17.8 萬億元社會融資總規模中，人民幣貸款所佔比重高達 69.8%，企業債券佔比重 16.9%，而通過境內股票市場融資的比重僅為 7%。在採取直接融資和間接融資之間，固然根據特定國情存在着一定的合理比例關係，現實存在的這種比例關係，也在一定程度上反映金融市場的發育水平。

但是，在間接融資為主的條件下，利率決定的市場化程度，更是反映金融市場發育水平的重要基準。1993 年中央確立了建立以市場資金供求為基礎，以中央銀行基準利率為調控核心，由市場資金供求決定各種利率水平的市場利率體系的市場利率管理體系。從 1996 年放開同業拆借利率，邁出利率市場化的第一步，中國陸續又放開了國債的市場利率，逐步建立起貨幣市場與國債市場的利率形成機制，為政府進行利率調整確定了一個基準利率，是推進利率市場化的又一重要步驟。以後，人民銀行逐步取消人

民幣貸款利率的上限，放寬存款利率上限和貸款利率下限，及至在 2013 年 7 月全面放開金融機構貸款利率管制，2014 年大幅度提高存款利率浮動區間的上限。至此，利率市場化程度已經大幅度提高。

勞動力市場發育是通過從增量到存量兩個階段和相關途徑推進的。最初表現在自 20 世紀 80 年代後期以來，農村勞動力大規模的跨地區、跨產業和跨城鄉轉移。吸收這些轉移勞動力就業的，包括非公有經濟企業以及公有經濟中為市場生產的部分，因此，從一開始這些勞動力的就業就是由市場配置的，工資也接近於市場均衡水平。與此同時，農村落戶知識青年返城就業和城市新成長勞動力的就業，也越來越多地依靠計劃外的自主擇業方式。

許多人認為農民工的工資決定受到制度因素的影響，因而是一種歧視性的工資而不是市場工資。固然，由於戶籍制度的存在，農民工進城後並沒有獲得城市戶口，其就業常常受到政策的限制。而且，在二元經濟發展的條件下，由於大規模剩餘勞動力尚未被市場結清，因而農業轉移勞動力的工資並不充分反映其邊際生產力。但是，與國有企業職工的工資決定相比，農民工工資主要受到勞動力供求關係的影響，因而市場化程度更高。

勞動力市場發育的更高階段和另一條途徑，是在農民工和新成長勞動力的競爭壓力下，國有企業通過減員增效、打破鐵飯碗的就業制度改革，主要以增量的方式改變了勞動力配置機制和工資形成機制。在 20 世紀 90 年代後期遭遇宏觀經濟低迷、東南亞金融危機和國有企業全面虧損的情況下，國有企業大規模裁員，打破了長期存在的「鐵飯碗」，造成累計數千萬職工下崗。下崗和

失業勞動者在獲得一定政策扶助的前提下，需要到勞動力市場上自謀職業，形成了勞動力資源的市場化配置。

進入 21 世紀，特別是隨着中國加入 WTO，經濟增長速度回升，當各類企業恢復對就業的吸納，國有企業幫助下崗職工再就業之時，則採取了市場化的工資決定機制和僱用方式。目前，無論是農民工、城鎮勞動者還是各類畢業生，都不再由政府分配工作，而是在勞動力市場上尋職、協商工資和工作待遇，簽訂勞動合同。隨着勞動力短缺現象的出現，工資水平顯著向勞動邊際生產力靠近。與此同時，勞動力市場制度建設取得大突破，勞動立法和執法、最低工資制度、集體協商制度等對於勞動力市場的規制作用明顯增強。

在 20 世紀 80 年代初農村確立了土地集體所有、家庭經營的體制模式之時，1982 年修訂的憲法規定了城市土地歸國家所有。土地資源配置的市場化過程，就是基於這兩種所有制形式，遵循農業基本經營制度，以及依據物權法中的用益物權原則展開的。

首先，家庭承包制，特別是在第二輪承包之後，明確了農民的土地承包權，穩了經營預期，也推動了農村土地資源的重新配置，顯現出一種「索托效應」[9]。例如，在現行農村土地產權形式下，農戶之間廣泛存在着承包地的轉包和轉租，以支撐勞動力向城市部門轉移；農戶把承包地以入股的方式交給公司經營，獲得農業規模經濟；農戶利用承包土地的經營權進行抵押貸款，提高

9　秘魯經濟學家索托指出，窮人使用卻沒有明確產權的土地，其潛在價值之大，非外資、信貸和各種援助可以比擬。索托：《資本的秘密》，北京：華夏出版社，2007 年。因此，我們把利用對土地潛在收益能力的權利所實現的土地增值和資本化，統稱為「索托效應」。

融資能力。總體來説，在農民土地的用益物權獲得保障的同時，土地資源配置效率得到提高。

中國共產黨的十九大對於農村土地制度做出了兩項重大部署。第一是要求深化農村土地制度改革，完善承包地所有權、承包權、經營權三權分置制度。第二是保持土地承包關係穩定並長久不變，第二輪土地承包到期後再延長 30 年。這既保證了農民預期和經營積極性的穩定，也提供了優化土地資源使用的重新配置機制，為構建農業現代化生產方式創造了必要的制度條件。

其次，農村土地在法律、法規和規劃的框架內轉為非農使用，有力支持了工業化和城市化進程。依託於農村集體建設用地，在 20 世紀 80 年代和 90 年代，鄉鎮企業異軍突起，小城鎮也得到突飛猛進的發展，成為那個時期工業化和城市化的重要推動力量。按照規劃並經嚴格審批，把農村集體所有土地轉為國有，進行公益性使用或商業性開發，是整個改革時期非農產業大發展、基礎設施加快建設，以及城市化高速推進的重要土地保障。

現行土地制度也被許多當事人和觀察家所詬病。存在的問題包括：地方政府過度依賴於開發土地所獲得的 GDP 增長和財政收入；農民從土地開發中得到補償過於微薄，而開發商和投資者則大發利市；土地流轉速度滯後於勞動力轉移的要求，利用土地經營權抵押和入股經營等形式仍然存在着法律障礙；保障糧食安全的耕地紅線是否合理，如何得到維繫等問題尚未取得共識等等。

近年來，各地在土地制度改革上進行了一系列局部試驗，一些改革措施也通過法律授權在更大的範圍內進行試點。首先是全國範圍的農村集體土地確權登記，旨在解決土地權屬糾紛，維護

農民土地權益，依法確認和保障農民的土地物權，為建設城鄉統一的土地市場創造條件。其次是一些地區進行的地票流轉制度試驗，其中一些也取得了加速土地流轉，增強農民對土地用益權等效果。第三是部分地區嘗試以承包土地經營權做貸款抵押，並且得到推廣。這些試驗無疑都是旨在解決上述問題的有益嘗試，雖然效果如何仍然有待實踐和時間檢驗。

3.4 發展型政府

在中國的整個經濟改革過程中，政府的經濟職能實現了重要的轉變，從包攬一切經濟事務，如分配資源和生產要素、制定產品和要素價格、企業財務的統收統支、直接替代企業進行經營決策，轉向通過宏觀調控手段、產業政策和區域發展戰略間接管理經濟，與市場形成了分工和互補的關係。目前，產品流通和生產要素的配置主要依靠市場機制、企業獨立自主地作出經營決策，以及政府履行提供公共服務職責的格局已經形成。

與此同時，人們普遍注意到，在中國的高速經濟增長中，中央和地方政府發揮作用的程度和方式，顯然不同於標準教科書中關於政府經濟職能的戒條。這種中國特色的政府作用十分積極，迄今為止有力地促進了經濟增長，也誘發了諸多問題，這些問題隨着經濟發展階段變化而愈顯突出。因此，中國政府在經濟增長中的這種表現，既是改革的產物，也在很大程度上應該成為進一

步改革的對象。

　　發展經濟和改善人民生活水平的迫切願望，加上對地方的財政分權以及幹部考核制度，誘導地方政府的強烈 GDP 增長和稅收增長的動機，激發各地政府之間追求發展速度的相互競爭。正如任何觀察家都能夠看到的，地方政府通常扮演着企業家的角色，直接介入招商引資、規劃建設和跑部錢進等活動，以致有些學者乾脆把這種類型的政府，分別稱作發展型政府、企業家政府，或者競爭型政府 [10]。

　　對此，有的觀察者驚歎中國政府的資源動員能力，也有的持批評態度，徹底否定單純追求 GDP 增長的政府行為。張五常教授認為，誘發地方政府（他具體指縣級政府）之間激烈競爭的體制，造就了「近乎奇觀的經濟增長」，因而「是人類歷史上對經濟增長最有效的制度」[11]。無論是否接受任何一種研究結論，競爭型政府的確是中國高速經濟增長的一個重要因素。因此，即便是一種需要糾正的偏差，也有必要公正地探明其產生的理性基礎。

　　首先，只有經濟增長才能提高經濟總量和人均收入水平，才能以硬邦邦的指標表現出地方政府的政績。無論存在多少爭議，GDP 仍然是衡量經濟增長的最充分資訊。而且，對於一個起點很低的國家和地區來說，着眼於做大蛋糕的發展觀也的確是硬道理。所以，追求 GDP 成為競爭型政府的直接目標，特別是對於特

10　例如 Carsten Herrmann-Pillath and Xingyuan Feng, "Competitive Governments, Fiscal Arrangements, and the Provision of Local Public Infrastructure in China: A Theory-driven Study of Gujiao Municipality", *China Information*, 2004, vol.18, no.3, pp.373-428.

11　張五常：《中國的經濟制度》，北京：中信出版社，2009 年，第 146 頁和第 165 頁。

定的發展階段來說，也在情理之中。

其次，很多政府官員一度認為，經濟增長與就業、居民收入有着直截了當的對應關係，所以，促增長也是保民生。在相當長的時間裏，各級政府都堅信，經濟增長可以自動帶來就業的增長，進而人民生活水平的改善。所以，每逢經濟出現波動，產生下行趨勢時，甚至在中央政府有意調控經濟過熱現象時，地方政府總是以保就業的名義，理直氣壯或者暗中使勁，維持期望的經濟增長速度。

最後，一些地方政府領導仍然感覺到，有 GDP 的增長才有稅收的增加，才能實施諸如基本社會保險和最低生活保障等社會政策，在諸如義務教育和保障性住房等領域提供更好的公共服務，從而實現經濟和社會之間的協調發展。這就是為甚麼中國共產黨中央提出以人為本科學發展觀，特別是強調經濟和社會協調發展的要求之後，絲毫沒有降低地區之間 GDP 競賽熱情的原因。

可見，至少從諸多表面上的道理來看，不遺餘力地追求和攀比經濟增長速度，對於地方政府及其官員來說，是一種讓中央政府和老百姓都滿意的做法，何樂而不為？

如果突破新古典經濟學的窠臼，政府在改革開放和經濟發展過程中發揮積極作用，理由是足夠充分的。譬如，推進改革需要政府來凝聚共識，設計和實施具體方案；從計劃經濟向市場經濟的漸進式轉變過程中，市場配置資源的機制並不會一步到位，需要特定的政府職能填補市場的空缺；在市場經濟所必需的信用體制尚不健全的條件下，特別是在市場機制與計劃手段交接過程中形成一些制度真空的情況下，市場交易各方誠信的缺失，需要相

應的政府職能加以補充；在純粹意義上的企業家才能尚不具備的時候，有必要借助政府官員的人力資本，以抓住經濟發展的機遇。

然而，政府促進經濟發展的職能，恰恰也是一個容易產生「過猶不及」問題的領域，以致在經濟學中形成一個關於政府與市場關係的永恆話題。在中國的改革開放時期，政府在促進高速經濟增長方面的一些舉措，如產業政策、區域政策和宏觀調控政策，的確產生了干預過度，從而妨礙市場機制有效配置資源，乃至阻礙經濟體制進一步改革的後果。

首先，旨在扶持某些戰略性產業的政策舉措，以及實施平衡區域發展的政府戰略，通常要依託大型項目，借重國有企業發揮主導作用和「影響力」予以實施。此外，在很長時期裏宏觀調控政策往往強調「有保有壓」，本意是保那些有利於就業和優化產業結構的投資，壓那些高能耗、高污染和產能過剩的投資，然而，在過多使用行政手段的情況下，就容易陷入保大項目和國有企業，壓民間投資和非公有經濟的情形。

相應地，這些被實際保護的大型建設項目、「戰略性」行業和國有企業，自身則產生了政策依賴症，不願面對市場競爭，並以其對 GDP 和稅收增長的影響，影響地方政府和政府部門的決策，反過來俘獲政策制定和政策傾向，維護其獲得補貼和壟斷地位以及軟預算約束等特權。這種格局所造成的結果，便是抑制中小企業和民營經濟的發展空間，妨礙行業的自由進入與退出，降低生產要素的配置效率，傷害優勝劣汰的競爭機制，最終也把一些項目和企業置於缺乏效率和自生能力的境地。

其次，表現為政府主導和投資驅動的產業政策和區域政策，

逐漸演變為一種趕超戰略。這種戰略與計劃經濟時期的重工業優先發展戰略有着某種共同點，即給予大型項目和大型國有企業優先的金融支持，產生對小型和微型企業的金融抑制，阻礙金融體制改革。例如，國有商業銀行要發放貸款又要保持資金安全性，必然熱衷於給予大型國有企業充足和低成本貸款，不情願承擔中小企業和新創企業的投資風險。與此同時，為了維持自身的盈利，也需要壓低存款利率，實際上形成一種儲戶補貼企業的現狀，扭曲了國民收入分配格局。

第三，在這類投資中起着重要作用的政府財政資金，因其分配缺乏市場評估，預算約束也是軟的，因而演變成一種制度租金，助長了地方政府、投資者和大型企業的尋租激勵，也導致腐敗現象屢禁不止，一度愈演愈烈。例如，廣受詬病的財政轉移支付一般性專案少而專項多，並且曾經長期得不到改變的狀況，就是一些掌握資源分配權力的部門設租、造租的結果。由於這種狀況的存在，不僅因資源配置偏離效率原則，抑制了潛在的創新活動，也造成地方政府高負債現象，並使財政體制向公共財政轉變的改革方向受到阻礙，改革進展在一段時期內不能盡如人意。

此外，地方政府之間的經濟增長競賽，固然激發了政府官員的工作熱情，但是，把招商引資業績與個人的經濟利益及職務升遷等掛鈎，扭曲了對官員工作業績的評價機制和激勵機制。張五常早期的研究發現，在一些縣級政府，引資額的 1%-2% 可以作為對作出貢獻的官員的獎勵 [12]。政府官員拿佣金的現象，無疑敗壞了

12　張五常：《中國的經濟制度》，北京：中信出版社，2009 年，第 158 頁。

公務風氣，惡化了營商政策環境。這雖然未必是普遍現象，但是，地方政府官員的確因直接參與資源分配而獲得這樣那樣的收益。與此同時，他們卻不必對投資效果負責，這很容易把事情異化到為投資而投資的境地。

最後，這種地方政府的招商引資競賽，必然導致競相壓低生產要素價格，從而造成生產成本的人為扭曲。由於徵地對農民的補償十分微薄，所以，土地成本與拍賣價格之間有巨大的空間。為了吸引投資，許多地方承諾遠低於市場水平的土地價格。無償提供土地，甚至還免費進行「三通一平」的零地價現象也屢見不鮮。即便如此，地方政府仍然從出售土地中獲益不菲，許多地方靠土地而掙得盆滿缽滿，地方財政對出售土地產生嚴重的依賴症。

為了應對國際金融危機實施一攬子大規模刺激政策，如 2009 年以後的一段時期中，地方政府以土地收益為保障大膽舉債。根據國家審計署審計調查，地方政府性債務 2010 年達到 10.7 萬億元，隨後進一步積累，2012 年可能已經超過 12 萬億元。這種政府債務增長過快，又過於依賴土地收入，因而存在較大風險。例如，一些地方 2012 年需還本付息的債務額已經達到其可支配土地收入的 1.25 倍，有很大一部分要靠舉借新債或者財政收入償還。此外，在此類債務的管理中，也存在諸多違規和腐敗現象 [13]。

中國共產黨的十八大以來，中央着力採取強有力措施化解債務風險，取得了顯著成效，中國債務水平總體可控。但是，仍然

13　劉家義：《國務院關於 2012 年度中央預算執行和其他財政收支的審計工作報告》，2013 年，中國人大網 http://www.npc.gov.cn/npc/cwhhy/12jcwh/2013-06/27/content_1798983.htm。

存在部分地方政府債務增長較快，以及違規舉債的現象。根據審計結果，至 2017 年 3 月底，從審計的地區看，本級政府債務風險總體可控，但政府承諾以財政資金償還的債務餘額，較 2013 年 6 月底仍然增長 87%，其中基層區縣和西部地區增長超過 1 倍；有些地方仍然保留着較大的通過銀行貸款、信託融資等形式，違規舉借的政府承諾以財政資金償還的債務餘額[14]。

地方政府之間進行增長競賽，也傾向於低估資源環境成本，導致經濟增長所得難以補償其造成的資源枯竭和環境破壞代價。勞動力價格雖然已經由市場決定，但是，由於戶籍制度等體制障礙的存在，農民工沒有享受到均等的基本公共服務，社會保險的覆蓋率很低，加上部分企業故意規避執行勞動合同法等勞動法規所規定的基本社會保險等要求，也造成勞動力成本被人為壓低。而地方政府之間競爭的熱情，以及基本公共服務供給上的責任和能力不對等，以及改革的激勵不相容，則成為阻礙戶籍制度改革的一個內在動機。

在改革進程中形成的中國特色發展型政府，無疑對於迄今為止的高速經濟增長作出了重要的貢獻，我們的確可以從中總結出有益的經驗。但是，我們是否應該接受張五常教授的結論，認為地方政府競爭是一個「最有效的制度」呢？雖然經濟學作為一門實證科學，研究結論的得出不應該過於絕對，但是，以上關於政府主導型增長模式產生的問題，顯然不支持張五常教授的論斷。

14　胡澤君：《國務院關於 2016 年度中央預算執行和其他財政收支的審計工作報告》，人民網：http://politics.people.com.cn/n1/2017/0623/c1001-29359662.html，2017 年 10 月 29 日下載。

如何看待這種地方政府相互競爭，追求經濟增長的模式，不僅僅涉及對既往改革成效的評價，也與如何選擇進一步改革的方向有着緊密的關係。撇開別的不說，張五常關於競爭型政府可以減少腐敗現象，以及勞動力不應該受到勞動合同保護的說法，既不是正確的結論，也不利於選擇正確的改革方向和議程。而且，中國共產黨的十八大以來的一系列重大改革及其效果，也昭示出新的政府作用模式及其成效。

　　2013年召開的中國共產黨的十八屆三中全會把市場在資源配置中的「基礎性作用」修改為「決定性作用」，同時強調「更好發揮政府作用」。這一原則也成為習近平新時代中國特色社會主義思想和基本方略的重要組成部分。更好發揮政府作用，並不是要更多發揮政府作用，而是要在保證市場發揮決定性作用的前提下，管好那些市場管不了或管不好的事情。政府的職責和作用主要是保持宏觀經濟穩定，加強和優化公共服務，保障公平競爭，加強市場監管，維護市場秩序，推動可持續發展，促進共同富裕，彌補市場失靈。

第四章

全球化與中國因素

無論經濟全球化發端於何時，自 20 世紀 80 年代初以來的改革開放，特別是自 21 世紀初加入世界貿易組織（WTO），中國無疑是深深介入到這個歷史進程之中，而且成為舉世公認的全球化受益者和推動者。對於經濟全球化，政治家、企業家和學者不約而同所承認的，在世界範圍內，並非所有國家都均等地從中獲益，也並非一個國家之中所有羣體都均等地從該國對全球化的參與而獲益。在許多方面和諸多情況下，全球化甚至造成「貧者愈貧、富者愈富」的馬太效應。

　　的確，任何經驗都未證明全球化可以無條件地惠及所有參與國家和所有羣體。但是，中國能夠最大化地獲益於經濟全球化，也是一種具有全球意義的經驗，可以上升為中國智慧，為前提發展中國家提供一種可供選擇的方案。其根本原因就在於，在深度參與、充分利用全球化提供的外部條件的同時，把自身有利的制度優勢和經濟發展條件等中國因素發揮得淋漓盡致。換句話說，中國立足國情、堅持改革開放、促進發展和分享，充分利用了參與全球經濟分工的積極因素，儘可能避免了其消極因素，成為發揮比較優勢實現經濟趕超，並惠及全體人民的經典範例。

4.1 全球化的含義

通常認為全球化興起於 20 世紀 50 年代。但是，也有人認為全球化應該追溯到更早，例如 19 世紀中後期英國開啟的全球化。由於英國是當時世界上最大的經濟體，GDP 總量佔到世界的接近 10%，出口與 GDP 的比率超過 1/3，紡織品生產約 60% 用於出口。到了 19 世紀晚期，英國國內儲蓄的 40% 左右被用於投資海外。不過，這更像是一幕以「一個國家的全球化」為劇名的獨角戲，以此作為全球化起源時間的依據恐怕還不充分。

結合經濟全球化的定義，即着眼於貨物和服務貿易及外商直接投資的擴張、地緣政治的顯著變化，考慮到參與國家的廣度，以及中國在高速增長中擁抱世界經濟的表現，我們可以把 1990 年前後作為本輪全球化的起始時間。一方面，中國於 20 世紀 80 年代初開始了改革開放，作為其必然進程和進一步推進的催化劑，1986 年提出恢復關貿總協定締約國地位的申請，2001 年加入世界貿易組織（WTO）；另一方面，1991 年蘇聯解體標誌着長達 40 餘年世界範圍冷戰的結束；隨後，前蘇聯國家和中東歐國家開始進行經濟轉型。也恰好在那個時期，世界貿易和資本的全球流動邁上一個新的台階，標誌着以這些歷史性事件作為引爆點，全球化從此進入一個新的高潮。

不過，真正產生世界範圍影響，並且有着嶄新當代特徵的全球化，在 20 世紀與 21 世紀之交才成為世人普遍關注的現象。西方人認為《紐約時報》代表着全球輿論的關注點，所以有好事者通

過統計發現，2000年該報發表關於全球化爭論的文章達到有史以來的最大數量，空前而且絕後。著名記者湯瑪斯·弗里德曼認為，大約在這個時間點上，世界政治版圖的巨變，以及一系列嶄新的技術發明與應用，把世界變得越來越小，同時把各國的競爭起跑線不斷鏟平。

關於全球化是福音還是災星，更是見仁見智，爭論不休。1999年11月30日，數萬抗議者齊集西雅圖，攪局世貿組織的貿易部長會議，是最早發生的一起反對全球化的抗議活動。那天早晨有的抗議者爬到旗竿上不下來，以宣示對全球化的抗議，還有的抗議者搗毀了作為全球化象徵的麥當奴速食店，並與警員發生激烈衝突。從那之後，任何世界性的以全球化為議題的會議或論壇，幾乎無不遭遇強烈的甚至是暴力的抵制。雖然這種反對全球化的運動可以被警員鎮壓，街頭抗議者畢竟也不擁有真正的話語權，但旨在達成全球化的這樣或那樣共識的會議，很多也在這種抗議氣氛中流產。

輿論界也好，理論界也好，對於全球化在很大程度上並沒有形成一致贊成的定義，當時人們參與反對和抵制全球化的活動，也分別有各自的動機。例如，有的是為了拒絕資本主義制度和生活方式的入侵，有人出於對外來競爭者的擔心，也有人為了捍衛勞工利益免受產業衰落之傷害，還有的是把全球化與環境惡化相提並論，或者乾脆把一切對現實的不滿都歸咎於全球化，將其當作萬惡之源或者替罪羔羊，不一而足。

讓我們還是回到經濟學對全球化的認識上來（至少是在很長時間裏的認識）。早在經濟學誕生之時，斯密就看到了國家之間

存在的生產率差異，即所謂生產能力的絕對優勢或者絕對劣勢。李嘉圖則發現，即便一個國家在所有的產品生產中，生產率都低於另一個國家，也仍然可以在某些產品的生產上具有比較優勢。以後，包括赫克歇爾、俄林、薩繆爾森在內的現代經濟學家，把這個道理加以理論化和模型化，便形成了我們在經濟學課堂上必須學習的著名的比較優勢理論。

這樣，我們就有了第一個關於全球化的經濟學定義。人們通常接受的一種相對狹窄的表述是：全球化即指貨物和服務的大規模全球流動。因此，既然各國皆有比較優勢且可以從貿易中獲益，則越來越多的國家參與國際的產品和服務貿易並使其規模空前擴大，自然是一種產生全球性收益的過程。

經濟學家關注的是經濟全球化，同時也承認全球化可以包含更廣的內容。例如，斯蒂格利茨一方面把經濟全球化界定為「通過擴大商品和服務、資本甚至勞動力的流動而導致世界各國之間更緊密的經濟互動」，另一方面也承認，全球化也包括創意和知識的國際流動、文化分享、全球公民社會和全球環境運動 [1]。克魯格曼則認為，全球化是一個關於日益增長的世界貿易、各國金融市場連接以及把世界變得更小的許多事物的包羅萬象的表述 [2]。

中國從 20 世紀 80 年代開始的改革開放，無疑即是參與全球化的行動。而隨後積極參與談判，申請加入關稅與貿易總協定組織，即今天的世界貿易組織（WTO），並且最終於 2001 年成為了

1　Joseph Stiglitz, *Making Globalization Work*, London: Penguin Books, 2006, p. 4.
2　Alex MacGillivray, *A Brief History of Globalization: The Untold Story of Our Incredible Shrinking Planet*, London: Robinson, 2006, p. 5.

WTO 成員國，則意味着以更積極更主動的姿態介入到全球化之中。對於中國來說，加入 WTO 意味着在對其他締約國開放，以及在取得必要的過渡期的前提下，享受到更加有利的貨物和服務的准入、解決貿易爭端的平台和國際貿易規則的話語權，從而獲得更好的貿易發展環境。

地處東亞，中國還享有一個地區性的有利因素，使其更顯著地獲得經濟全球化的好處。那就是成為所謂「雁陣模型」的一部分。20 世紀 30 年代，在日本名古屋大學，從歐美遊學歸來的赤松要開始自己的經濟研究生涯。不久後提出了只是後來才廣為人知的雁陣理論（英文為 flying geese paradigm）。

這個理論模型起初只是用來描述日本作為一個後起經濟，如何借助動態比較優勢的變化，完成一個「進口—進口替代—出口」的完整趕超過程。以後，通過若干位日本經濟學家的貢獻，該理論逐步流行，被廣泛用來解釋和理解東亞經濟的發展模式，即以日本為領頭雁，按照比較優勢的動態變化，勞動密集型產業依次在亞洲四小龍、東盟國家以及隨後的中國沿海省份之間轉移，推動整個地區的經濟發展和趕超。

所以，許多研究者把中國通過參與全球化，把豐富而廉價的勞動力轉化為具有競爭力的製造業產品的過程，看作是在東亞形成的這個「雁陣模型」的一部分。這樣，全球化的內涵得以擴大，即全球化不僅是產品和服務貿易的世界範圍擴大，還是資本流動範圍的空前擴大。正是在 20 世紀 80 年代以來，東亞較發達的經濟體逐漸放棄了勞動密集型產品的生產，實現了產業向更加資本密集型和技術密集型的升級。與此同時，中國從建立經濟特區和

開放沿海城市開始，逐步實現了全面經濟開放，承接了勞動密集型產業，引進了外商直接投資，終究成為全球製造業中心，被世人稱作世界工廠。

被公認為是內生增長（endogenous growth）理論之父的保羅・羅默（Paul Romer），強調經濟增長中人們有意識地進行研究開發以促進技術進步的作用。因此，在他來看，全球化更是一個創意（idea）的全球範圍流動。其實，這個定義與比較優勢原理並不矛盾。

首先，它在理念上是比較優勢理論的一個延伸。正如蕭伯納所說，你有一個蘋果，我有一個蘋果，我們彼此交換，每人還是一個蘋果；你有一種創意，我有一種創意，交換之後每人可擁有兩種創意。

其次，創意的流動常常需要借助全球化的貿易和要素流動這些形式進行。通過產品和服務的貿易以及引進外資，發展中國家可以學到先進的技術和管理，通過談判、訪問和留學，人力資本以前所未有的規模跨國界流動，更是創意交流和吸收的廣泛機會。

4.2 趕超與趨同

按照傳統的以貨物和服務貿易規模來定義全球化，中國的對外開放無疑取得了舉世矚目的成就。再加上中國吸引規模龐大的外商直接投資，以及人員和創意的交流，不僅突破了資本缺乏、管理、技術水平和人力資本差距、資源配置能力不足等供給瓶

頸，其他國家對中國具有比較優勢產品的需求，還幫助中國填補了高速增長所必備的需求缺口。

許多研究表明，後起國家趕超發達國家的過程，並不像早期新古典增長理論所設想的那樣輕而易舉。從理論上看，由於資本報酬遞減規律的作用，後起國家可以獲得比發達國家更高的資本報酬率，因而一旦具備了經濟增長必須的制度條件、政策準備和生產要素積累，就可以取得較快的增長速度，達到趨同（convergence）的效果。但是，雖然趨同在現實中並非沒有先例，在人類經濟史上卻也只是寥若晨星。

一些增長研究發現，趨同所需要的時間之久是令人沮喪的。即使經濟上後進的國家具備了先進國家所有的經濟增長條件，而且還享有在技術上和體制上的後發優勢，以致能夠以一個較快的增長速度實施經濟趕超，趨同的過程也將是曠日持久的。這是因為，今日世界存在着巨大的經濟發展水平差距，是長期以來經濟增長速度差異所造成的結果。甚至對於許多典型的窮國與富國來說，解釋它們之間在經濟總量、人均收入和生活質量上面現存的九天九地般差別，需要追溯到發生於 18 世紀後期和 19 世紀初期的工業革命，以及由其導致的世界性「大分流」（great divergence）。

換句話說，在數百年時間裏形成的差距，似乎需要數百年時間才可能消除。經濟學家巴羅和薩拉伊馬丁（Robert Barro and Xavier Sala-i-Martin）曾經舉出這樣一個例子，說明趕超所需要時間之久。1990 年美國的人均 GDP 為 1.8 萬美元，是埃塞俄比亞 285 美元的 65 倍。他們設想，如果假設美國不再增長，埃塞俄比亞以美國長期保持的 1.75% 的年平均增長率，實現趨同需要

239 年的時間。即使提高 1 個百分點的增長率，即以日本的長期增長率 2.75% 來趕超，埃塞俄比亞趕上不變的美國，也需要花上 152 年。

以上理論和經驗說明的含義便是，如春風細雨一樣的增長速度是不可能實現經濟趕超的，非要有一個急風暴雨般的高速增長才足以產生實質性的趨同效果。統計學中有一個著名的拇指法則 ——「72 法則」，即如果一個經濟體每年以 1% 的速度增長的話，需要 72 年才能翻一番；如果以每年 7.2% 的速度增長的話，10 年即可翻一番；而如果以每年 10% 的速度增長的話，翻一番則只需 7 年。中國在 1978-2011 年期間，GDP 年均增長率接近 10%，當時預計在 21 世紀第一個十年之後的許多年中，中國經濟仍可保持 7% 左右的增率。因此，就有了一個有趣的「薩默斯設想」。

勞倫斯·薩默斯是個不拘小節的經濟學奇才，喜歡設想未來的歷史學家如何看待我們所生活的時代。他認為，300 年後，當未來的人們書寫我們今天的歷史時，他們可能不會記得冷戰的結束，也不會記得 911 事件，而必然會大書特書的是，中國因其高速經濟增長，在人類歷史上第一次做到了：以一個人的生命週期可以見證生活水平提高 100 倍以上，並且對世界人口和全球經濟帶來重要影響。

強烈的趕超願望是發展經濟學誕生的初衷，揭示趨同的原因則是經濟增長理論演進的動力。中國經濟趕超和趨同的故事及其與全球化的關係，必然為經濟增長和全球化以及相關理論作出重要的注解。特別是對於一個後起國家來說，在經濟上趕超發達國

家所面臨的制約，既有供給側的因素也有需求側的因素。因此，理解中國在改革開放時期如何從全球化中獲益，應該從供給和需求兩方面的因素進行觀察。

4.3 打破供給瓶頸

首先讓我們來看，全球化如何幫助中國突破經濟增長的供給側制約因素。經濟增長的供給側因素，是指通常構成後起國家增長瓶頸的生產要素供給和生產率提高能力，包括資本、技術、勞動力、人力資本的供給和全要素生產率的提高。

更確切地說，在一個描述經濟增長過程的增長帳戶或生產函數中，當你把 GDP 增長作為被解釋變數放在等號的左邊時，所有處於等式右邊的解釋增長績效的引數，都是經濟增長的供給側因素。大多數進行這種關於經濟增長計量分析的研究，通常都選用了資本積累、勞動力供給、人力資本 (勞動者的教育水平) 和全要素生產率等變數，用以解釋經濟增長率。參與經濟全球化對這些變數的作用力，或對外開放因素對生產要素供給和利用以及生產率提高產生的推動效果，則被看作是全球化對潛在增長率的貢獻。

對早期發展經濟學家而言，任何國家實現經濟起飛的供給側瓶頸因素是資本積累。傳統的經濟理論十分強調資本積累在經濟發展過程中的決定性作用。統治經濟增長理論多年的著名哈樂

德—多馬模型，就僅僅關注儲蓄率這一個因素，而有些發展經濟學家和增長理論家，則乾脆將一定的儲蓄率水平作為經濟起飛的必要條件。

例如，路易斯和羅斯托分別都給出了實現起飛所必需的資本積累率。路易斯認為，經濟發展的核心問題是一定水平和迅速提高的資本積累，或者說如何把儲蓄率和投資率從 4%-5% 或更低的水平，提高到 12%-15% 甚至更高的水平。在羅斯托看來，經濟成長通常要沿着五個階段遞進：(1) 傳統社會階段；(2) 為起飛創造前提的階段；(3) 起飛階段；(4) 成熟階段；(5) 高額大眾消費階段。他把儲蓄率和投資率從 5% 上升到 10% 或以上作為經濟起飛這一關鍵性階段的必要條件。

從新古典增長理論出發，則更加強調技術進步和生產率的提高。索洛發現，經濟增長績效中包含着一個由生產要素的投入解釋不了的部分。比如說當資本和勞動的投入都只增長 2% 的情況下，產出可能增長了 3%，有一個百分點的增長率不知來自何方。在尚未搞明白這個額外的增長成分為何物的時候，在統計意義上人們將其稱作索洛殘差（residual）。後來，經濟學家發現這個殘差反映了技術進步和配置效率等可以提高生產率的各種因素，並從此將其稱為全要素生產率（英文為 total factor productivity 或 TFP）。

索洛在研究中證明，在資本報酬遞減的條件下，全要素生產率是推動經濟增長的唯一可持續源泉。從這個索洛教條出發，許多經濟學家曾經質疑「東亞奇跡」，並以這些經濟體缺乏生產率進步，而僅僅依靠資本和勞動的投入為由，預言其經濟增長的不可持續性。

這裏有一個有趣的故事。世界銀行在 1993 年發表的一份報告中，以其權威性研究向世界首推了以亞洲四小龍等經濟體的增長表現為代表的「東亞奇跡」。這個報告發表之後，撇開關於東亞奇跡產生原因的爭論之外，關於這個所謂的「奇跡」本身是否成立，當時就眾說紛紜、莫衷一是。艾爾文・揚（Alwyn Young）和劉遵義（Lawrence Lau）等多名擅長計量經濟分析的學者，發現那些創造「東亞奇跡」的國家和地區，之所以取得高速經濟發展的績效，實際上靠的是投入的增加，而不是生產率的提高。他們一致認為：一旦撤除要素投入的因素，「奇跡」馬上就消失了，如同「從奧林匹斯山頂跌落到塞薩利平原。」這也是從供給側因素得出的結論。

不過，經過亞洲四小龍和中國大陸的經濟成功趕超之後，這種觀點從今天看來，可以說是錯誤的。至於為甚麼經濟學家對東亞奇跡產生判斷上如此大的失誤，他們的理論和經驗研究有沒有合理的成分，我們將在後面的章節中繼續討論。這裏我們只需觀察一個事實：中國因其人口轉變階段與經濟起飛階段的高度耦合，不僅成功地打破了資本積累的瓶頸，也突破了新古典增長理論的假設 —— 資本報酬遞減。

對一個經濟落後的國家來說，很低的人均收入就意味着可以用來投資的資本積累是不足的。這個道理很早就由「貧困惡性循環」假說講得很明白了。該假說脫胎於馬爾薩斯貧困陷阱理論，即認為在貧困國家，無論由於甚麼原因導致的收入提高，通常會相應導致人口增長，後者繼而又把人均收入拉回到僅能維持生存的水平。

中國在改革開放起步之時，即 20 世紀 70 年代末和 80 年代初，人均 GDP 不足 200 美元，無疑十分符合落後國家的標準。所以，根據發展經濟學「雙缺口」理論，即國內投資需求大於儲蓄水平導致資金不足，以及貿易逆差導致外匯不足，通過對外開放引進外商直接投資和擴大商品出口，無疑能夠顯著地幫助中國打破資本積累瓶頸。

　　不過，這還不是全球化的主要貢獻。或者說，認識全球化對資本積累的積極作用之前，先要理解全球化是如何把中國特殊的人口因素，轉化為直接促進經濟增長的人口紅利。從 20 世紀 60 年代中期開始，中國的人口撫養比（即依賴型人口與勞動年齡人口的比率）就開始下降，因此，在改革開放時期，中國所積聚的人口紅利勢能得以充分釋放。

　　在中國的特殊情況下，參與經濟全球化，得以兌現潛在的人口紅利才是最重要的因素。在擁有大量剩餘勞動力的條件下，通過國際貿易將廉價勞動力轉化為凝結在勞動密集型產品上的資源比較優勢，進而取得國際競爭力和市場份額，才能充分兌現人口紅利。一旦具備了這種條件，勞動年齡人口增長這一個人口紅利表現，也對資本積累這一增長因素產生重要的作用，即不僅較低且處於下降趨勢的人口撫養比有利於實現高儲蓄率，無限供給的勞動力更起到抑制資本報酬遞減的作用。因此，也可以說如果沒有廣泛參與經濟全球化，人口紅利只是潛在稟賦而不是增長要素，資本積累這個增長條件也得不到滿足。

　　當然，毋庸置疑的是，引進外商直接投資也是具有積極作用的。除了稀缺資本的投資本身，外商直接投資享有更寬鬆的政

策，特別是經營過程較少受到政府干預等，成為一種體制優勢，加上外商投資帶來的技術、管理和市場，它們通常具有更高的資源配置效率，也是比資本本身更重要的全球化因素。

早在計劃經濟時期，即 20 世紀 60 年代中期，中國的人口撫養比就開始下降了，70 年代中期勞動年齡人口增長速度便大大快於全部人口的增長速度。這就是說，人口因素已經潛在地具有了產生人口紅利的條件。遺憾的是，這時中國正處於「文化大革命」期間，不僅政策上絲毫沒有經濟建設的地位，一系列體制因素還阻礙了經濟增長。

雖然歷史不能假設，但是，經濟學家常常喜歡作出一些理論上可以接受的假設，意在說明如果沒有某種情形發生，歷史可能會有所不同即所謂的反向事實分析（counterfactual analysis）。例如，有兩位經濟學家做的一項模擬表明，如果沒有 20 世紀 50 年代末的「大躍進」和後來的十年「文革動亂」，中國在 1958 年之後的經濟增長將是截然不同的情形，即到 1993 年時，每個勞動力的平均產出可能是實際值的 2.7 倍 [3]。

可見，由於缺乏經濟增長的必要體制條件，有利的人口因素不僅沒有被轉化為增長源泉，還因為增長停滯和體制的制約，被積澱成農村的剩餘勞動力和城市的企業冗員。只是在改革開放的條件下，這種剩餘勞動力得以被釋放出來，成為經濟增長的源泉。

在以出口為導向的勞動密集型產業發展過程中，發生了一系

3　Y. Kwan and G. Chow, "Estimating Economic Effects of Political Movements in China", *Journal of Comparative Economics*, Vol. 23, 1996, pp. 192-208.

列重要的勞動力轉移現象。由於能夠參與全球化的產業必然是外向型的，大多集中在率先改革開放和經濟發達地區，以非公有經濟為主，因此農業剩餘勞動力轉移，是遵循着從農業轉向非農產業、從中西部地區轉向沿海地區，以及從以往的國有企業轉向非公有經濟企業等模式進行的。實現了這樣的勞動力轉移，就意味着資源配置更有效率。在中國的改革開放時期，這種資源重新配置效率構成了全要素生產率的重要組成部分。

克魯格曼曾經引用過一則經濟學教科書中的寓言：一家美國企業聲稱作出了一項神秘的「技術」創新，並付諸實際應用，把這個國家稟賦豐裕的木材和小麥轉化為市場上有巨大需求的消費品，從而賺了個盆滿缽滿。然而，深究之下，人們發現這家企業其實並沒有掌握甚麼真正的技術，而不過是把木材和小麥運送到亞洲，從那裏再換回消費者需要的製成品。說穿了，這家企業只是利用比較優勢原理做起了貿易。克魯格曼講這個故事的本意是，貿易並不神秘，只不過是一個與生產和製造別無二致的經營過程。

不過，我們從中卻可以引申出一個不盡相同但是更有用的含義。正如這個例子中的企業不是用技術創新，而是借助國際貿易換回了國內市場所需產品，從而實現盈利目標一樣，一個國家通過發揮比較優勢參與經濟全球化，當然可以取得與技術創新或者生產率提高相同的經濟增長效果。也就是說，在國際分工中實現比較優勢，具有與技術進步相同的效果，提高生產率並促進經濟增長。

可見，參與經濟全球化幫助中國經濟突破了生產要素積累瓶

頸和生產率提高障礙，保證了在改革開放的 30 餘年中，獲得前所未有的高速經濟增長。我們在回顧全球化如何正面推動中國經濟發展時，不僅可以從統計數字層面上，觀察過去 30 餘年的 GDP 實際增長所創造的奇跡，還可以通過分析這些資料，更深入地觀察由於生產要素得到更充分的開發，而形成的更高的潛在產出能力。

在圖 4-1 中，我們既給出了 1979-2012 年的 30 餘年中，平均每年實現的 GDP 實際增長率，也給出了估算得出的平均每年的 GDP 潛在增長率。後者是由於勞動力、資本和土地資源得到充分利用，以及生產率持續進步可以獲得的產出能力。一旦需求拉動因素可以滿足這種產出能力的要求，就可以實現與之相符的實際增長率。

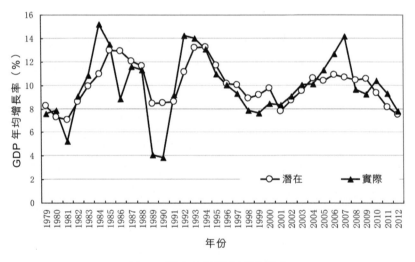

圖 4-1 潛在和實際經濟增長率

資料來源：Cai Fang and Lu Yang, "Population Change and Resulting Slowdown in Potential GDP Growth in China", *China & World Economy*, Vol. 21, No. 2, 2013, pp. 1-14.

4.4 是「為人作嫁」嗎？

對於中國大幅度參與國際分工，成為世界工廠和製造業中心，歷來存在來自國內學者的非議，認為這種低端製造業產品的出口，無疑是為跨國公司打工，即所謂為人作嫁。在缺乏深入、客觀和科學的經濟學分析的情況下，這種批評看上去無疑既符合邏輯，也與國人的感情大相契合。因此，無論在輿論界還是在理論界，這種觀點都頗為流行。我們先來看看這種認識所包括的三個環節。

第一，大量事實表明，製造業產品出口過程，大多為跨國公司所控制，寫着「中國製造」的產品，實際上僅僅把簡單的加工部分放在中國，而增值率最高的部分如產品的品牌、設計、市場行銷、售後服務等過程，都是由外國公司所控制，中國工廠僅僅賺取利潤的一個微不足道的零頭。例如，據《紐約時報》報導，美國矽谷研究人員分解 iPhone 4 的結果顯示，蘋果公司這個產品中，成本最小的部分在深圳的組裝工廠，而 100 多種零部件分別是自德國和韓國的微型晶片、美國的無線上網或手機信號手機晶片，以及台灣產的觸摸屏等等，更不必說作為產品開發者的蘋果公司所得到的巨額利潤。

第二，由這種微利企業匯聚成的中國大規模出口，造成對美國和歐洲的巨額順差，進而形成全世界最大規模的外匯儲備。在沒有安全可靠的投資用途的情況下，這筆外匯儲備被反過來投資於發達國家，特別是美國的國債等領域，回報率不高卻風險巨

大，總體上是負收益。這類投資不僅要承受着美元貶值的損失，在金融危機的情況下，有些投資甚至血本無歸。

第三，雖然中國的高儲蓄率與美國的高負債率形成互補，幫助美國維持了低儲蓄、高消費模式，遭到無盡批評的反倒是中國，諸如操縱匯率、血汗工廠、高碳排放，以及全球經濟不平衡的源頭等等罪名，被一股腦地拋向中國。相應地，這些道義上的誣陷往往轉化為行動上的牽制，作為世界貿易積極參與者的中國，已經越來越成為各種貿易保護措施的直接對象，在對外開放中遇到日益增強的障礙。

可見，中國作為世界工廠這件事，並不總是充滿輝煌卓著，還有時時處處的艱辛困苦。對於國際上的誤解以及一些國家採用的錯誤舉動，我們將在下面一節進行必要的分析，在理論和事實的基礎上予以澄清。這裏，我們需要看一看，中國能否從一開始就迴避掉經濟全球化這個大浪潮。換句話說，一旦把中國參與國際分工與改革開放時期的高速增長所必需的條件結合起來看，結論就呼之欲出了。

在具備了較高的潛在增長率的條件下，要實現實際的高速增長，仍然需要一定的需求因素來支撐。就像用於生產某種產品的廠房、機器、工人和技術人員萬事俱備，交通等基礎設施能力也足以保證能源供給和產品運輸，唯獨缺少產品的買家，因而產品的實際生產過程並不能啟動一樣，沒有需求支撐的潛在生產能力，是不能轉化為實際經濟增長的。一般來說，經濟增長的需要因素被概括為最終消費需求、投資需求和出口需求「三駕馬車」。

消費需求水平取決於國家財力、居民購買力和消費意願。不

僅在改革開放初期,甚至在 20 世紀 80 年代和 90 年代的多數年份,中國都處於世界銀行所定義的低收入國家行列。根據世界銀行的統計,中國結束十年動亂的「文化大革命」時,按照 2000 年不變價格計算,1977 年人均 GDP 只有 149 美元,1997 年仍然只有 771 美元,直到 2001 年才突破 1000 美元大關。按照世界銀行 1998 年的分組標準,人均 760 美元是低收入國家與中等偏下收入國家的分界點,而按照 2010 年的分組標準,這個分界點是 996 美元。

受較低居民收入水平從而消費水平的抑制,居民最終消費需求持續支撐高速增長的能力顯然不足。因此,經濟增長對投資需求和出口需求的依賴程度,必然隨着時間而逐步提高。從這個角度來看,大規模且增長迅速的製造業產品出口,以及由此產生的大規模投資需求,不僅幫助實現了勞動力豐富的比較優勢,兌現了人口紅利,還延緩了資本報酬遞減現象的發生,使投資拉動經濟增長得以在較長時間裏延續,同時還創造了前所未有的外部需求。

從事後來看,在改革開放以來的時期中,除了極端年份之外,拉動經濟增長的需求因素中,最終消費的貢獻保持相對穩定,2001 年中國加入 WTO 以後的一段時間內有所下降。與此同時,投資需求和淨出口需求的波動幅度較大,且於中國加入 WTO 後的一段時間內增長較快。因此,這一時期 10% 左右的 GDP 年均增長率在各年份的實際情況,主要取決於投資需求和出口需求的表現,以及兩者之間的消長。這一趨勢直到 2008-2009 年國際金融危機以後發生逆轉,消費需求對經濟增長的貢獻率提高,而

投資需求和出口需求的貢獻率相對下降。

　　雖然從統計上看，2001 年以來，中國貨物和服務淨出口對經濟增長的拉動作用並不大，除了在金融危機之前的幾年中顯示了重要性，總體上對 GDP 增長的貢獻率甚至是負數。但是，這種基於 GDP 的估算，反映的只是出口作為增加值的貢獻。如果把外向型生產作為一種經濟活動，更應該從使用的生產要素，如勞動力的投入規模或就業崗位來衡量，可以看到淨出口對中國經濟實現其潛在增長能力的貢獻。

　　我們可以看到，出口對經濟活動從而就業的正面拉動效果是顯著的。大規模剩餘勞動力的存在，意味着中國在收穫人口紅利時期，享受着工資低廉的競爭優勢。也就是說，豐富的勞動力被凝結在勞動密集型製造業產品之中，成為國際競爭的基礎——比較優勢。由此，中國不僅成為貿易大國，更是逐漸在國際市場上趕超，乃至取代了傳統製造業出口大國美國和日本的地位，成為世界工廠和全球製造業中心。從製造業出口總額來看，中國於 2003 年和 2006 年分別超過了日本和美國；從製造業產品出口佔全部貨物出口的比重來看，中國則於 1992 年和 2006 年分別超過了日本和美國（圖 4-2）。

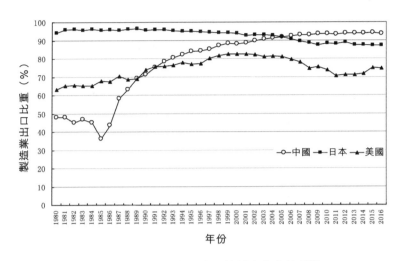

圖 4-2 中國、日本和美國的製造業比較優勢

資料來源：http://stat.wto.org/StatisticalProgram/WSDBViewData.aspx?Language=E，
2017 年 11 月 25 日下載。

通過觀察製造業的出口額比重與出口相關就業比重，我們
可以看到，對國際市場需求因素的依賴程度加深的同時，就業得
到了擴大。例如，製造業全部銷售額中的出口比重，2004 年為
23.9%，2008 年為 18.9%；而在製造業全部就業中，為出口而工
作的勞動力比重，這兩年的數位分別為 26.4% 和 22.3%。不僅如
此，在沿海地區如珠江三角州地區的外向型企業中，由於大量使
用流動性強的農民工和勞務派遣工，很多實際就業者並沒有被反
映在職工統計中，因而實際就業人數被大大低報。如果考慮到這
個因素，用就業衡量的中國經濟對出口需求的依賴程度無疑會更
高一些。

可以説，改革開放以來，特別是加入 WTO 以後的中國，被世人稱作世界工廠或製造業中心，本身就反映了國外需求因素對於打破經濟增長的需求瓶頸，具有至關重要、不可或缺的作用。不僅如此，出口導向型的製造業發展，還通過產業聚集和產業連帶效應，以及區位因素，拉動了能源、原材料、建築業、服務業和基礎設施的發展。並且，隨着就業的擴大從而城鄉居民收入的提高，最終達到了擴大國內居民消費，並使其逐步成為經濟增長主要需求因素的目的。

4.5 大國效應

在世界經濟發展過程中，雖然各國往往遵循着一些共同的規律，從而表現出類似的發展軌跡，但是，國家之間的差異也是巨大的，呈現出發展道路的諸多變種。導致國家之間特徵差異的一個重要因素，是大國經濟與小國經濟的區分。從經濟學意義上看，在大國經濟與小國經濟的區分中，經濟規模固然首先是重要且有意義的，而且規模是與我們關心的諸多獨特性質密切相關的。經濟總量和貿易總量，進而體現其中的生產要素稟賦總規模，都對一個國家參與全球化，在國際分工扮演特定角色產生巨大的影響。

中國作為一個巨大的經濟體，一旦以生產者和貿易者的身份加入經濟全球化，不可避免地改寫了傳統的國際經濟學，雖然未

必能夠改變比較優勢理論。不理解這一點，就難以理解為甚麼經濟學家在理論和政策建議之間不能保持一以貫之，也不能理解何以中國面臨諸多批評並成為貿易保護主義的頭號目標。

諾貝爾經濟學獎獲得者保羅·薩繆爾森一貫熱衷地推崇李嘉圖的比較優勢學說。據說，他在讀書時曾經被同學將了一軍，未能回答出哪種理論可以被視為社會科學中首屈一指的既正確且重要的理論。30 年之後，他才給出答案，認為比較優勢理論即符合這個標準。另一位美國獲獎者保羅·克魯格曼甚至宣稱，如果一定有經濟學家信條，就必定包含以下誓言：「我相信比較優勢原則」和「我相信自由貿易」。然而，當他們的祖國──美國不再是全球化的絕對受益者時，他們在政策上的主張明顯表現出與理論的不一致。

薩繆爾森所注意到的新情況是，生產率的進步使得中國的比較優勢不再限於初始的出口產業，而這種發生了動態變化的比較優勢，轉化成對美國相關產業的強有力競爭，以致事實上，自由貿易並不會使美國與中國均等地從貿易中獲益。很顯然，無論是作為美國經濟學家中的泰山北斗，還是作為一位熟知歷史上這種比較優勢變化導致的國家和地區之間興衰消長的百歲老人，薩繆爾森並不會輕易放棄比較優勢理論，也不會建議任何形式的保護主義政策。

但是，薩繆爾森無可奈何地承認，由於一個國家內部的全球化受益者並不會自動對受損者做出必要的補償，那些崗位被中國競爭者所替代掉的美國工人，無疑承受了全球化的代價。另一位諾貝爾經濟學獎獲得者邁克爾·斯彭斯（Michael Spence），則從

美國就業變化的經驗研究得出語出驚人的結論：產業外包毀了美國經濟。美國經濟學家保羅‧羅默承認自由貿易能從根本上降低國家之間的不平等。但是，使他十分糾結的是，同情世界上處於劣勢的人是件好事，但不幸的是，美國國內的不平等卻在不斷加劇。

面對國家利益與經濟學原理之間的衝突，長期關注美國的收入不平等且一向以直言不諱著稱的克魯格曼，則毫無顧忌地宣揚，中國的巨大貿易順差並不完全是比較優勢的結果，而是官方對於人民幣匯率的操縱造成的。這種認識導致他提出了超越科學底線的政策主張，甚至建議美國政府對中國採取懲罰性措施。

把動態比較優勢變化和國家競爭力下降歸咎於其他國家的政策扭曲，以致採取蠻橫的干預和懲罰性政策，不是一件新鮮事，也不是第一次。2010年我到紐約出差，被安排下榻在廣場飯店。我隱約感覺以前聽說過這家飯店，直到忽然想起，這裏上演過一幕具有標誌性的歷史事件——簽署「廣場協定」。1985年9月22日，美國為了擺脫身陷貿易和財政「雙赤字」的困境，聯合法國和英國一道，逼迫日本和前聯邦德國同意其貨幣大幅升值。

比較優勢原理從未改變，但是，涉及中國在世界經濟中的地位，一個不容忽略的重要因素，是所謂的大國效應。傳統的比較優勢理論假設有兩個國家、兩種產品、兩種生產要素，由此論證了通過貿易兩個國家都可以獲益。這裏隱含的假設是國家、產品和要素都是均質和等量的。但是，由於中國經濟是一個龐然大物，一旦介入國際分工，其所擁有的生產要素如勞動力也好，以及生產出的產品也好，規模之巨大，足以在某些產品的國際貿易

中，一方面淹沒某些較小的經濟體，另一方面導致某些大國一些產業的較快衰落。

固然，中國也以同樣壓倒性的規模產生對其他國家產品的進口需求，如對發達國家機械設備和資源豐富國家能源、礦產品的強大需求。但是，由於諸多因素，使得每個國家可以均等地從國際分工獲益的情形，的確不再是天經地義的了。例如，出於政治成見，美國和一些西方國家對中國製造出種種限制。許多高收入國家拒絕必要的國內再分配政策，缺乏有效的社會保護機制，把在全球化中競爭力足夠的本國社會羣體置於邊緣化的地位。可見，既然問題並非出在中國單方面，解決世界經濟不平衡的千斤重擔，也不能僅憑中國的一己之力所能完成。

首先，發達國家特別是美國對中國出口的嚴格限制，使得中國在成為全球最大的勞動密集型產品製造者和出口者的同時，卻不能發揮出全球最大進口者的作用。美國是一個具有悠久貿易保護傳統的國家，其高技術產品的出口限制政策一直是其貿易政策的重要組成部分。美國高科技產品對中國出口的嚴格限制，自中華人民共和國建立，經冷戰時期延續至今。在中國加入 WTO 以後，中美貿易規模明顯擴大的同時，美國以國家安全為名繼續實施對華出口限制，造成兩國巨大的貿易不平衡。中美兩國處在科技發展的不同階段，對中國出口高科技產品限制變本加厲，明顯背離了比較優勢原理，美國對華貿易逆差無疑需要反思自身的政策取向。

其次，一個國家的競爭力，歸根結底是該國技術進步和生產率提高的結果。抑制貿易夥伴的經濟發展環境，妨礙其發揮動態

比較優勢，對於解決自身的問題絲毫無濟於事。美國經濟學家羅伯特·戈登從創新及其推動經濟增長的效應遞減趨勢出發，列出了造成美國經濟增長減速並在未來繼續減速了若干因素。這些因素分別是人口紅利消失、教育發展徘徊、不平等加劇、全球化與資訊技術的相互作用、能源和環境、家庭和政府負債等。顯而易見，把主要由於國內因素構成的經濟增長徘徊歸咎於貿易對手，即便是為了在政治上轉移民眾的視線，在政策上終究會導致緣木求魚。

第三，美國終究也是全球化的絕對受益者，但是，國內經濟和社會政策的錯誤傾向，導致大量勞動者缺乏就業技能，國家沿着收入分配不平等的道路愈行愈遠。為了掩飾國內政策失誤而怪罪於產業轉移和外包導致的競爭，終究不是根治自身體制痼疾的良方。在這方面，克魯格曼倒是看到了問題的癥結所在。他回顧了美國民主黨和共和黨交替執政過程中，對待收入分配的不同政策傾向與實際不平等程度的關係，得出的結論是，收入差距的擴大，與採取甚麼樣的國內收入分配政策密切相關。事實將很快證明，如果不能改變國內的社會政策，即便選出一個異類的政府，對其他國家的詰難再怎麼變本加厲，情況也難有根本性好轉。

4.6 「雁陣」還是「巨龍」

除了從經濟體的規模角度來做出大國經濟和小國經濟的區分之外，還可以從另一個角度來看。小國經濟的核心特徵在於其內

部的資源稟賦結構從而產業結構的同質性。由於不存在系統的生產要素流動障礙，因而沒有持續存在的地區資源稟賦結構差異，或者這種差異在發展過程中很快就消失了。因此，全國經濟作為一個整體，因其生產要素的相對豐裕程度或相對稀缺性，而在某個或某些產業上獲得比較優勢。一旦比較優勢發生變化，經濟從整體上進入新的發展階段。

而大國經濟的特徵是地區之間的異質性。由於受到制度性因素的影響，生產要素的流動遭遇到系統的障礙，地區之間的資源稟賦結構差異巨大，長期形不成經濟增長的實質性趨同。因而，在一些地區進入到新的發展階段，生產要素稟賦結構改變，進而比較優勢和產業結構發生變化的情況下，另外一些地區可能仍然處在原來的發展階段上，尚不能表現出相應的結構性變化。

按照區域的同質性或異質性區分的大國經濟和小國經濟，在長期經濟發展中會有不盡相同的表現，特別是在經濟發展出現轉折的關鍵階段上，兩者的經濟表現可能呈現巨大的特徵差異。按照這個定義，中國是一個最具典型性的大國經濟。除了她的經濟總量已經位居世界第二位之外，最符合上述定義的特徵是，由於長期沒有形成全國一體化的生產要素市場，地區之間在資源稟賦、生產要素相對稀缺程度從而相對價格，以及經濟發展水平等方面存在着巨大的差異。

從這個意義上觀察中國的大國經濟效應，在其經濟發展過程中所表現出的上述區域特徵，在經歷經濟發展階段變化的時期，同樣顯示出突出的獨特之處。就是說，在經濟發達地區生產要素稟賦結構從而比較優勢發生變化，如勞動力成本顯著提高的情況

下，相對落後地區的變化卻並不顯著甚至尚未發生，仍然保持勞動力成本的相對低廉特點。

認識到並充分理解中國經濟作為一個龐然大物的大國效應，有助於我們判斷在經濟發展階段發生關鍵性轉折，例如對中國來說就是人口紅利消失，從而勞動力成本提高之後，中國製造業何去何從，或者說，全球製造業中心的轉移方向和轉移路徑。

中國這個特殊的區域效應說明，經濟增長理論雖然總結出諸多經濟學原則，揭示出諸多規律性的東西，但是，每一個國家都有自己的特殊國情，因而或多或少都可以是經濟模型的例外。把中國的這種大國效應與新加坡的小國效應進行比較，則頗能說明這一點。

美國經濟學家保羅·克魯格曼曾經以新加坡為例批評東亞模式。他認為，新加坡的經歷顯示出，這個國家的高速經濟發展主要是靠生產要素的投入，而沒有得到生產率提高的支撐。所以，他預言新加坡的經濟增長是不可持續的。在他作出這個未被證實的預言多年以後，在一個國際會議上，他被介紹給新加坡總理李光耀。李光耀總理對克魯格曼當年的批評耿耿於懷，對後者說：你認為我們的經濟增長僅僅來自要素的積累而沒有技術進步，所以是不可持續的，那麼我向你請教一個問題，40 年來新加坡的儲蓄率將近 50%，算得上全世界最高，可是我們的資本回報率並沒有下降，如果沒有技術進步，怎麼資本回報率沒有下降啊[4]。

4　這個故事引自林毅夫的一次演講，參見林毅夫：〈經濟縱橫談〉，載上海發展研究基金會編《研討實錄》第 36 期，2013 年，第 33 頁。

如果兩人之間的這次對話真地發生過，而不是人們杜撰出來的，我要為李光耀總理的問題鼓掌。克魯格曼把東亞模式看走了眼，是因為他把新古典增長理論的假設視為天經地義，不懂得人口紅利，不願意承認有二元經濟這樣一個發展階段。關於這一點，我們將在以後的章節再加說明。在這裏我想說的是，李光耀總理的挑戰固然有意義，但他本人也未必能夠給出合理的經濟學答案。

　　首先，李光耀混淆了資本邊際報酬率與投資者回報率之間的區別。資本報酬遞減，在一般的經濟增長分析或者一個特定的經濟計量分析中，是指資本的邊際報酬，會隨着投資的不斷增加而有所下降。對於有着技術進步和生產率提高的經濟體來說，經濟增長的資本貢獻相應被全要素生產率的提高所替代，所以，經濟增長可以持續發生。這時，對經濟過程投資仍然是有利可圖的。李光耀所講的「資本回報率並沒有下降」，實際上是指後一種情形。隨着新加坡成為一個更加成熟的經濟體，前一意義上的資本報酬遞減現象則是必然發生的，也是符合新古典增長理論預期的，不會成為例外。

　　其次，新加坡有一個特殊的情況，李光耀沒有向克魯格曼提起，而且的確也沒有必要，因為克魯格曼不懂得其含義。那就是，新加坡由於大量引入外籍勞動力，而延緩了路易斯轉捩點的到來，繼而延長了人口紅利的收穫期。在東亞經濟體中，許多國家和地區都曾經利用外籍工人保持勞動力供給，延緩路易斯轉捩點，以致有的研究者把國際或者區域範圍而不是一國之內的勞動力短缺，作為路易斯轉捩點到來的標誌。但是，新加坡卻是一個

把利用外籍工人貫穿始終的特例，以致時至今日，該國的 GDP 總量中有大約 40% 是外籍勞動力創造的。或多或少卻毋庸置疑，這是新加坡的勞動力供給更加充分，資本報酬遞減現象得以延緩發生的重要原因。

對於新加坡這樣一個小國經濟來說，大規模借重外國勞工保持勞動力供給的做法是可行的。但是，對於中國這樣的大國經濟來說，則是不現實的。我們來做一個設想。如果中國意欲從其他發展中國家引進 20-29 歲年齡段的勞動力，以便把 2010 年全部就業人口增加 40%，粗略的計算則顯示，需求總規模將佔到全部其他發展中國家該年齡段人口的近 40%。

不過，作為大國經濟，中國有自己獨特的優勢，也可以像新加坡一樣，通過把勞動力豐富的稟賦繼續發揚光大，延緩比較優勢的變化，為自身的調整贏得時間。那就是，形成一個國內版的雁陣模型，因而在一段時間內繼續從全球化獲益。表面上看，人口紅利消失所導致的「民工荒」現象的出現，以及非熟練工人工資的迅速上漲，似乎預示着勞動密集型產業比較優勢在中國的終結。

那就是說，在勞動力成本持續提高的情況下，如果遵循雁陣模式既往發生的經驗，正如東亞經濟發展過程中，勞動密集型產業先後從日本向亞洲四小龍轉移，繼而又向其他亞洲國家和中國的沿海地區轉移，中國勞動密集型產業向其他國家轉移似乎是合乎邏輯的。其實，這個結論並不一定合乎邏輯，事實上也並不準確。至少在一定長的時間裏，資源重新配置效率的潛力仍將在中國存在，並主要體現在勞動密集型產業在區域間的轉移。

換言之，作為大國經濟，中國不是孤獨的領頭雁，而是見首

不見尾的巨龍。我們至少可以看到若干因素，將會有力地支撐產業在國內區域間轉移的巨龍模式。在這個過程的潛力發揮殆盡之前，產業轉移固然可以發生，但不足以迅速抹殺中國製造業的比較優勢和競爭力。而這個時間意味着中國產業結構的升級換代。

有助於產業在區域間轉移的一個因素是，我們迄今為止尚看不到哪個國家或者哪一組國家，有足夠的規模和力量替代中國製造業大國的地位。曾經有過一些記者，當看到有投資者因中國沿海地區工資上漲，而把投資轉移到印度和越南等地時，便尾隨而至，到那些新的投資地進行採訪。結果他們驚訝地發現，這些國家普通勞動者的工資也在上漲，而且與中國工資的上漲時機十分相符，漲幅也相差無幾。

其實，這也算不上奇怪。既然過去 20 年到 30 年中，中國廉價勞動力可以抑制全球的工資上漲，今天中國的工資顯著上漲，自然也可以帶動其他國家工資的跟進，特別是在那些追隨中國之後，等着收穫人口紅利的國家。

作為一種投資戰略性思考，高盛集團曾經創造了「金磚四國」的概念，後來又製造了一個具有經濟增長潛力並且與人口紅利相關的「新鑽 11 國」（Next 11）的概念。這些國家分別是韓國、印尼、墨西哥、巴基斯坦、菲律賓、孟加拉、尼日利亞、伊朗、越南、土耳其、埃及。由於其中韓國是一個高收入國家，並且其人口轉變進程與中國相仿，實際上不應該在這個分類之中。而沒有包括在「新鑽 11 國」中的印度，反而更符合在勞動力供給潛力和工資水平與中國構成競爭的標準，所以，我們將印度替代韓國納入與中國的比較之中。潛在的製造業承接國家無疑遠遠超出這個

範圍，這裏僅僅是以這些國家為例，想要說明的道理將會具有一般性。

在上述國家中，有的無疑在勞動力成本上面比中國有優勢，如在印度、越南和孟加拉等國家，人均 GDP 和工資水平顯著低於中國。但是，按照購買力平價來看，土耳其和墨西哥的人均 GDP 皆高於中國，因而工資也不會比中國具有很大的優勢，從勞動力成本角度尚不構成很大的競爭力。需要注意的一個重要事實是，中國作為一個人口大國和勞動力大國，上述國家加總起來也無法代替中國的地位。

例如，2010 年在全部進行比較的 12 個國家中，15-64 歲勞動年齡人口總量中，中國佔到了 38% 的絕對多數比重。如果不包含印度這個世界第二人口大國的話，中國在全部勞動年齡人口中的比重更高達 55%。即使到 2020 年，中國勞動年齡人口比重仍然保持很高，高於許多其他國家。

中國勞動力的龐大規模和佔絕對優勢的比重，決定了這些國家替代中國成為世界製造業中心的可能性，至少從目前來看還是不夠顯著的。也就是說，即使中國勞動密集型產業的一個較小比例轉移到某個或某些國家，都會引起相關國家勞動力需求的強勁提高，以致勞動力供給不足，進而因工資上漲而降低其競爭力。

近年來人們已經發現，在一些嘗試承接中國勞動密集型產業的國家，勞動力短缺和工資上漲的趨勢十分明顯。以印度為例。雖然該國人口規模和勞動年齡人口規模都十分龐大，但是，由於勞動者受教育程度低，2010 年 25 歲以上人口的平均受教育年限只有 4.4 年，很多人並不能勝任崗位的要求，因此，實際上印度的

有效勞動力供給並不充足。由此可以解釋為甚麼按照某種標準，印度工資上漲幅度連續 10 年居於亞洲各國之首。

可見，觀察勞動力供給不僅要看絕對數量和相對數量，還要看勞動者的技能是否符合崗位的要求。換句話說，勞動力數量與人力資本共同決定着製造業的歸宿。我們來看 25 歲以上人口人均受教育年限的情況。在 11 個與中國進行比較的國家中，只有墨西哥和菲律賓的受教育年限高於中國，大約高 13-14 個月。而更多的國家在人均受教育年限上大大低於中國，如孟加拉比中國低 33 個月。如果我們以 25 歲及以上人口總量與人均受教育年限的乘積，作為一個國家的人力資本總量的話，則 2010 年中國在這 12 個國家中所佔比重超過 50%（圖 4-3）。

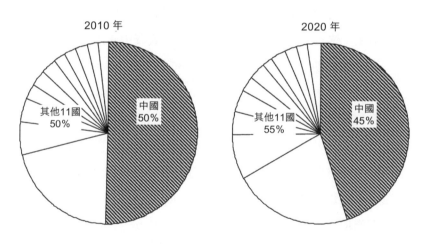

圖 4-3 中國與其他競爭國家的人力資本總量份額

資料來源：根據聯合國資料計算

根據上述國家在 2000-2010 年期間的人均受教育年限增長速度預測，2020 年中國 25 歲及以上人口的平均受教育年限達到 8.63 年，屆時中國人力資本總量仍將佔全部 12 個國家總量的 45%。

這個預測有幾個含義。其一，至少在 2020 年之前，中國人力資本總量仍然將保持巨大的優勢。勞動密集型製造業的一定份額會轉移到其他發展中國家，但是，中國作為這類產品製造者的地位不可能完全被替代。其二，中國保持製造業大國地位的關鍵，是人力資本積累或教育發展的速度和質量。人口轉變是一個不可逆的過程，第一次人口紅利終究要消失，但是勞動力素質可以加快提高，第二次人口紅利可以是無限量的。其三，各國都會經歷資本替代勞動和機器（人）替代工人的挑戰，越是具有較高的人力資本稟賦，越是易於在這場機器人與人的競賽中勝出。

另一個有助於產業在區域間轉移的因素是，我們可以預期在一定時期內，中西部地區工資水平將繼續低於東部地區。隨着民工荒現象的出現以及中西部地區發展創造了更多的就業機會，農民工工資在東中西三類地區之間出現了趨同的趨勢。2003 年，中西部地區農民工平均工資僅僅相當於東部地區的 74%，而 2009 年這個比例提高到 96%。看上去，中西部地區工資已經近於實現了與東部地區的趨同。

不過，筆者一直認為，我們仍然可以預期沿海地區工資上漲速度會逐步快於中西部地區。因為從勞動爭議案件總數量和發生率看，東部地區佔壓倒性的多數。例如，當時全國立案的勞動爭議有 72% 發生在東部地區，這類地區勞動爭議發生率，即每一千

個職工對應的勞動爭議案件數為 5.2 件，大大高於中部和西部地區的 1.5 件和 2.0 件。由於勞動爭議的主要爭議內容是工資，這就意味着東部地區的現行工資水平更加不能使工人滿意，而為了吸引勞動者，工資的繼續快速上漲是可以期待的。事實證明這個預期是正確的。到 2016 年，中部和西部地區農民工工資與東部地區的比率，分別回歸到 90.7% 和 90.2%。

而且，相比而言中西部地區的現行工資水平，對本地勞動者，特別是那些年齡偏大的農村勞動力仍然是有吸引力的，因此，在他們被動員到非農產業就業的情況下，工資的提高可能會相對平穩。這樣，我們從地區工資差異以及潛在的勞動力供給角度，看到勞動密集型產業向中西部地區轉移的空間。

產業在區域上的配置不僅由生產要素成本因素決定，還與影響企業生產成本和交易成本的聚集效應密切相關。利用 1998-2008 年中國製造業規模以上（即主營業務收入在 500 萬元以上）企業資料，以及分縣財政稅收資料所做的研究發現[5]，產業聚集的效應在 2004 年以前主宰着勞動密集型產業的區域配置，結果是更多地集中在東部地區。而在那之後該效應逐漸下降，企業的綜合經營成本上升和要素成本的提高，逐漸成為影響產業配置的主要因素。

因此，自 2004 年發生民工荒並且隨後工資普遍上漲以後，勞動密集型產業從東部地區向中西部地區（主要是中部地區）的轉移就開始發生了。根據三次全國經濟普查資料，我們可以看到，

5　Qu Yue, Cai Fang, and Xiaobo Zhang, "Have the 'Flying Geese' in Industrial Transformation occurred in China? "in Huw McKay and Ligang Song (eds) *Rebalancing and Sustaining Growth in China*, The Australian National University E-Press and Social Sciences Academic Press, 2012.

東部地區在全國製造業中的比重顯著降低，在 2004-2013 年期間以年平均 2.1% 的速度下降，中西部地區比重明顯提高，年平均提高速度分別為 4.7% 和 3.4%（表 4-1）。

表 4-1 製造業主營業務收入地區分佈（%）

	東部地區	中部地區	西部地區
第一次普查（2004）	72.23	18.53	9.24
第二次普查（2008）	67.38	22.34	10.28
第三次普查（2013）	59.64	27.93	12.44

資料來源：國家統計局網站：http://www.stats.gov.cn/，下載時間：2017 年 11 月 25 日。

第五章

發展階段與轉捩點

卜‧戴倫在歌詞中問道:「需要走過多少條路,一個人終能長大成熟?」任何國家的經濟發展,如果不是始終陷於停滯的話,必將經歷不同的發展階段。對於經濟學家和決策者來說,這種經濟發展階段的判斷,最容易與經濟發展階段不變而發生經濟波動的情形混淆。經濟週期現象與經濟增長過程之間,既存在着密切相關的聯繫,相互施加重要的影響,又分別由不盡相同的因素所決定。因此,認識中國經濟需要把短期和長期視角結合應用,才能對經濟發展階段和宏觀經濟形勢作出正確的判斷,形成具有針對性的應對思路和政策措施。

中國經濟發展階段已經發生了根本性的變化,不僅跨越了路易斯轉捩點,而且人口紅利也開始迅速消失,最終都會表現為供給方面的潛在產出能力降低。如果不能從長期方面認識到這一點,對短期的宏觀經濟形勢判斷也必然失誤。如果以為增長減速是週期性因素造成,從需求角度採取刺激增長速度的政策,必然產生南轅北轍的效果。從國際經驗看,這樣的政策失誤往往還會帶來災難性的後果。

5.1 經濟發展階段

許多早期的發展經濟學家有一個共同的特點，就是熱衷於把經濟發展劃分成不同的階段。按照這種理論傳統的邏輯，對於先行國家曾經經歷過的路徑及其規律，後來國家往往要亦步亦趨，或者至少從中發現諸多前車之鑒。正因為如此，經濟發展才具有了比較研究的意義。關於經濟發展階段的劃分，最著名的莫過於羅斯托的經濟發展五階段說，即一個國家從貧困到富裕，要分別經歷傳統社會、為起飛準備條件、起飛、走向成熟和大眾消費等五個發展階段。

除去這種發展階段劃分從其誕生之日起便見仁見智，遭遇到激烈爭論之外，隨着發展經濟學在 20 世紀 70 年代以後的逐漸退隱山野，新古典增長理論相應佔據主流地位，經濟發展不再被劃分為階段，似乎自始至終只有一種類型，即所謂的新古典增長。根據索洛的分析，在這種增長中，勞動力是短缺的，資本積累是經濟增長的重要要素，但是其持續不斷的投入會遇到報酬遞減的困擾，因此，長期經濟增長的唯一源泉只能是技術進步和生產率的提高。

然而，這樣一種解釋並不能為經濟學家所滿意，因為誰都不能否認，馬爾薩斯式的貧困陷阱，在人類歷史上佔統治地位的時間最為悠久，而這種以貧困和饑饉的周而復始為特徵的均衡陷阱，與索洛式的新古典經濟增長，完全風馬牛不相及。因此，終究要有經濟學家出來承認，在索洛式的新古典增長狀態之前，的

確存在着一個馬爾薩斯式的均衡狀態，並且嘗試用統一的理論框架對兩者進行分析。

作出這個貢獻，即在主流的經濟分析中承認馬爾薩斯階段，並且事實上再次回歸經濟發展階段劃分的，是普萊斯考特及其合作者[1]。不僅如此，在這位諾貝爾經濟學獎獲得者與另一位合作者的文章中，他們進一步承認，實際上還存在着一個從「馬爾薩斯」到「索洛」的過渡階段，而這個過渡的關鍵是如何消除約束勞動力流動的障礙[2]。

不需花費很大的力氣，我們就能夠想像到，在「馬爾薩斯」到「索洛」之間的這個經濟發展階段，應該被叫做「路易斯」階段。我們自然知道，這個階段也被稱作二元經濟發展階段，特點是農業中的剩餘勞動力，不斷被現代部門的增長以不變的工資水平所吸納，直至出現勞動力短缺和工資持續上漲的嶄新現象之時，即路易斯轉捩點的到來。

一般認為，包括增長理論在內的現代經濟學的知識產權應該屬於西方經濟學家。然而，在西方經濟史上，長達數千年的馬爾薩斯時代向索洛時代的過渡，緩慢得如同蝸牛爬行，人口轉變過程也不曾顯示出具有階段性意義的變化，以致人們很難清晰地看到其間存在的路易斯時代。因此，二元經濟發展過程往往被西方經濟學所忽略，路易斯的正確觀察被認為僅僅為發展中國家特有

---

1 G. D. Hansen and E. Prescott, Malthus to Solow, *American Economic Review*, 92: 1205 17, 2002.

2 F. Hayashi and E. Prescott, "The Depressing Effect of Agricultural Institutions on the Prewar Japanese Economy", *Journal of Political Economy*, 116: pp. 573-632, 2008.

的現象，甚至當後來主流經濟學圈子內的有識之士觀察到類似的現象時，仍不願意直截了當地作出恰如其分的表達。

例如，前面提到的普萊斯考特及其合作者，就沒有給觀察到的這個過渡階段命名，而只是點到為止。而根據東亞經驗作出更加深入觀察的青木昌彥，也拒絕將之稱作路易斯階段，而是稱之為庫茲涅茨階段。顯然，他不願意強調剩餘勞動力的轉移，而更樂於把關注點放在經濟結構變化上面[3]。

然而，任何經濟學家，一旦成為中國經濟發展的長期觀察者，則無法否認二元經濟發展過程的存在。因為在整個改革開放期間，中國經濟的發展無時無刻不是伴隨着勞動力大規模從農村向城市的轉移，而中國經濟實現的高速增長，正是得益於通過解除制度障礙，把這種豐富、低廉的勞動力要素凝結到勞動密集型產品之中，進而通過參與全球化分工，將其轉化為在國際市場上的比較優勢。

不僅如此，不懂得路易斯的理論及其描述的發展狀態，對於中國經濟的認識就只能是淺嘗輒止的。因為不僅大量剩餘勞動力的存在與轉移，影響經濟發展的長期與短期過程，賦予其中國特色，而且這個剩餘勞動力的式微乃至最終消失，必然導致經濟發展階段的變化，決定了中國經濟增長的未來格局。

與此並行且密切相關的一個重要的中國現象，則是迅速的人

3　Masahiko Aoki, "The Five Phases of Economic Development and Institutional Evolution in China, Japan, and Korea", in Masahiko Aoki, Timur Kuran, and Gérard Roland (eds.), *Institutions and Comparative Economic Development*, Basingstoke: Palgrave Macmillan, 2012, pp. 13-47.

口轉變，表現為人口機會視窗的開啟和不斷擴大，以及隨後的逐漸關閉。在爭論路易斯轉捩點是否到來時，那些持否定觀點的研究者，即使看到了勞動力短缺的現象和工資上漲的現實，仍然不願意承認轉捩點的到來，因為對他們來說，最難說服自己的是何以中國的這個轉捩點來得如此之早。

確實如此，中國人口轉變速度之快是前所未有的，以致人們總結出一個概括性的說法，即「未富先老」。所以，破除人們的思維定式，在理論上需要把人口轉變納入到路易斯理論框架之中，即構建一個擴展的二元經濟理論模型，在經驗上則是需要把在中國經濟增長過程中獲得人口紅利，與農業勞動力的轉移過程結合起來進行考察。

路易斯本人很可能沒有注意到，在他生活的時代人口轉變理論已經出現，但是，他仍然把人口轉變處在「高出生、低死亡、高增長」階段作為發展中國家存在一個二元經濟的隱含前提。從此出發，對於路易斯來說，剩下的就只是現代部門的擴大及其對剩餘勞動力的吸收，而無需考慮人口轉變的下一個階段——轉向「低出生、低死亡、低增長」。

而一旦我們把經濟增長吸納剩餘勞動力和人口轉變減少勞動力供給兩個因素考慮在內，中國在經濟增長和人口轉變兩個方面的超常表現，導致路易斯轉捩點的快速到來，便是完全符合邏輯並且可以期待的。

如圖 5-1 所顯示，中國的生育率自 20 世紀 70 年代就開始迅速下降，隨後在 80 年代，生育率的下降則與改革開放啟動的二元經濟發展一路同行。到 90 年代初，總和生育率降到了 2.1 的更替

水平之下。進入 21 世紀以來，生育率基本穩定在 1.4 左右的水平上 [4]。長期處在低生育水平上，決定了勞動力供給的格局。與此同時，高速經濟增長維持了勞動力需求的擴大。供求之間的互動格局無疑與路易斯轉捩點的到來，以及人口紅利的消失，有着內在的邏輯關係。

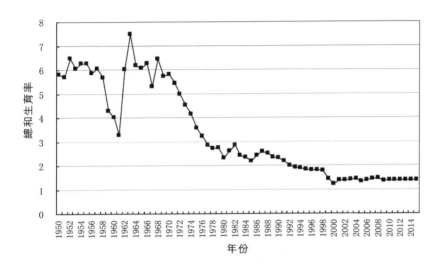

圖 5-1 中華人民共和國時期總和生育率

資料來源：1998 年以前根據中國人口資訊研究中心資料庫計算，1998-2008 年以後根據歷次人口普查和人口抽樣調查資料計算，2008 年以後是學者普遍認同的水平。

4　郭志剛、王豐、蔡泳：《中國的低生育率與人口可持續發展》，中國社會科學出版社，2014 年，第 21 頁。

至此，我們根據已知的理論框架可以看到，至少在改革開放初期，隨着經濟增長以及伴隨而來的大規模減貧，使中國擺脫了馬爾薩斯陷阱，進入到二元經濟發展時期，並且持續保持前所未有、令世人矚目的增長績效。進入 21 世紀以來，伴隨着路易斯轉振點和人口紅利消失轉振點的到來，中國經濟發展階段發生了根本性的變化。從經濟學來看，這個變化可以概括為從二元經濟發展向新古典增長的轉變。

　　能否對中國經濟發展作出正確的階段性判斷，相應認識由此帶來挑戰的本質和特點，關係到中國經濟增長奇跡能否延續從而最終完成。如果缺乏把長期增長現象與短期週期現象相結合的理論分析框架，面對這樣一個沒有既往經驗可資參照的轉變，很可能會得出似是而非的判斷，及至得出張冠李戴的政策結論，必然導致南轅北轍的政策效應。在很長時間裏，中國經濟學界和政策界的確沒有作出應有的準確判斷。

5.2　中國經濟轉振點

　　在為中國經濟發展階段定位時，一個常用的分析方法就是，把中國與某個經歷過類似發展過程，如今已經進入高收入經濟體行列的國家進行比較。然而，把當前的中國與參照國家的哪個發展時期進行比較，卻是一個頗為微妙的選擇。討論中，根據研究者意欲得到怎樣的借鑒結論，常常採取相對主觀的方式，各自選

取不同的發展時期作為參照點。

中國與其他國家在相同發展階段的比較,似乎可以預示在特定的人均收入水平階段之後,作為後起國家的中國還有多大的經濟增長可能性,或者隱含中國未來可能走哪個國家的成功道路或失敗覆轍的結論。不過,在這樣做的時候,如果對比較的時間點選擇不當,很有可能造成誤解和誤導。所以,我們應該避免主觀隨意,儘可能依據事物的內在邏輯進行經濟發展階段的比較。

例如,把中國大陸與日本和亞洲四小龍進行比較就是一個十分有意義,但是需要格外小心的研究課題。像中國大陸一樣,日本和亞洲四小龍都曾經被看作是成功實現經濟趕超的奇跡創造者,其發展路徑也有諸多相似之處。這些相似之處包括,在經濟發展過程中,這些國家和地區都受益於人口轉變創造的人口紅利,政府都發揮了較突出和更直接的作用。然而,更重要的是,中國和日本及亞洲四小龍都經歷了勞動力從無限供給到短缺的路易斯轉捩點,以及人口紅利消失的轉捩點。

林毅夫發現,中國在經濟增長減速時的人均 GDP 相當於同期美國的 20%,這個發展階段相當於日本的 1951 年、新加坡的 1967 年、中國台灣地區的 1975 年和韓國的 1977 年。資料表明,這些經濟體在到達這一節點之後的 20 年中,分別實現了 9.2%、8.6%、8.3% 和 7.6% 的經濟增長率。由此得出結論是,中國仍有高速增長的潛力。但是,這種比較經濟發展階段的方法,忽略了人口因素對經濟增長的作用以及中國的「未富先老」特徵。因此,這個比較卻會損失掉兩個最具有比較意義的資訊。

第一,把中國大陸分別與這些經濟體 20 世紀 50 年代、60 年

代和 70 年代進行比較，人均收入水平更加接近，無疑可以得出這樣的結論，根據參照經濟體的經驗，中國仍有 20 年甚至更久的高速增長時期。這個結論固然有助於人們認識中國經濟增長的可能性，但是，這種推理卻不能回答中國能否避免中等收入陷阱的重要問題。事實上，與成功地跨越中等收入階段，進入高收入行列的經濟體相比，更多的國家恰恰是在仍有增長可能性的階段上開始停滯，乃至落入中等收入陷阱。因此，找出決定能否持續增長的根源，比僅僅指出保持持續增長的可能性，對中國來說更具有針對性。

第二，雖然一般認為，日本經濟在 1960 年到達其出現勞動力短缺和工資上漲現象的路易斯轉捩點，但是，以勞動年齡人口停止增長、人口撫養比開始上升為標誌的人口紅利消失的轉捩點，直到 20 世紀 90 年代初才發生。而其他亞洲經濟體的路易斯轉捩點和人口紅利消失轉捩點來得更晚。特別是就這兩個轉捩點的時間間隔來說，中國的未富先老特徵呈現出不同的表現，即在 2004 年到達路易斯轉捩點之後，僅僅花了短短數年時間，即在 2013 年中斷了 15-64 歲勞動年齡人口的增長。如果從中國的國情出發，選取 15-59 歲人口作為勞動年齡人口的話，則在 2010 年到達峰值之後，已經開始了顯著的下降過程。

綜合考慮，把 2010 年的中國與 1990 年的日本進行比較，更加切中兩個經濟體面臨挑戰的共同點，符合比較研究的初衷。正是在 1990 年，日本的經濟泡沫破滅，經濟增長從此陷入長達 20 餘年的停滯。例如，在 1990-2010 年期間，日本 GDP 實際年平均增長率只有 0.85%。觀察當時日本遇到了哪些與今天的中國相似的變化，及其與日本經濟「失去的 20 年」的關係，有助於認識中

國目前面臨的嚴峻挑戰，由此可以引申出有益的政策涵義。

在一個典型的二元經濟發展中，由於勞動力供給是近乎無限的，受工業化積累能力制約的經濟增長所需勞動力，可以透過不變的生存工資水平得到滿足。由此，這個時期的工業化，始終伴隨着勞動力大規模從農村向城市轉移。就這一過程來說，中國與日本及其他東亞發達經濟體有着不盡相同的特點。

除了前面所說的獨特的「未富先老」特徵，中國勞動力流動迄今仍然面臨着較大的制度障礙。在改革開放之前人民公社、統購統銷和戶籍制度的嚴格禁錮下，中國農村剩餘勞動力轉移進程被耽誤了幾十年；甚至在改革開放之後，在勞動力流動規模和範圍不斷擴大的同時，也仍然繼續受到戶籍制度的制約。因此，勞動力轉移是不徹底的，迄今依然屬於一種「有來有去」模式，轉移勞動力及其家庭未能成為永久的城市住戶。

因此，勞動力短缺的轉捩點，在中國的確存在過早來臨的問題，即由於戶籍制度的約束，在尚存的農業剩餘勞動力轉移殆盡之前，勞動力短缺現象便出現。這也意味着改革釋放勞動力供給的潛力是存在的。在爭論中國是否迎來其路易斯轉捩點時，鑒於經濟發展階段具有長期特點，其變化也反映在一定的時間區段內，因此，有人建議用「路易斯轉折區間」的概念代替路易斯轉捩點[5]。鑒於中國地域遼闊，地區間經濟發展不平衡，這個建議無疑是有道理的。

5　　如郜若素：《劉易斯轉捩點的宏觀經濟學含義》，載蔡昉、楊濤、黃益平主編《中國是否跨越了劉易斯轉捩點》，社會科學文獻出版社，2012年。

但是，在構建這樣一個有助於認識問題的「區間」時，也要注意兩個問題。第一是防止將其無限延伸，以致失去「轉折」本來所具有的含義和內在規定性；第二是需要保證其構造具有經驗上可觀察的性質，以便進行實際的比較和判斷。

　　如果按照二元經濟理論本身的概念，在出現勞動力短缺和工資上漲現象的路易斯轉捩點，到農業與非農產業的勞動邊際生產力達到相等的商業化點，其間的過程可以作為路易斯轉折區間。然而，主要由於勞動邊際生產力相等這個條件在經驗上難以把握的性質，我們認為，根據東亞經濟體的經驗，路易斯轉捩點到人口紅利消失轉捩點之間的間隔，是一個更容易觀察，也更有政策涵義的轉折區間。從中國的經驗看，上述兩個轉捩點即路易斯轉捩點和人口紅利消失的轉捩點均已出現，把兩者的間隔作為路易斯轉折區間，更能顯示其應有的政策涵義。

　　圖 5-2 顯示的，就是中國 15-59 歲勞動年齡人口，從迅速增長到減速增長，及至零增長，進而負增長的完整過程。一般情況下，伴隨着勞動年齡人口的這個變化，同時還發生着一個人口撫養比從迅速下降到減速，到達最低點之後轉而升高的過程。所以，這裏以勞動年齡人口變化作為這兩個過程的代表。如圖所示，我們主觀地把 2004 年標注為路易斯轉捩點，把 2010 年標注為人口紅利消失點，兩者之間的年份則是路易斯轉折區間。說這種劃分是主觀的也並不儘然準確，其實，它是理論與經驗結合的產物。

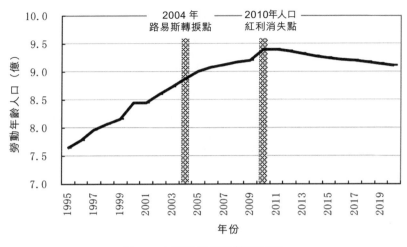

圖 5-2 中國的路易斯轉折區間

資料來源：中國發展研究基金會《中國發展報告 2011/12：人口形勢的變化和人口政策的調整》，北京：中國發展出版社，2012 年。

　　根據二元經濟理論，當對勞動力的需求增長速度快於勞動力供給增長速度，以致典型二元經濟發展時期的不變工資現象不再存在時，第一個路易斯轉捩點就到來了。2004 年，以出現民工荒以及隨後持續的工資上漲為經驗證據，中國達到其路易斯轉捩點。2010 年，勞動年齡人口達到峰值，隨後就開始了負增長，相應地，人口撫養比觸及谷底後開始提高，意味着人口紅利正式告罄。由於未富先老的特點影響，中國的路易斯轉捩點極其短暫，僅僅經歷了 6 年的時間。

　　如果用同樣的概念框架觀察日本經濟，其路易斯轉折區間無疑落在 1960-1990 年。這期間，日本經濟保持了長達 30 年的高速增長，而一經跨過這個時間點，日本的經濟增長毫無慣性地戛然而止。

表面看，日本經歷了 20 世紀 80 年代的泡沫經濟，泡沫破滅之後至今未能得以復甦。但是，如果不能找到其他更根本性的因素，很難令人信服，泡沫破滅會導致長達 20 餘年的經濟停滯。因此，我們應該撇開泡沫破滅這個直接催化劑，看看在那個特別的經濟發展階段上，究竟是甚麼東西使得一個高速增長的經濟停頓下來，及至一蹶不振。更重要的是，我們需要從中了解中國可以汲取甚麼樣的教訓。

　　日本的人口紅利一經消失，就如同所有發達國家一樣，成為一個典型的新古典經濟，這時，能夠支撐經濟增長的唯一源泉，則是與技術創新和資源配置效率提高相關的全要素生產率。能否使全要素生產率的提高保持與其他發達國家相匹敵，是日本經濟能否實現適宜增長速度的關鍵，取決於體制活力、創新能力和人力資本水平等一系列因素。

　　在這些方面，日本的確存在一些根本性的障礙。例如，對沒有生命力的企業的保護，阻礙了資源重新配置；對高等教育發展的人為抑制，延遲了人力資本與更高經濟發展階段的適應性。特別是，面對不可避免降低的潛在增長率，政府着眼於以產業政策帶動投資，把刺激性宏觀經濟政策長期化、常態化，試圖以需求拉動的方式提高經濟增長速度，結果更是南轅北轍。

　　隨着在 2010 年，15-59 歲勞動年齡人口達到峰值，人口撫養比相應降到谷底，中國面臨着與日本當年類似的發展階段轉折，以人口紅利消失或路易斯轉折區間的結束，從而潛在增長率下降

為主要標誌[6]。

　　首先，勞動力短缺及其導致的工資上漲，會顯著地並越來越嚴重地削弱勞動密集型產業的比較優勢。二元經濟發展的最重要特徵就是勞動力無限供給和工資長期保持在較低水平上，因此，路易斯轉捩點到來，便意味着因普通勞動者短缺而形成的工資持續上漲。

　　這個趨勢已經被中國經濟的研究者普遍觀察到。圖 5-3 近乎完美地顯示了，2004 年之前農民工的工資在生存水平上徘徊，以及此後以加快的速度提高的完整動態。普通勞動者工資上漲所具有的削弱勞動密集型產業比較優勢的作用，理論上是不證自明的，實際中也為人們所廣泛地觀察到。既然過去 30 餘年的高速增長，在相當大程度上靠勞動力成本低廉這個與人口有關的因素，人口紅利的消失無疑將產生抑制經濟增長速度的效果。

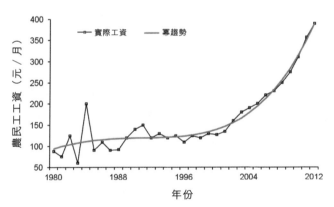

圖 5-3 農民工實際工資變化趨勢

資料來源：在盧鋒〈就業擴張與工資增長（2001-2010 年）〉（北京大學中國宏觀經濟研究中心，2011 年）一文資料基礎上更新至 2012 年。

6　由於存在戶籍制度等因素，中國農業勞動力轉移仍有潛力，為進行調整提供了一定的時間機會視窗。以後的章節會詳盡討論這個問題。

其次，面對工資持續上漲的情況，為了解決勞動力成本提高的問題，許多觀察者都會認為出路在於資本對勞動的替代，實際生活中這種辦法也的確為企業所採用。然而，如果僅僅嘗試通過增加投資用機器替代勞動力，在幾種情況下則很快會遇到資本報酬遞減現象。一是人力資本改善速度不能與資本勞動比提高速度保持同步，導致增加了的機器設備不能保持報酬遞增的趨勢。二是由於面對增長速度減慢，政府傾向於採取產業政策刺激增長，包括對新興產業的鼓勵和補貼，結果是扭曲了資本要素的價格，不僅直接助長資本密集型產業過快發展，而且誘致企業利用廉價資本以機器替代勞動力。

提高資本勞動比是改善勞動生產率的一條途徑，卻不是可持續的途徑。一旦超過條件的許可，資本報酬遞減現象就會發生。事實上，新古典增長的特徵就在於，在勞動力不再是無限供給的條件下，資本報酬遞減現象必然會發生，而沒有生產率進步的增長速度終究不能持續。

最後，隨着農村勞動年齡人口的減少，勞動力從農業部門轉出速度下降，也會降低資源重新配置效率提高的速度，導致全要素生產率提高更加艱難。由於 16-19 歲農村人口（外出勞動力的主體）規模在 2014 年已經達到了峰值，隨後轉入負增長，導致農村外出勞動力的增速大大放緩，例如 2016 年增速僅為 0.3%。也就是說，在現行體制下，目前可以用於重新配置的農村勞動力已經基本配置完畢。

改革開放期間，全要素生產率的提高主要靠勞動力轉移帶來資源重新配置效率。因此，前者增速的放緩，意味着這一源泉再

難帶來全要素生產率的可觀改善。儘管提高全要素生產率的源泉仍然存在，但是，現行的體制制約因素如戶籍制度和國有企業的壟斷，妨礙包括勞動力在內的各種生產要素在企業、所有制、部門、地區及城鄉之間的自由流動，都使得進一步獲得資源重新配置效率的難度加大。

在這種情況下，即使沒有發生政策上的誤判和誤導，僅發展階段變化本身，就必然意味着中國經濟將在較低的潛在產出能力上增長。潛在增長率是在資本和勞動都得到充分利用的前提下，在一定生產要素的供給制約下，以及全要素生產率提高限度內，可以實現的正常經濟增長率。由此可見，觀察潛在增長率是純粹從供給側角度着眼，可以為中央作出的經濟發展新常態判斷，以及從供給側入手進行結構性改革的要求作一個有意義的經驗注腳。

因此，經濟學家通過估算潛在 GDP 增長率，可以幫助觀察經濟發展階段變化，而不是經濟週期因素對經濟增長速度的影響。主要以勞動年齡人口在 2010 年之後開始負增長為判斷基礎，結合勞動力供給、人力資本改善、資本回報率以及全要素生產率的提高等變化，在作出必要假設之後，我們估算的結果是，中國的潛增長率從「十一五」時期的平均 10.5%，下降到「十二五」時期的 7.6% 和「十三五」時期的 6.2%[7]。雖然這不應該看作是一種預測，但是，理論上的預期與後來實際發生的情況的確是吻合的。

7　Cai Fang and Lu Yang, "The End of China's Demographic Dividend: The Perspective of Potential GDP Growth", in Garnaut, Ross, Cai Fang, and Ligang Song (eds) *China: A New Model for Growth and Development*, Australian National University E Press, 2013, pp. 55-73.

5.3 認識宏觀經濟形勢

從學科構架來看，宏觀經濟學本來包括近期視角即週期理論，以及遠期視角即增長理論。但是，在實際研究中兩者並未內在地統一起來，表現為經濟學家把自己的研究，要麼局限於宏觀經濟學（狹義地指週期研究），要麼局限於經濟增長理論，以致畫地為牢、偏於一隅。在判斷經濟發展階段、認識經濟形勢，以便確定宏觀經濟政策和選擇發展戰略時，這種傾向常常導致經濟學分析的捉襟見肘。

宏觀經濟雖然也會遇到短期的供給衝擊，如 20 世紀 70 年代初的石油危機對一些發達經濟體就產生過嚴峻的影響，總體而言，供給因素決定的潛在增長率是長期的和相對穩定的；另一方面，需求因素固然也有其長期趨勢，但更經常表現出短期波動的特點。在準確作出經濟發展階段判斷的基礎上，我們需要將發展階段變化所顯示的長期供給因素特點，與短期宏觀經濟中的需求因素相結合，才能作出關於經濟形勢的正確評估，進而提出有針對性的調控方向、目標和信號的決策。

換句話說，只有長期和短期相結合的視角，才可以在判斷宏觀經濟形勢時，具有理論上的一致性和實踐上的透徹性，得出正確的結論，進而作出有針對性的政策選擇。把兩者密切結合，不僅有助於判斷宏觀經濟形勢，也是形成正確政策措施的前提。一般來說，長期供給因素和短期需求因素，以不同的組合形式構成四種宏觀經濟情形。

第一種情形是強供給與強需求的組合，即較高的潛在產出能力與較強需求水平之間形成匹配。一般來說，這主要發生在生產要素供給比較充分，生產率有顯著的提升空間，並且沒有明顯報酬遞減現象的經濟發展階段上。與此同時，各種需求因素也足以與供給能力相匹配。總體而言，這是一種二元經濟發展過程中的趕超現象。在比較純粹的這種情形下，不會出現持續的週期性失業現象，也沒有嚴重的通貨膨脹。

　　第二種情形是強供給與弱需求的組合，即較高的潛在產出能力與較弱需求水平形成不匹配局面。最典型的此類情形，是在高速增長過程中遭遇經濟衰退或金融危機的情況下，週期性需求衝擊使增長速度不能達到潛在產出水平。通常，這種組合導致較為嚴重的勞動力市場衝擊，造成週期性失業現象。

　　第三種情形是弱供給與弱需求的組合，即較低的潛在產出能力與較弱需求水平形成匹配狀態。通常，在二元經濟發展階段即將結束之時，傳統經濟增長源泉式微，同時尚未挖掘出新的增長源泉，供給能力減弱表現為產品成本提高、產業比較優勢下降，因而需求強度也不再保持以前的情形。通常，就同時較弱的供給與需求因素取得動態均衡而言，這也是新古典增長的常態。

　　第四種情形是弱供給與強需求的組合，即較低的潛在產出能力與較強需求水平形成不匹配。這種情況實際上只可能在施加了人為的政策干預情況下才會發生，即通過扭曲的政策手段拉動投資或擴大出口。在潛在產出能力降低的情況下，如果人為刺激起旺盛的需求因素，則會導致實際增長率超越潛在增長率，很容易產生通貨膨脹、產能過剩甚至泡沫經濟等惡果。

實際上，上述按照長期供給因素特點與短期需求因素特點組合成的理論情形，與中國歷史和現實中的宏觀經濟形勢具有直接的對應性。因此，借助這種理論抽象，我們既可以理解過去，也可以認識現在，還可以預見未來。

首先，第一種情形是 2010 年前，即路易斯轉折完成之前中國經濟的常態。在那個時期，得益於人口轉變帶來的人口紅利，生產要素積累和配置等供給因素皆有利於經濟增長，中國經濟形成較高的潛在增長率。例如，我們所做的估計顯示，1978-1995 年期間潛在增長率平均為 10.3%；1995-2009 年期間的潛在增長率平均為 9.8%。

與此同時，改革開放帶來的居民收入顯著提高、投資高速增長和出口大幅度增加，提供了與供給因素相適應的需求因素。總體來說，這個時期在高速增長的位勢上形成了宏觀經濟的平衡。以潛在增長率與實際增長率之差表現的增長率缺口，表明雖然年度之間有一定的波動，但是從這個期間的趨勢來看，這種波動幅度是有限的，而且並不會持久保持，且呈現波幅逐漸縮小的趨勢（圖 5-4）。

其次，第二種情形是在第一種情形的大趨勢中，遭遇嚴峻內部或外部衝擊時的狀態。例如，在 20 世紀 90 年代中期以後，國內宏觀經濟低迷和亞洲金融危機相繼造成嚴重的需求萎靡，導致生產能力利用不足，進而出現大規模失業現象。之後，隨着中國加入世界貿易組織，更大程度上借助國外需求，經濟增長速度才反彈到潛在產出水平，宏觀經濟回歸到情形一的常態。此外，1988-1989 年應對通貨膨脹以及隨後的治理整頓，以及 2008-2009

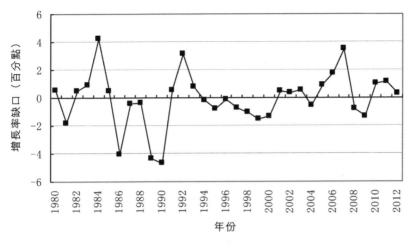

圖 5-4 改革開放時期的增長率缺口

資料來源：Cai Fang and Lu Yang, "Population Change and Resulting Slowdown in Potential GDP Growth in China", *China & World Economy*, Vol. 21, No. 2, 2013, pp. 1-14.

年遭遇國際金融危機，都曾經使實際增長率掉到潛在產出能力之下。

再次，2012 年是第三種情形的典型年份。從 2011 年進入「十二五」期間開始，中國潛在增長能力較前大幅度降低，根據我們的估算，2012 年潛在增長率從上一年的 8.1% 降至 7.5%。在這種情況下，恰遇外需水平明顯下降，不意之中卻成就了需求與供給的匹配。所以，實際增長率由於沒有明顯超過潛在增長率，因此未造成通貨膨脹，也由於沒有低於潛在增長率而遭遇就業衝擊，經濟增長的平衡性反而得到增強。

最後，中國經濟增長未來的主要風險是出現第四種情形。無論是在經濟學家中間還是在實踐者中間，都一度存在着一種誤

解，以為決定經濟增長的關鍵因素在於需求。因此，每逢經濟增長速度遇到障礙，最常見的對策都是採取這種或那種宏觀經濟政策手段，或者各種手段形成的政策組合拳擴大內外需求。其實，對中國來說，20世紀90年代中期以後，在從短缺經濟進入到過剩經濟的一段時間裏，這種認識是有道理的。但是，一旦經濟發展越過了路易斯轉折區間，人口紅利消失，至少從常態來看，制約經濟增長的因素就是潛在產出能力，而不會是需求因素。

事實上，2012年在需求「三駕馬車」中，最終消費需求、投資需求和出口需求對GDP增長率的貢獻，分別為4.04個百分點、3.93個百分點和-0.17個百分點。而從2001-2011年期間的平均水平看，大體上三者的貢獻率分別為4.5個百分點、5.4個百分點和0.56個百分點。即使在未來一段時期內，外需貢獻為零，投資需求減半，消費需求保持不變，需求因素也足以支撐潛在增長率的要求。

結合中國經濟所處的發展階段和一段時期內的表現，可以得出的結論是，中國經濟面臨的真正挑戰，不在於短期的宏觀經濟需求因素，而是來自供給側的長期經濟增長可持續性問題。換句話說，希冀通過這樣那樣的政策來刺激需求，進而超實現一個越潛在增長率的實際增長速度，是一個錯誤的選擇。正確的政策選項，則是提高潛在增長率本身。

但是，在理論上堅持認為是需求不足導致增長乏力，在實踐中堅持實施以刺激需求為目標的各種政策手段，很容易成為經常性的現實，終究可能帶來災難性的結果。雖然中央已經做出了經濟發展進入新常態的判斷，部署了通過供給側結構性改革轉方

式、調結構、換動力的任務，一些地方政府仍然以保增長為藉口，加大引資和投資的力度，以刺激手段保 GDP 增長。

中國共產黨十九大報告指出：中國經濟已經從高速增長轉向高質量發展。在同一個會議上，《中國共產黨章程》中關於「又好又快發展」的表述，被修改為「更高品質、更有效率、更加公平、更可持續發展」的。這就意味着，如果説在以往的發展階段上，經濟增長的「好」與「快」之間具有互為因果、互相促進的關係，如今已經成為一對矛盾或替代性選擇，不能再有兩者兼得的冀望。

在中國當前所處的發展階段上，追求速度不僅不再可得，而且十分危險。在這方面，日本提供了一個慘痛的教訓。長期以來，日本各界普遍認為這個國家實現的高速經濟增長，主要是依賴外需，而國內消費需求始終是疲軟乏力的。因此，一旦日本在 1960 年越過路易斯轉捩點之後，勞動密集型產業逐漸失去了比較優勢；繼而在高收入階段的 1990 年人口紅利迅速消失，全要素生產率的表現不足以支撐其新古典類型經濟增長的情況下，普遍認為應該利用包括以政府干預為特徵的產業政策、擴張性的財政政策和寬鬆的貨幣政策以及各種手段，不遺餘力地擴大內需，特別是投資需求。如今，以寬鬆的貨幣政策為特徵的所謂「安倍經濟學」，不啻為這一政策傳統的繼續。

日本政策界關於減速從理論到政策之間的邏輯，其實大錯特錯了。首先，有力的研究證據表明，日本在高速增長時期，消費需求是不容忽視的增長拉動力，而傑出的出口表現則是經濟增長

的結果，而不是原因[8]。其次，也有研究表明，日本 1990 年後的經濟停滯，是其全要素生產率表現不佳的直接結果[9]。正是因為前述理論和政策的誤導，以及開出不對症的政策藥方，在過去的近 30 年中日本經濟飽嚐了惡果：先後經歷了泡沫經濟及其破滅、殭屍企業和殭屍銀行橫行，及至長期的經濟停滯。

撇開金融風險不說，美國經濟之所以比日本甚至歐洲這些高收入國家更加健康、繁榮和可持續，從全球金融危機中的復甦也更快，並不在於其各種版本的需求刺激，更不是國家作為投資者發揮了甚麼積極的作用，而是它盡其所能所獲得的廉價能源、因人口紅利延長所具有的廉價勞動力、相對富有彈性的勞動力市場，吸引了世界各地的企業前往投資，通過企業和民間的努力，形成了較高的潛在增長能力。當然，隨着美國政治日益分裂，經濟政策也不斷走向民粹主義，其長期經濟發展不再被看好。

在經濟增長開始陷入停滯的 1990 年，日本已經躋身高收入國家的行列。儘管此後「失去的 30 年」給日本經濟造成各種問題，這個國家在競爭力和創新能力上的國際地位也明顯下降，但是，總體來說，日本經濟以低碳和可持續的方式繼續緩慢增長，老百姓仍然享受着較高的生活質量。所以，我們可以說，過去近 30 年的日本經濟是處在一個高收入陷阱之中。

然而，由於具有未富先老特徵和迄今為止處在中等偏上收入階段上，如果在人口紅利消失之後，中國經濟未能正確判斷經濟

8　賴建誠：《經濟思想史的趣味》，杭州：浙江大學出版社，2010 年。
9　Fumio Hayashi, and Edward C. Prescott, "The 1990s in Japan: A Lost Decade". *Review of Economic Dynamics* 5 (1): 206-35, 2002.

形勢和恰當應對經濟增長減速，即在政策上出現日本那樣嚴重的失誤，甚至會出現系統性風險，增長減速超過可以承受的程度，則會落入所謂的「中等收入陷阱」。

5.4 如何避免中等收入陷阱？

中國在尚處於中等偏上收入階段時，便遭遇了人口紅利消失，從而傳統經濟增長源泉耗竭的轉捩點。雖然這是一種經濟發展的自然進程，並不意味着必然從此落入中等收入陷阱，然而，從世界經濟史上大量國家的經驗和教訓看，這種潛在的危險在統計學意義上無疑是存在的。

例如，有經濟學家用各國人均 GDP 為美國水平的百分比，把大於 55% 的國家定義為高收入國家，在 20-55% 之間的定義為中等收入國家，小於 20% 的為低收入國家。在進行比較的 132 個國家中，定義為中等收入國家的，1960 年有 32 個，2008 年有 24 個。觀察這個組別的變化特點發現，中等收入國家有大約一半的可能性，歷經近半個世紀後仍然滯留在中等收入階段，而那些脫離中等收入組的國家，更多的則是向下流動到低收入組，而較少畢業到高收入組 [10]。

---

10 Wing Thye Woo, "China Meets the Middle-Income Trap: The Large Potholes in the Road to Catching-Up", *Journal of Chinese Economic and Business Studies*, Vol. 10, No. 4, 2012, pp. 313-336.

如果把托爾斯泰的名言「幸福的家庭都是相似的；不幸的家庭各有各的不幸」用在這裏的話，或許應該說落入中等收入陷阱的國家各有自身的原因。例如，國際貨幣基金組織（IMF）在對亞太國家經濟減速，進而落入中等收入陷阱風險進行經驗分析之後，把馬來西亞、菲律賓和中國面臨的風險歸結為制度因素，認為越南、印度和印尼面臨着交通和通訊基礎設施不足的風險，而與亞太地區相比，拉丁美洲國家在地區一體化和貿易方面，缺陷更加明顯[11]。

不過，我們仍然可以按照經濟分析的邏輯，把相關的因素整合在一起，觀察各自的因果關係，從中找出一些具有規律性和普遍性的東西加以借鑒，以避免重複其他國家既往的錯誤。換句話說，雖然中等收入陷阱與貧困陷阱具有相似之處，即兩者都是一種均衡陷阱，處在一種常規力量難以打破的超穩態均衡狀態之中，但是，兩者之間的不同之處也很明顯，即如果說貧困陷阱是一個長期馬爾薩斯狀態的延續，通常難以一下子找到形成這種狀態的直接原因的話，中等收入陷阱常常是由於某些可見的政策失誤所導致。

因此，我們可以以不同類型的國家（既包括被作為中等收入陷阱代表的拉丁美洲國家，也包括在較高收入水平上陷入困境的日本）在經濟發展過程中的政策失誤為經驗依據，構造一個中等收入陷阱的因果循環關係，看一看落入中等收入陷阱需要哪些必

11 Shekhar Aiyar, Romain Duval, Damien Puy, Yiqun Wu, and Longmei Zhang, "Growth Slowdowns and the Middle Income Trap", *IMF Working Paper*, Asia and Pacific Department, WP/13/71, International Monetary Fund, March 2013.

要的步驟，哪些因素使一個國家不能逃脫這種惡性循環，以便於我們從政策上找到打破其因果鏈條的切入口。

第一步，較快的經濟增長終究會在中等收入階段的某一特定時點上緩慢下來。對於一個後進國家來說，通過資本積累和勞動力投入，在擺脫貧困陷阱向中等收入過渡的發展階段上，往往容易實現較高的增長速度。然而，到了一定的發展階段，以往的增長源泉消失，增長速度會降下來，一旦這時出現某種政策失誤，增長速度通常經歷一個驟降。

一個最著名的研究認為，任何超乎世界平均水平的增長速度都是異常的，按照規律終究要「回歸到均值」。據作者所言，「均值」就是世界經濟的平均增長率 [12]。有人甚至宣稱這是一個無法違背的「鐵律」。另有一些學者通過國際比較發現，按照購買力平價和 2005 年美元計算，人均 GDP 達到 17000 美元時，高速增長的經濟體常常會遭遇明顯的減速，一般來說經濟增長速度下降的幅度可達 60%[13]。

第二步，在經濟增長大幅減速的情況下，如果對問題性質的認識有誤，做出的政策應對則往往南轅北轍，不僅難以奏效，甚至會造成人為的扭曲，增長減速則可能變成經濟停滯。例如，如果減速的原因是潛在產出能力降低，而政府的政策卻是着眼於在需求方面刺激增長速度的話，則會導致一系列的扭曲和不良結

12 Lant Pritchett and Lawrence Summers, "Asiaphoria Meets Regression to the Mean", *NBER Working Paper*, No. 20573, 2014.

13 Barry Eichengreen, Donghyun Park, and Kwanho Shin, "When Fast Growing Economies Slow Down: International Evidence and Implications for China", *NBER Working Paper* No. 16919, 2011.

果。其中，最嚴重的扭曲現象莫過於政府過度使用產業政策，造成生產要素價格扭曲；最嚴重的政策後果則是醞釀起泡沫經濟，造成產能過剩和對落後產業及企業的不當保護。至此，原本可能是正常的減速或者暫時性的衝擊因素，反而被轉變為長期的低速增長甚或增長停滯。

第三步，面對經濟增長停滯帶來的一系列社會問題，政府進一步採取飲鴆止渴的方式應對，造成經濟社會體制的全面扭曲。例如，在經濟增長停滯，蛋糕不再能夠做大的情況下，在社會上形成普遍的尋租激勵，着眼於重新分配蛋糕，結果造成腐敗滋生。由於具有特權的人羣往往得到更大的收入份額，以及收入分配中存在的馬太效應，收入分配狀況愈益惡化，進而激化社會矛盾。這時，財力拮据的政府往往只能借助於只做承諾卻難以兌現的民粹主義政策，不僅於事無補，反而傷害經濟活動中的激勵機制。

第四步，與停滯的經濟增長相伴而存在的資源分配和收入分配嚴重不平等，造成既得利益集團，後者竭盡全力要維護這個有利於自身的分配格局，因此，不利於打破中等收入陷阱的體制弊端積重難返。一旦進入這種體制狀態，相關的經濟社會政策就被利益集團所俘獲，不僅經濟增長陷入停滯，制度變遷更是舉步維艱，不利於經濟增長的體制便被固化了。

相應地，各種生產要素不再是按照生產率最大化原則，而是按照既得利益最大化原則進行配置。一個國家一旦陷入這種境地，經濟體制、社會結構和政治制度都陷入惡性循環，最壞的結果是，不僅不能擺脫中等收入陷阱，甚至可能退回到低收入水平上。

上述步驟固然存在着時序上和邏輯上的因果關係，因此，從邏輯起點上就阻斷其惡性蔓延的可能性，是最有效的對策。同時，每個步驟所呈現的現象也完全可以是同時存在的，從而應對之策應該是綜合配套的。從一些國家的經驗看，在經濟增長減速乃至停滯之前，不利於可持續增長的體制弊端通常已經表現出來，而且收入分配狀況的惡化也常常直接傷害經濟增長本身。

可見，收入分配與中等收入陷阱的關係是，在經濟增長及至收入增長停滯的條件下，收入差距往往進一步惡化。另一方面，伴隨着經濟增長停滯而發生的收入差距擴大，如果嚴重性達到了某種限度且沒有有效政策手段予以制止，則會造成社會不穩定和社會凝聚力降低，繼而成為經濟增長的障礙，以及進一步減速乃至停滯的原因。

5.5 如何應對增長減速？

在人口紅利消失的情況下，假設其他條件不變因而潛在增長率的下降，並不意味着中國就必然陷入中等收入陷阱。歸根結底，人口紅利只是特定發展階段的經濟增長源泉，惟其被生產率進步的新源泉所替代，二元經濟發展才能夠轉向新古典增長，實現向高收入階段的過渡。實際上，當人口紅利視窗關閉之時，更加可持續的經濟增長大門已經在那裏了，看你能否將其開啟。

經濟學家之所以要劃分經濟發展階段，一個主要用意就是希

望，後來者通過從先行者的經驗和教訓中學習，可以及早地找到坦途，少走彎路。根據所概括的落入並困擾於中等收入陷阱的前述幾個步驟，結合中國經濟增長現實，我們應該着眼於從以下幾個方面，做出正確判斷，從而未雨綢繆謀劃對策。

對中國來說，最為重要的是準確認識經濟增長減速，找到真正對症的藥方，並且在經濟學家和決策者中形成共識。習近平總書記把經濟增長速度下行，作為中國經濟發展進入新常態的一個特徵，提醒政策研究者和制定者要認識和適應這個新常態，並通過供給側結構性改革引領新常態。這個思想是從經濟發展階段變化的角度認識減速，為經濟學家認識經濟形勢，以及政策制定者保持戰略定力，不搞大水漫灌式的刺激政策，中國經濟着眼於轉變經濟發展方式和產業結構優化升級實現經濟增長動力轉換，提供了根本的遵循。

2012 年，當潛在增長率降低的表現初步顯露出來的時候，在輿論界和理論界，充斥了誤導性的說法。無論是記者還是宏觀經濟分析師，幾乎異口同聲地把問題歸結為消費不足。具體到這一年，談到消費不足的時候，無異於在說，美國從金融危機中復甦乏力，以及一些歐洲國家主權債務危機等因素，給中國的出口需求帶來衝擊。

在需求因素的三套車中，外需不是我們所能左右的，消費需求也不是短期內可以大幅度提高的。所以，接下來的邏輯結論自然是，需要通過提高投資意願擴大投資需求。在部分經濟學家中，一時間形成一種探尋「新的經濟增長點」的傾向。從較長期的角度，人們提出加快城市化進程、加大對中西部地區基礎設施建

設的投資力度、超前投資於新興產業等等建議。這些考慮並無不妥。問題在於，很多人混淆了長期結構性問題和短期週期性問題的區別，把這些經濟發展中所需要的建設當作刺激性的手段。

建立在對於經濟發展階段和宏觀經濟形勢的錯誤判斷之上，這些建議有着特別的危險之處。那就是，這類建議很容易與政府所擅長的政策手段一拍即合。推進城市化的意圖、區域發展戰略和產業政策，本來應該是服務於特定目的的政策組合，有其特有的含義和適用範圍。在這方面，中國政府已有成熟的政策工具和實施手段，甚至可以說是駕輕就熟，過去也取得了一定的良好效果。然而，一旦把這些政策用來拉動投資需求，以達到超越潛在增長率的目標，則會產生適得其反的效果，傷害中國經濟的長期增長可持續性。

例如，產業政策本意是在傳統比較優勢消失的情況下，政府以一定的補貼形式幫助投資者和企業探尋新的比較優勢，着眼點是長期的增長可持續性。撇開政府能否保障比市場本身做出更準確的動態比較優勢選擇，從而這種政策能否成功不說，如果把這項政策變成短期刺激需求的手段，則政府的扶持性政策不可避免會失去限制。面對政府優惠政策乃至直接補貼，尋租行為必然滋生，投資者和企業蜂擁而入，甚至全然不顧比較優勢，無論能否形成競爭力，也不管是否具有市場需求。結果必然是偏離比較優勢，加大過剩產能，造成資產泡沫和負債高企。

又如，着眼於通過中西部地區和資源枯竭型地區經濟體制改革和營商環境改善，實現區域協調發展的戰略，本意是通過中央政府的扶助政策，促進經濟的地區發展條件的平衡。但是，如果

將這一政策變成了刺激投資，從而超越潛在增長率的政策手段，則必然使作為扶持物件的地區，放棄改善發展環境這一根本任務，產業的發展背離比較優勢，在國際國內市場上仍然缺乏競爭力，長期經濟增長能力反而受到傷害。

宏觀經濟政策的過度使用也是如此。貨幣政策和財政政策的正常運用範圍，應該是調節短期需求波動。但是，背離這個運用範圍，意在以拉動需求的辦法使經濟增長速度長期高於潛在增長率的經濟政策，傾向於把寬鬆的貨幣政策和擴張性的財政政策長期化和常態化，必然幫助放大產業政策和區域政策的扭曲效果。過剩的流動性還會助長投機性的泡沫經濟，保護落後產能、缺乏競爭力的企業和低生產率的部門。

潛在增長率就其本意來說，是在資源稟賦決定的生產要素供給條件下，以及一系列其他因素決定的生產率提高能力基礎上，所能實現的正常經濟增長速度。因此，用需求拉動的方式超越潛在增長率，就如同用行政命令、輿論造勢和物質激勵的手段，意圖把運動員的運動成績拉高到其運動潛能之上一樣，或許一時或偶爾奏效，終究會導致運動員受傷。

不過，面對下降的潛在增長率，我們並非束手無策，也不應該無所作為。由於經歷人口紅利消失的轉捩點，潛在增長率下降速度是異常急劇的，這時，結構性失業現象可能發生，政府財政收入也突感拮据，企業和投資者也苦於缺乏盈利的投資機會。在政府認清形勢，把緊貨幣籠頭的情況下，非實體經濟領域因資金不足，而傾向於採取非正常手段創造貨幣供給，造成潛在的金融風險。因此，無為而治並不是最佳政策選擇。

正如運動訓練不是完美無缺的一樣，決定生產要素供給和生產率提高的體制也存在着缺陷，這為我們從供給角度提高潛在增長率留出了巨大的空間。所以，當人們説到通過改革創造制度紅利時，實質上就是指通過改革創造更好的生產要素供給和生產率提高的制度條件，釋放潛在增長率提高的潛力，達到穩定增長速度的目的。

　　迄今為止，市場機制尚未在中國的資源配置中發揮決定性作用，增加生產要素特別是勞動力供給以及提高生產率的空間仍然很大。因此，通過在相關領域深化經濟體制改革，完善社會主義市場經濟體制，可以為中國經濟增長帶來新的源泉和動力，達到把增長動力轉到新古典基礎上。在隨後的章節中，我們將逐一對各種阻礙生產要素供給和生產率提高的體制因素進行分析，找出亟待改革的領域和推進的優先序，提出政策建議。

第六章

可持續增長引擎

中國經濟在 2004-2010 年期間，完成了對路易斯轉折區間的跨越之後，從 2012 年起增長速度明顯放慢，並且呈現逐年減速的趨勢。必須認識的是，這一增長減速趨勢是潛在增長率下降的自然結果，而不是需求因素的衝擊所致。在經濟發展階段發生變化的情況下，把經濟增長速度的減緩歸結為需求不足，是一個常見的認識錯誤，容易導致錯誤的政策取向，開出不對症的政策藥方。因此，開放地借鑒相關經濟理論，吸取其他國家的經驗和教訓，深刻認識中國經濟現實，對於理解這個減速的真正原因，具有至關重要的政策意義，有助於防止政策出現緣木求魚的誤導，把相應政策努力引導到尋求新增長引擎的正確方向。

6.1　從供給因素着眼

　　運動員能否取得良好的成績，固然與來自社會（如體育官員、廣告商、線民等）的鼓勵和激勵有很大的關係，但是，這種來自外部的影響，歸根結底只能起到幫助運動員發揮潛能的作用，而不是運動成績的決定因素，更不是充分條件。以此與經濟現象進行類比的話，外部激勵只是一種需求因素，決定成績的關鍵是運動員的「潛在增長率」，是供給方面的因素。

如果一個運動員被寄予高於其運動潛能的期望，我們不難設想他（她）會作出怎樣的反應。既然在短期內通過改善身體素質和訓練水平以提高成績，是違背規律從而難以企及的目標，能做的恐怕只有兩種選擇：對於一個能夠自我進行職業道德約束的人來說，只能超越身體的極限去拚命，終究會導致受傷；對於一個職業道德約束能力差，或者被不良教練或團隊誘使的人來說，可能就要想其他歪門邪道了，例如服用興奮劑。

不改變潛在增長能力而僅僅着眼於需求刺激的經濟政策，也會給經濟活動主體 —— 投資者和企業家製造不正確的導向。例如，無論是實施寬鬆的貨幣政策和擴張性的財政政策，還是借助產業政策或區域政策刺激需求，政策出發點都在於鼓勵在實體經濟領域進行投資。但是，由於這時的投資回報率並沒有與投資的內在動力相吻合，因而投資活動近乎成為一種政府補貼誘導的尋租活動，通常只會導致產能過剩以及經濟泡沫。

當我們說一個經濟整體的潛在增長率下降，同時也意味着製造業生產的比較優勢和競爭優勢都在下降，在生產要素供給和生產率提高的條件下，生產企業不再能夠保持既往的生產規模或增長速度。與此同時，在一般實體經濟不強勁的情況下，基礎設施等工程建設熱情也不高。例如，日本當年試圖靠大規模公共投資刺激經濟時，就遇到了投資資金難以落實的窘境。曾任日本經濟企劃廳長官的宮崎勇發現，在實施財政刺激政策中，公共投資遇到先是「有預算沒下撥」，繼而「下撥了沒到位」，及至「資金到位

沒開工」等層層打折扣的問題[1]。

2008 年世界金融危機爆發以後，低利率、零利率乃至負利率以及量化寬鬆的貨幣政策，似乎成為歐美和日本試圖復甦經濟增長，競相拋出的救命稻草。其中日本則已經在這條崎嶇路上走過了二十餘個年頭。問題在於，如果一個國家面臨的問題的確是需求不足，寬鬆的金融環境並不能自然而然轉化為企業和投資者的投資願望；如果一個國家面臨的是潛在增長率下降的供給側問題，則刺激需求的宏觀寬鬆政策，對於實體經濟的競爭力不足痼疾也是不對症的。

不僅如此。既然競爭力和比較優勢不能支撐原有的增長速度從而投資意願，這時，過剩的流動性必然流向非生產性或者投機性投資場所，如金融業的自我循環、理財業、房地產業和海外不動產投資等，最終正如日本 20 世紀 80 年代至 90 年代初所發生的，先是形成泡沫經濟，隨後是泡沫的破裂，形成大批殭屍企業，及至把經濟增長拖向長期停滯的深淵。

正如面對運動員成績不佳的解決辦法，不能從外部激勵因素上尋找，而要看其身體條件、運動潛能和訓練水平等內在因素一樣，我們在遇到因潛在增長率下降導致經濟增長速度放緩的情況下，應該從供給方面的因素着眼，探索保持可持續增長的源泉。如果年齡等生理因素決定運動成績必然下降到某個水平，我們必須接受之；如果仍然有潛力尚未挖掘殆盡，我們則需要着眼於改善訓練效率，而不是一味地對運動員施加外在的刺激。

1　宮崎勇：《日本經濟政策親歷者實錄》，北京：中信出版社，2009 年，第 188-189 頁。

還記得在本書第四章，我們談到新加坡前總理李光耀與美國經濟學家克魯格曼的爭論嗎？從那場唇槍舌劍般的對話中，我們不僅可以弄清實現經濟增長都有哪些供給方面因素，還可以了解路易斯轉捩點對於一個經濟體的經濟增長，從供給方面會產生甚麼影響，有甚麼政策選擇。

在其他經濟學家做出的經驗性研究成果的基礎上，克魯格曼認為新加坡經濟增長單純依靠資本和勞動力要素的投入（這無疑也是增長的供給方面因素），而沒有全要素生產率（更持久增長的供給方面因素）的提高，其增長模式與計劃經濟條件下的前蘇聯時期並無二致，所以終究不能持續下去。

克魯格曼們的判斷不能為李光耀所認同，他們的預言也沒有一語成讖。其原因是在路易斯轉捩點之前，新加坡像其他東亞經濟體一樣，具有勞動力無限供給特徵，使其避免了資本報酬遞減現象的發生，並且產業結構調整也可以從資源重新配置中獲得生產率的提高；當路易斯轉捩點到來之後，新加坡不是努力刺激需求，而是從提高潛在增長率的供給方面着眼，依靠外籍工人延長了人口紅利，並且通過提高勞動生產率，特別是全要素生產率，避免了投資回報率的下降。

路易斯指出：「整個（二元經濟發展）過程的關鍵在於資本主義部門對剩餘的使用」[2]。依據這個思路，把新加坡的經驗概括起來，有助於增進我們對於路易斯轉捩點之後，如何保持經濟增長

2　Arthur Lewis, "Economic Development with Unlimited Supply of Labor", *The Manchester School*, Vol. 22, 1954.

的認識。下面，我們借助圖 6-1 的示意，看一看在路易斯轉捩點前後，投資回報分別怎樣保持。從中，我們也可以尋得一些對中國經濟持續增長的啟示。

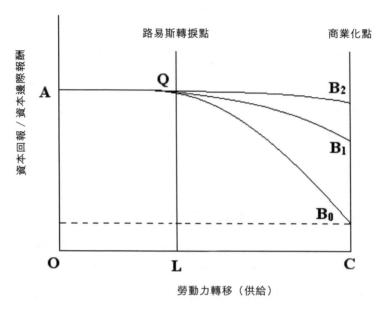

圖 6-1 路易斯轉捩點前後的投資回報

在一個經濟體到達路易斯轉捩點之前，即 OL 所代表的農業剩餘勞動力轉移階段，勞動力無限供給的特徵，可以使資本積累獲得相同比例的勞動力供給，資本報酬不會出現遞減現象，加上勞動力部門間轉移可以創造資源重新配置效率，投資回報率得以維持在較高的水平，正如圖中的 AQ 所表示的那樣。許多學者的研究證明，中國經濟在路易斯轉捩點之前的較長時期內，也的確

保持了較高的資本報酬率[3]。

隨着經濟發展到達路易斯轉捩點,即理論上農業的勞動邊際生產力不再為零,現象上表現為勞動力短缺和普通勞動者工資上漲,資本和勞動的相對稀缺性從而相對價格關係便發生變化,資本替代勞動的現象開始出現,資本邊際報酬率開始降低,與此同時投資回報率也可能相應下降。

許多研究結果顯示,中國已經出現顯著而快速的資本邊際報酬遞減現象。例如,在 2004-2009 年的短短時間裏,中國經濟的資本邊際回報率就下降了 18.7%[4]。而從投資回報率來看,根據白重恩等估算,中國的資本回報率從 2004 年的 24.3% 降低到 2013 年的 14.7%,其間以年平均 5.7% 的速度下降[5]。

假設其他因素不變,我們則可以預期,資本報酬率的下降趨勢將持續下去,正如圖中 QB0 所示,直到經濟發展到達商業化點,即農業和非農產業的勞動邊際生產力相等,二元經濟發展階段完結。不過,正如圖中 QB1 和 QB2 所表示的那樣,存在着一些可能性,延緩或者阻止資本邊際報酬率和(或)投資回報率的過快下降。

3　如參見 Chong-En Bai, Chang-Tai Hsieh and Yingyi Qian, "The Return To Capital in China", *NBER Working Paper* No. w12755, 2006, National Bureau of Economic Research, Cambridge, MA.

4　Cai F. and Zhao W., "When Demographic Dividend Disappears: Growth Sustainability of China", in M. Aoki and J. Wu, (eds.), *The Chinese Economy: A New Transition*, Basingstoke: Palgrave Macmillan, 2012.

5　白重恩、張瓊〈中國的資本回報率及其影響因素分析〉,《世界經濟》2014 年第 10 期,第 3-30 頁。

資本邊際報酬率，是指假設其他因素不變的情況下，每一個新增單位的資本投入所能帶來的產出增長。因此，它是資本回報率的基礎，但卻不是唯一來源。克魯格曼等經濟學家錯誤地認為新加坡投資回報率必然下降，一是由於不懂得勞動力無限供給可以阻止資本邊際報酬遞減現象發生，二是由於先驗地斷定新加坡不能轉向一種新的增長方式，通過生產率的提高保持較高的投資回報率。

　　李光耀之所以有本錢自豪地向克魯格曼宣稱，新加坡的投資回報率仍然很高，是因為新加坡不僅由於靈活的移民政策，延長了人口紅利，進而延緩了資本邊際報酬遞減現象的發生，而且最終實現了向生產率驅動型增長方式的轉變。根據世界經濟論壇發佈的《2016 年全球經濟競爭力報告》，新加坡的全球競爭力，在資料中包括的全球 138 個經濟體中排位第二。

　　從新加坡的經驗，我們可以得到啟發，即通過把資本邊際報酬率和投資回報率區分開，看一看有哪些政策手段分別對兩者產生有利的影響。在圖 6-1 中，我們用 QB1 相對於 QB0 的改善，表示資本邊際報酬遞減現象的延緩，用 QB2 相對於 QB1 的改善，表示其他因素所能達到的保持較高投資回報率的效果。

　　二元經濟發展可以避免資本邊際報酬遞減的關鍵，是由於存在勞動力無限供給這個特有現象，得以打破勞動力短缺的新古典條件。所以，凡是能夠增加勞動力供給，緩解勞動力短缺現象的做法，都可以把資本邊際報酬遞減的進程放緩。在新加坡的例子裏，大規模使用外籍工人（據說達到勞動力總量的 40%），就能夠產生這種效應。

然而，二元經濟發展時期終究要完結，新古典增長階段與高收入水平是聯繫在一起的，所以正是任何後起國家所要達到的目的地。於是，資本報酬遞減現象的發生終究不可避免，保持投資回報率的關鍵，則在於勞動生產率的提高。換句話說，勞動生產率並不阻止資本邊際報酬降低，而是抵銷後者造成的投資回報率下降效果，保持經濟增長。

　　一般來說，提高勞動生產率的途徑有多種，包括改善人力資本稟賦，如提高勞動者的熟練程度、用機器（人）替代勞動力、採用更有效率的技術和工藝，以及改善生產要素的配置效率等。在統計意義上，這些因素中的人力資本是可以度量的，機器對勞動力的替代也可以從資本勞動比的提高中觀察到，其他因素在不能以統計變數的形式直接觀察到的情況下，就成為計量經濟模型中的殘差，或者稱為全要素生產率。

　　借助計量經濟學方法，我們可以針對中國經濟的情形進行一些模擬，看一看提高勞動參與率這個延緩資本報酬遞減現象的因素，以及提高全要素生產率這個保持投資回報率的因素，分別具有怎樣的提高潛在增長率的效果。

　　對中國經濟的模擬結果表明，在 2011-2020 年期間，如果每年把非農產業的勞動參與率提高 1 個百分點的話，這一期間的年平均 GDP 潛在增長率可以提高 0.88 個百分點。在同一期間，如果全要素生產率的年平均增長率提高 1 個百分點的話，這一時期的年平均 GDP 潛在增長率可以提高 0.99 個百分點 [6]。在兩種情

6　F. Cai and L. Yang, "Population Change and Resulting Slowdown in Potential GDP Growth in China", *China & World Economy*, Vol. 21, No. 2, 2013, pp. 1-14.

形下，提高潛在增長率的效果都是顯著的。對於中國來說，無論是提高非農勞動參與率還是提高全要素生產率，都有着巨大的潛力，而開發這些潛力有賴於深化相關領域的改革。

例如，通過推進戶籍制度改革，使更多農民工成為城市居民，穩定農業轉移勞動力在城鎮的就業；創造條件促進製造業從沿海地區向中西部地區轉移；進一步發育和完善勞動力市場，促進更加充分的就業，以及擴大農業經營規模，提高農業的勞動生產率，都有助於提高勞動參與率。

提高全要素生產率也有諸多途徑。首先，在農業勞動力比重仍然較高的情況下，推動剩餘勞動力的持續轉移，可以繼續獲得資源重新配置效率。其次，通過創造更加公平的競爭環境，允許生產要素在產業、部門和企業之間自由流動，讓長期沒有效率的企業退出經營，讓有效率的企業相應壯大，也可以創造出資源重新配置效率。最後，鼓勵創新和促進科學技術應用，縮小與發達經濟體之間的技術差距，提高技術進步對經濟增長的貢獻率。

在這裏所做的模擬中，還有一個重要的問題沒有提到，即勞動者熟練程度、勞動技能和創新能力等人力資本的改善，無疑有助於大幅度提高潛在增長率。人力資本積累的途徑包括各類教育和培訓以及「幹中學」等。因此，教育和培訓的激勵、質量、效率和效果，以及與勞動力市場的對接能力，都與一系列體制因素有關，同樣對改革提出進一步的要求。

6.2 勞動生產率

關注增長的經濟學家很早就發現，不同國家之間的經濟發展水平差異，歸根結底是生產率的差異。生產率通常是指一定的投入水平所創造產出水平的能力，其中「投入」可以指不同的生產要素，如資本、勞動和土地等，所以生產率可以是資本生產率、勞動生產率和土地生產率。不過，最經常使用、具有綜合性，而且頗有意義的生產率指標，則是勞動生產率，即以勞動要素的產出能力度量經濟效率的指標。

統計部門或研究者從總體層次上度量勞動生產率，既可以計算每個就業人員生產的 GDP，也可以計算每個工作小時生產的 GDP。很顯然，國家之間存在着統計口徑、統計資料可得性和可信度上的差別，不同研究者也傾向於採用不盡相同的度量方法，因此，不同的研究往往得出不盡相同的勞動生產率的度量結果。對此，我們應該採取的態度是，承認方法差異性的存在和多樣化的必要性，借鑒不同的研究結果，相互印證地支持我們意圖說明的問題。

伍曉鷹擅長採用獨特的方法調整 GDP 等資料，進行與生產率問題相關的研究。他通過跨國的橫向比較，強調了勞動生產率對於經濟趕超所具有的至關重要性。他還發現，後起經濟體由於面臨更多的技術可得性，通常勞動生產率提高大大快於先行者。例如，在可比的經濟發展階段上，中國台灣和韓國的勞動生產率提高速度遠遠高於日本。但是，中國大陸在類似的趕超過程中，卻

沒有顯示出比日本、韓國和台灣地區有更好的勞動生產率表現[7]。

其實，這個問題並不難理解，只須觀察中國在經濟改革之前，計劃經濟體制如何阻礙了勞動力向非農產業配置，從而在何種程度上累積了大規模和大比例的農業剩餘勞動力，形成非典型化的就業結構，就足以說明，改革開放甫始中國就業壓力有多大，待轉移勞動力規模有多大。1978 年中國農業的增加值佔 GDP 的比重為 28.2%，勞動力比重則高達 70.5%，這兩個比重之間的比率（即比較勞動生產率）僅為 0.40，分別是第二產業和第三產業的 14.4% 和 20.4%。

按照比較優勢原則和誘致性技術變遷假說，勞動力嚴重剩餘的中國經濟，通過改革開放以來形成的人類歷史上最大規模勞動力遷移，在相當長時間裏重點發展勞動密集型製造業，以便吸納大量農業剩餘勞動力，不斷提高就業的充分性，在微觀上和宏觀上都是十分符合理性的，更說明市場機制作用得到了較好的發揮。

自加入 WTO 以來，中國沿海地區勞動密集型製造業企業，以較低並且長期穩定的工資水平吸引了從農村轉移出來的勞動力，在國際市場上獲得了強勁的競爭優勢。充足而成本低廉的勞動力供給，是這一時期中國實現高速經濟增長的突出特點。相應地，路易斯轉折和人口紅利消失對經濟增長的影響，便集中表現在勞動力供給成為瓶頸，以及工資上漲導致製造業勞動力成本提高的情況下，比較優勢和競爭力相應下降。

7　伍曉鷹：〈擺脫速度情結，給改革以空間 —— 從中國與東亞經濟體的比較看增長速度及其對結構調整和效率改善的啟示〉，載博源基金會編《中國經濟觀察，全球視野與決策參考》，2012 年正刊第十二期（總第六十期）。

不過，理論上說，路易斯轉捩點之後這些不利於經濟增長的因素，都可以通過勞動生產率的提高予以抵銷。勞動生產率的提高，既可以表達為每個勞動者的產出水平的增加，也可以表達為單位產出所需要的勞動力數量的減少，因此，即使中國經濟在經歷轉捩點之後，遇到了勞動力供給瓶頸，假如勞動生產率能夠按照一定的速度和幅度提高，就足以彌補勞動力不足所造成的生產能力下降，保持經濟增長速度。

從另一個角度來說，以勞動生產率為基礎保持同步的工資上漲，只是增加勞動者收入，使最廣泛的居民分享經濟發展的成果，而並不注定傷害比較優勢，削弱經濟增長可持續性。不然的話，我們難道為了保持製造業產品的競爭力，而希望普通勞動者的工資永遠不提高嗎？其實，當我們講工資增長與勞動生產率提高保持同步時，既是強調要讓職工分享勞動生產率提高的好處，也是強調工資增長必須建立在勞動生產率提高的基礎上，才不會削弱企業的競爭力，從而保持中國製造業的比較優勢。

日本的媒體和學者看到製造業生產從中國到日本的大幅度回遷，並將其歸結為兩國單位勞動成本的逆轉。據日媒報導，以美元計算的單位勞動成本，1995 年日本為中國的 3 倍以上。但2013 年中國反而超過了日本，2014 年這個趨勢仍在繼續。這個說法迄今並不正確，因為中國顯然沒有超過日本。2013 年，中國製造業的單位勞動成本是德國的 29.7%、韓國的 36.7% 和美國的 38.7%，2011 年是日本 39.5%。

不過，值得注意的是，決定企業、產業和國家製造業（可貿易品）競爭力的不僅僅看勞動力成本，而還要看勞動生產率，兩

者結合形成「單位勞動成本」，即勞動力成本與勞動生產率之比。
中國的單位勞動成本的確提高很快，快於其他製造業大國。原因
一是勞動力成本提高很快，從 2001-2005 年的年平均增長率 8.5%
提高到 2005-2013 年的 14.8%；二是勞動生產率提高速度慢於工
資增長，從 13.9% 下降到 9.2%。而且是逐年加速。因此，單位勞
動成本同期的年均增長率從 -4.9% 提高到 5.2%（圖 6-2）。按照這
個速度，中國製造業單位勞動成本最終超過這些製造業大國是可
以預期的。

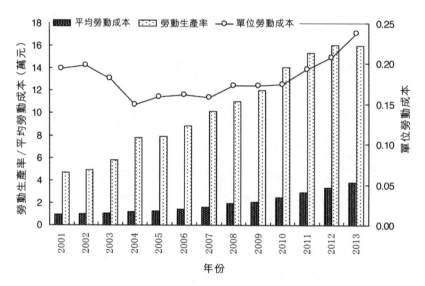

圖 6-2 中國製造業單位勞動成本變化

資料來源：蔡昉、都陽〈應重視單位勞動力成本過快上升的問題〉，載蔡昉《新常態·
供給側·結構性改革：一個經濟學家的思考和建議》，中國社會科學出版
社，2016 年。

關於勞動生產率可以抵銷掉勞動力短缺削弱潛在增長能力效應的說法，似乎與人口紅利消失之後，潛在增長率不可避免降低的說法相矛盾。其實，這兩個陳述在理論上都是說得通的，只不過，在路易斯轉折之後，對提高勞動生產率的要求將大幅度增強，也容易產生諸多的誤導，因而要取得一定程度提高潛在增長率的效果，難度明顯增大了。

在二元經濟發展階段上，由於農業中存在大量剩餘勞動力，只需使勞動力從農業這樣的低生產率部門轉移到生產率更高的非農部門，整個中國經濟的勞動生產率就得到提高。所以，在這個發展階段上，提高勞動生產率的機會就像「低垂的果子」一樣唾手可得。例如，根據作者的估算，在 1978-2015 年期間，中國經濟總體勞動生產率提高了 16.7 倍。其中，第一產業、第二產業和第三產業本身的貢獻份額為 56%，而其他的貢獻（44%）則來自於勞動力在三個產業之間的重新配置。隨着經濟發展進入新階段，這樣的資源重新配置機會減少，提高勞動生產率就不那麼簡單了。

下面，我們來看一看勞動生產率的提高，通常是通過哪些途徑實現的。如果按照每個勞動者或勞動時間所實現的產值計算的話，至少有四個顯而易見的因素影響勞動生產率表現。這些影響因素，或者說提高勞動生產率的途徑，在實際中發揮的作用因時因地而有大有小，取得效果的難易程度不盡相同，可持續性也必然有所差別。

第一個因素是勞動者的技能和創新能力，通常可以通過發展普通教育和職業教育、提供崗位培訓、加強醫療和健康保護，以及幹中學等方式獲得，經濟學家統稱之為人力資本。從統計意義

上，人力資本最常見但卻不充分的變數，是勞動者的平均受教育年限。人力資本因素在整個勞動生產率的提高中，所發揮的作用應該越來越大，並且是長期可持續的。

第二個因素是勞動者的資本配備水平，譬如每個勞動者可以操作的機器和設備的數量或規模，在統計上可以用資本與勞動的比率來表達。當勞動力短缺現象發生並成為常態，普通勞動者工資開始持續上漲時，通常會出現在整個經濟範圍內，特別是在工業部門資本投入增長快於與勞動僱用增長的趨勢，即所謂資本深化過程，結果則表現為資本勞動比的提高。

第三個因素是各種生產要素的配置效率，包括生產要素之間的協調配置，以及各種要素在企業之間、行業之間、地區之間，或者在不同所有制和規模的經濟活動之間的配置和重新配置。要獲得這種資源配置效率，一個必要的市場條件是生產要素的正確定價從而充分流動。經驗表明，這個效率源泉是全要素生產率（從而勞動生產率）的重要組成部分。

第四個因素是技術進步和制度創新產生的效率，在統計意義上表現為一個殘差，是典型的全要素生產率。例如，如果各種有形的生產要素（譬如資本和勞動）的投入都分別增加一個百分比，而實際產出增加的幅度卻大於這個百分點，額外的增長部分就是不能為投入所解釋的殘差，即全要素生產率。一般來說，全要素生產率是勞動生產率提高乃至經濟增長的不竭源泉。隨着經濟發展逐漸進入新古典階段，增長動力越來越依靠這個生產率來源。

6.3 資本深化

一個國家的產業結構呈現怎樣的格局,總體上採用甚麼樣的技術類型,通常是由這個國家特定階段上資源稟賦,即具體表現 —— 生產要素的相對稀缺性和相對價格決定的。因此,撇開特定的發展階段因素,國家之間並不存在產業結構和技術結構孰優孰劣的問題。這就是所謂比較優勢原理。

在典型的二元經濟發展階段上,勞動力豐富且成本低廉,企業傾向於採用多用勞動力、節約資本的技術,產業結構具有勞動密集程度高,資本勞動比較低的特點。惟其如此,一個國家才可以在企業、產業和國家層面上獲得比較優勢和競爭優勢,具有較高的潛在增長率,實現較快的實際經濟增長。

而一個經濟體一旦跨越了路易斯轉振點,生產要素的相對稀缺性就發生了逆轉,相應地,比較優勢和競爭優勢也逐漸改變。因此,相對於物質資本要素而言,勞動力價格提高之後,企業傾向於使用更加節約勞動的技術,產業結構趨於更加資本密集型,資本勞動比也就會相應提高。這就是資本深化的過程。

最先對生產要素相對價格變化作出反應的是企業。當企業家感受到招工難和勞動力成本提高時,他們通常會購買更多的機器,應用機器人技術,相應僱用較少的工人。投資者也會對這種新的生產要素稟賦結構作出反應,開始投資於使用勞動力較少,即更加資本密集型的行業。進一步,政府也會以這樣那樣的方式相應跟進。政府觀察到了比較優勢的變化,往往會用一些扶助性

的產業政策手段，鼓勵投資者投資於具有潛在比較優勢，從而也是相對資本密集型或技術密集型的行業。

如果裝備了更多的機器、設備或機器人，恰如其分地節約了勞動力，使得每個職工在控制更多機器的情況下得以創造更多的產出，就意味着勞動生產率的提高。但是，單純依靠把資本勞動比抬高，以取得勞動生產率提高的辦法，可能產生兩個與經濟增長可持續性相關的問題。

首先，僅僅由資本替代勞動產生的勞動生產率提高效應，並不足以填補經濟增長速度降低的缺口。在二元經濟發展階段上，農業剩餘勞動力大規模轉向非農產業，意味着勞動力資源從生產率低的部門重新配置到生產率高的部門，帶來巨大的勞動生產率改善，支撐高速經濟增長。在路易斯轉捩點之後，這種資源在農業和非農產業之間重新配置的效應，必然逐漸減弱，不再是支撐經濟增長的主要源泉。

這時，資本（機器）替代勞動，固然是提高勞動生產率、保持經濟增長的一種手段，而且新機器和新設備也體現着技術進步的因素，但是，如果沒有來自技術進步和制度創新的全要素生產率的貢獻，生產率的缺口無法得到填補的話，經濟增長速度則難以保持期望的水平。在資本報酬遞減規律的作用下，資本替代勞動是有限度的，尤其不能以大躍進的方式過快進行。例如，在操作工人的人力資本沒有根本性改進的情況下，更多、更複雜、價值更高的機器，並不能得到有效駕馭，資本投入的回報率終究要下降。所以，經濟發展新常態的一個重要政策含義，就是要適應經濟增長的減速。

其次，還存在着一種可能性，即為了提高資本勞動比所付出的代價大於經濟上的獲益，從而勞動生產率並沒有得到提高。在正常的市場環境下，生產要素價格不存在扭曲現象，我們可以預期投資者和企業，完全可以理性地把握資本替代勞動的分寸。但是，如果政府介入其中，就會出現資本配置偏離效率的情形。造成資本配置扭曲的政府所作所為，可能出於以下幾種不同的動機。

一是政府希望借助產業政策手段，鼓勵投資者探索新的動態比較優勢，因此，對一些行業和企業給予補貼。例如，許多地方政府確立了地方性的未來支柱產業或主導產業，並嘗試將其納入國家扶持的產業規劃中，通過財政補貼和優惠貸款營造低成本的投資環境。但是，正如私人投資者也會選擇失敗一樣，這種政府作出的選擇，並不註定符合動態比較優勢方向。

二是政府以為經濟增長減速原因在於需求側，嘗試實施寬鬆的貨幣政策和擴張性的財政政策，以刺激投資的方式拉動需求，因而形成流動性過剩的宏觀經濟政策環境，導致投融資成本缺乏約束。這種金融環境不僅鼓勵過度負債和投資，也不能起到優勝劣汰的作用，終究會導致不良投資（mal-investment）的產生，造成許多企業和行業的資本密集程度，高於比較優勢的正常要求，累積起金融風險。

三是政府不希望一些企業和行業就此消亡，試圖挽救其在競爭中的生存。政府選擇動態比較優勢的一個缺點在於，不同於單個的投資者，政府是不願意接受選擇失敗的。因此，對於那些在政府扶持下進行的投資（特別是大項目），或者對於那些政府格外關注的企業（如國有企業），即使出現了失誤，政府也不會任其被

市場無情淘汰。因此,這類投資和經營不善的企業俘獲了政府,反而繼續得到注資,直至成為無效產能和殭屍企業。

上述政策動機和政策舉措,都會產生人為壓低融資和投資成本,從而扭曲資本要素價格的效果。但是,這樣的政策又不可能是普惠的,必然會形成一種政府挑選贏家的實施方式。對於那些由於這樣或那樣原因,從中受惠的企業和投資者來說,資本勞動比的提高在財務上也是有利的。但是,這只是從微觀的層次上,就個體或部分企業和投資者而言,從經濟整體來看,並不必然匯總成勞動生產率的提高。

另一方面,選擇性地提供廉價的資本供給,其實也就意味着對其他企業、投資者和行業資本可得性的剝奪。給予一部分經濟活動參與者資本可得性優惠的融資環境,從另一個角度說,也就是對其他參與者的歧視性融資環境。受到保護的企業越是得到充足、低廉的信貸,小企業和創業者面臨的融資難、融資貴的問題越嚴峻,兩個現象如同一枚硬幣的兩面相伴而生。那些被忽視的潛在投資者和企業,由於不能得到同等的融資待遇,從而失去了公平的生產要素市場環境。

在一個產業結構調整劇烈進行的時期,新的比較優勢的把握和生產率的提高,往往靠千千萬萬中小型民營企業的風險投資,最終讓那些未來的產業和技術領先者,得以在一種創造性破壞的競爭中勝出。然而,扭曲資本配置的政策,註定要保護低效率投資和企業,抑制富有效率的投資活動和企業經營,甚至扼殺潛在的創新活動。

因此,如果不能形成這種創造性破壞機制,潛在的創新機會

就大幅度減少，整體經濟的生產率也就不能伴隨着資本勞動比的提高而提高。可見，資本勞動比的提高不是勞動生產率至善至美的途徑，更不是一個提高生產率的可持續源泉。

經歷了「失去的 30 年」的日本，在這方面可以為我們提供頗有借鑒意義的教訓。從 1990 年開始，日本的人口撫養比開始上升，意味着人口紅利迅速消失。日本經濟對此作出的反應，正是通過前述各種方式，開始了資本深化的過程，通過更多物質的資本投入顯著提高了資本勞動比。結果是，在日本經濟平均勞動生產率的提高中，資本深化的貢獻率從 1985-1991 年期間的 51%，大幅度地提高到 1991-2000 年的 94%，而同期全要素生產率的貢獻率則從 37% 直落到 -15%[8]。很多研究成果也表明，全要素生產率表現不良，是日本經濟停滯的一個重要原因。

其實，在關於中國經濟的研究中，也不乏這方面非常具有說服力的例子。眾所周知，國有經濟的融資條件，較之非國有經濟有着很大的優越性。而這種融資的區別待遇，恰恰造成了不同的生產率提高特點，從而不同的可持續性。根據一項計量分析[9]，1978-2007 年期間，在中國勞動生產率（勞均產出）的提高中，資本勞動比（勞均資本）和全要素生產率的貢獻率，在非國有經濟中分別為 26% 和 74%；而在國有經濟中則剛好相反，分別為 74% 和 26%。

8   Asian Productivity Organization, *APO Productivity Databook 2008*, Tokyo: The Asian Productivity Organization, 2008, p. 23.

9   L. Brandt and Xiaodong Zhu, "Accounting for China's Growth", *Working Paper*, No. 395, Department of Economics, University of Toronto, February 2010.

上述研究發現給我們的直接啟示是，在資本勞動比對提高勞動生產率貢獻很大，並且增長很快的情況下，通常導致全要素生產率相應貢獻的下降。換句話說，資本勞動比的過度提高，反而會妨礙了經濟整體的全要素生產率表現。因此，本意在於提高勞動生產率乃至保持經濟持續增長的資本深化，一旦超越合理的界限，其效果對於前者可能是南轅北轍，對於後者可能是欲速則不達。

6.4　全要素生產率

之所以許多人相信，隨着經濟發展水平的提高，一個國家經濟在總體上呈現資本勞動比提高的趨勢，與一個所謂「霍夫曼定律」的流傳有關。20 世紀 30 年代初，德國經濟學家霍夫曼（W. G. Hoffmann）根據工業化早期和中期的觀察發現，隨着工業化的推進，生產資本品的部門即重工業與生產消費品的部門即輕工業相比，前者傾向於以越來越快的速度增長。其結果自然就是，整個經濟的資本密集程度越來越高。

這個「定律」與早期的經濟增長理論也可以取得一致。例如，著名的「哈樂德—多馬模型」（Harrod-Domar model）認為，物質資本的積累是決定經濟增長的唯一引擎。索洛模型（Solow growth model）也講了同樣的道理。依照這種理論解釋各國經濟增長表現的差異，就會得出這樣的結論，那些資本積累不足的國家，終究

要落在資本積累速度更快的國家之後。所以，在發達國家，由於勞動力是短缺的，資本積累的結果必然是資本勞動比的提高。或者從結果來看，越是增長表現好的國家，越是具有更高的資本勞動比。

按照這樣的邏輯，傳統增長理論就具有了一個對後起國家的隱含政策建議，即國家應該不遺餘力地幫助社會形成一個臨界最小水平的資本積累率，進而，隨着經濟起飛社會自身不斷提高資本勞動比，以其作為提高勞動生產率的物質基礎。

然而，在經濟史上有很多經典的案例，否定了哈樂德—多馬的理論假說和霍夫曼的經驗證據。例如，計劃經濟時期的蘇聯、20世紀50年代開始工業化的中國和印度，都是明確提出實施重工業優先發展戰略的國家。而這種工業化戰略實施的結果，全都與政策初衷大相徑庭。直到這三個國家開始一系列經濟體制改革之前，在印度表現為工業發展的嚴重滯後，在蘇聯和中國則表現為重工業比重畸高，產業結構嚴重失衡。

新古典增長理論的代表人物羅伯特·索洛，雖然也重視資本積累的重要性，但是，從資本報酬遞減規律出發，發現了長期經濟增長的唯一源泉，在於經濟增長中一個不能為常規生產要素投入所解釋的部分，即全要素生產率。而這個生產率因素來自於技術進步、資源配置和體制創新等一系列改進。在佔據主流地位的新古典增長研究中，大量文獻從實證角度得出結論，全要素生產率可以在很大的程度上，解釋國家之間增長表現的差異。

經濟轉型之前的蘇聯和改革開放之前的中國，都表明沒有全要素生產率的提高，經濟增長最終難以為繼。例如，蘇聯在20世

紀 70 年代以後，中國在整個 1957-1978 年期間，全要素生產率都是負增長，經濟發展是不成功的。還有研究表明，1958-1978 年期間，中國的 GDP 年增長率為 3.9%，其中資本的貢獻為 2.3 個百分點，勞動力的貢獻為 2.1 個百分點，全要素生產率則抵銷了要素投入的貢獻，其對經濟增長的貢獻率為 -0.6 個百分點 [10]。

其實，不僅過去實行計劃經濟體制的國家，以及始終沒有擺脫中等收入陷阱的發展中國家，以慘痛的失敗教訓，證明了是生產率而不是資本積累，才是經濟增長的不竭源泉、趕超的關鍵，而且發達國家在這方面也有着豐富的正面和反面素材。

一個反面教材便是 1990 年之後的日本經濟。日本經濟學家林文夫和美國經濟學家普萊斯考特，在研究日本第一個「失去的十年」時發現，日本經濟的停滯原因不是企業得不到資金，也不是金融體制的問題，或者人們普遍認為的其他因素，歸根結底是全要素生產率增長表現差。而全要素生產率表現不佳的原因是，政府對低效率企業和衰落的產業進行補貼，造成低效率企業的產出份額過高，而有利於提高生產率的投資和生產活動減少 [11]。

新加坡則是一個正面的案例。我們已經談到過由克魯格曼發起的質疑新加坡經濟增長可持續性的著名公案。在經濟研究中，圍繞這一爭論所進行的經驗研究結果大相徑庭，使得人們一度懷疑全要素生產率這個概念，能否成為一個在經驗上可以確認的標

10　德懷特·帕金斯：〈從歷史和國際的視角看中國的經濟增長〉，《經濟學（季刊）》，2005 年第 4 卷、第 4 期。

11　Fumio Hayashi and Edward C. Prescott, "The 1990s in Japan: A Lost Decade", *Review of Economic Dynamics*, Volume 5, Issue 1, 2002, pp. 206-235.

準。不過，這場辯論也讓新加坡的領導人懂得了這個頗為學術化的經濟學概念，及其對於經濟增長可持續性的重要性，因此設下了全要素生產率每年提高 2% 的國家目標[12]。或許也正因為如此，新加坡後來的經濟增長表現繼續引人注目，成為創新驅動的典範。諸如全球競爭力、全球創新指數等各種指標，新加坡目前都高踞世界前位，遠遠領先於亞洲最發達的國家日本。

有趣的是，索洛和路易斯的文章都發表於 20 世紀 50 年代，前者的理論長盛不衰，至今仍是增長理論的主流，後者的理論似乎曇花一現，較早就退出了主流地位[13]。然而，新古典增長理論卻並沒有成為防止經濟政策在各類國家接連不斷失誤的不二法門。除去政策選擇因時因地受到諸多因素的影響之外，新古典增長理論的失敗之處，在於其理論模型的封閉性。

世界範圍經濟增長的經驗表明，各國全要素生產率的表現和實現形式，歸根結底與發展階段、資源配置機制和經濟政策有關。而在新古典增長理論那裏，許多這樣的重要因素被處理成外生變數了。更大的不足是，主流增長理論忽略了發展中國家所具有的二元經濟特徵，而勞動力無限供給特徵恰恰可以打破資本報酬遞減律，並通過勞動力重新配置獲得生產率的改進。

於是，更加符合發展中國家實際情況的理論，在過去幾十年中沒有能夠產生積極影響政策的效果。或許，新古典增長理論的

---

12 Jesus Felipe, "Total Factor Productivity Growth in East Asia: A Critical Survey", *EDRC Report Series*, No.65, 1997, Asian Development Bank, Manila, Philippines, p. 27.

13 Gustav Ranis, "Arthur Lewis' Contribution to Development Thinking and Policy", *Yale University Economic Growth Center Discussion Paper*, No. 891, 2004.

始作俑者，認為生產率的提高是企業的事情，經濟學家的職責就是為現實提供一個最富有解釋力的框架而已，因此，本來就沒有打算指導政策制定及實施。

這種理念也有其合理性。全要素生產率在統計上只是一個殘差項，籠而統之地把要素投入不能解釋的增長源泉歸結在一塊兒。所以，僅僅懂得這個理論，並不能使人們知道如何才能提高全要素生產率。特別是，這種生產率的提高，其實是千千萬萬生產者經歷競爭，進而優勝劣汰的結果，無論是多麼熱衷於推動經濟發展的政府，終究是愛莫能助。

即便如此，如果佔主流地位的增長理論家能夠給予路易斯理論更多的尊重和關注，使自己的理論更加開放和包容，本可以形成一個更具解釋力的增長理論分析框架。用二元經濟發展和向市場經濟轉型的特殊經驗，豐富和充實新古典增長理論，形成一個理論上更具一致性、實踐上更貼近中國國情的分析框架，不僅可以幫助我們更好地認識中國經濟經歷的變遷、面臨的挑戰和未來的任務，避免認識上的混亂、理論上的失語和政策上的失誤，因而能夠以中國經驗和理論對主流增長理論作出貢獻。

迄今為止的中國經濟發展，既可以被看做是一個獨樹一幟的成功經驗，也可以作為亞洲奇跡的一個重要組成部分。其他亞洲國家和地區的經濟發展，既提供了世界上為數不多的成功跨過中等收入階段，成為高收入經濟體的經驗，也不乏落入中等收入陷阱的反面典型。此外，還有如日本這樣的高收入國家陷入經濟停滯的警示和教訓。

後起國家在經濟發展中具有的一個後發優勢，便是面對着相

當豐富的成功經驗和失敗教訓可資借鑒。開放地運用各種經濟理論,辯證地總結各種經濟政策的利弊得失,深刻認識中國經濟的特殊性,有助於幫助我們在變化了的發展階段上,實現中國經濟可持續增長動力的轉換。黨的十九大報告提出了提高全要素生產率的明確要求。作為執政黨全國代表大會的政治報告,把這個學術用語寫入其中,標誌着黨中央對中國經濟未來增長動力所在,以及如何發動有着極其準確的把握。

第七章

超越人口紅利

人口紅利來自於人口結構特別是年齡結構的特殊屬性，這類屬性可以使經濟增長獲得額外的有利因素，支撐較高的潛在增長率。一旦具備了充分的條件，這種潛在增長能力便得以轉化為實際高速增長。在簡化的情況下，我們可以看到，勞動年齡人口增長率，或者其另一種表現——人口撫養比，可以作為高度概括的指標，其特殊屬性可以反映在勞動力供給、人力資本積累、儲蓄率、投資回報率和生產率等方面的優勢或者劣勢。因此，我們把勞動年齡人口到達峰值，或者撫養比從下降到上升的轉捩點，作為人口紅利消失的標誌。

誠然，我們需要認識到，作為人口轉變規律的必然結果，人口紅利終究要消失，長期經濟增長必然要尋找更可持續的增長源泉。但是，如果能夠在挖掘勞動力潛力和改變撫養比的構成因素上做文章，即通過更充分的就業、勞動力重新配置和更好的人力資本積累，把數量減少的勞動年齡人口變得更富有生產性；或者更長期來看，通過調整生育政策，在未來的某個時間裏產生延緩老齡化進程的效果，不啻是一種延續人口紅利的有益嘗試。由於這種挖掘潛力的機會有賴於改革，所以，尤其是這些相應的做法是延續人口紅利，不如說超越人口紅利或開啟改革紅利。

7.1 未來的就業挑戰

在很多年裏，年度經濟增長速度「保八」即政府制訂 GDP 增長率不低於 8%，似乎成了一個經久不變的規律。1998 年中國遭遇到亞洲金融危機的衝擊，時任國務院總理朱鎔基要求政府實施必要的政策，保證不低於 8% 的增長率。2009 年面對全球性金融危機對中國實體經濟的衝擊，當時的國務院總理溫家寶也提出了「保八」的要求。那時，溫總理從有關部門得到的資訊是，每年需要創造 2400 萬個非農就業崗位，才不會造成嚴重的失業問題。

一個值得注意的現象是，自中國進入第十個五年計劃期間 (2001-2005 年) 以後，歷次五年規劃所提出的預期經濟增長速度都並不高，如「十五」為 7% 左右，「十一五」為 7.5%，「十二五」為 7%，「十三五」是不低於 6.5%。但是，根據「十五」和「十一五」的執行過程看，政府仍然希望超過這個預期目標，特定年度專門提出「保八」的要求就反映了這一點。然而，「十二五」的增長速度預期是按照更低的目標所制訂，而且沒有在遭遇困難時硬性「保八」。例如，2012 年的年度增長率目標就是 7.5%。而且事實上，自 2012 年實際增長速度降到 7.7% 以後，GDP 增長率每年都有所下行。

應該說，中央政府做出的對增長率預期的變化是符合經濟規律的，即經濟發展進入新常態的表現特點之一，就是經濟增長的下行趨勢。直到「十二五」時期之前，中國得益於人口紅利，始終具有較高的潛在增長率，並且總體上高於計劃的增長率目標。不

193

過，在「十一五」時期，實際增長率已經出現超越潛在增長率的趨勢。而從「十二五」時期開始，潛在增長率顯著下降，如果延續以往的實際增長率，必然造成巨大的負增長缺口。換句話說，此前的經濟增長率目標仍有向潛在增長能力靠近的空間，而此後增長率目標已經與潛在增長能力相當接近了（可參見圖 5-4）。

雖然「十二五」預期的增長率目標是 7%，實際上政府在執行中仍然希望超過這個目標。根據我們的測算，這五年平均的潛在增長率預測值為 7.55%，因此，最終實現的 7.8% 的實際增長率仍然略高於潛在增長率，自然不會造成週期性失業。事實上，這些年的城鎮登記失業率和調查失業率都保持穩定，資料顯示的城市公共就業服務市場上的崗位數與求職者人數比率（亦稱求人倍率）大於 1，並且處於上升趨勢中，全國大部分省、直轄市和自治區都提高了最低工資標準，提高幅度也很大。這個趨勢也持續到「十三五」期間至今。

更具有轉折性質的變化，則是從人口資料我們可以看到，15-59 歲勞動年齡人口在 2010 年達到峰值，此後進入負增長時期，每年絕對減少數百萬，預計在 2010-2020 年期間將累計減少 2934 萬人。即便考慮到勞動參與率的情況，同一年齡的經濟活動人口（勞動年齡人口乘以勞動參與率）也於 2017 年達到峰值，隨後轉入負增長，意味着中國的勞動力供給開始絕對減少。

與此同時，經濟保持中高速增長，特別是城鎮非農產業的擴張，仍在創造着對勞動力的強勁需求。例如，城鎮就業總規模從 2010 年的 3.47 億增加到 2016 年的 4.14 億，年平均增加 3%。如果我們把這個數量及其變化看作勞動力需求因素，而把勞動年齡

人口或經濟活動人口變化看作勞動力供給因素的話，勞動力供求關係已經發生了巨大的變化或者説根本性的逆轉。

長期以來，我們不斷地提醒自己或告知別人，人口總量和勞動力規模巨大，是中國最突出、最大的國情，勞動力市場將長期處於勞動力供給大於需求的狀態。這種邏輯和政策傾向仍在繼續，很大程度上沒有因現實的變化而做出應有的調整。從一定程度上説，這種強調意在提醒政府和社會不要忽視就業的優先地位。在一段時間內，為了防止出現對就業問題的忽視，否認勞動力市場供求關係的變化，似乎成為善意的謊言。但是，這個曠日持久的國情和狀態，隨着 2004 年路易斯轉捩點以及 2010 年人口紅利轉捩點的到達，不以人們意志為轉移地發生了根本性的變化。承認這個變化，一方面並不意味着對中國的就業問題從此高枕無憂，另一方面更加有助於我們辨識和迎接新的勞動力市場挑戰。

我們只需看一個簡單的現象，就可以發現上述與政策有關的傳統思維，在邏輯上是説不通的。那就是口頭或文檔標明的政策優先序，並不必然保證實際的政策效果。在很長時間裏，就業在政府的政策優先序中的地位，在那些處於勞動力短缺常態的發達市場經濟國家，比在勞動力無限供給的中國還要高許多。例如，在很長的時間裏，西方國家的中央銀行大多把「高度就業」排在貨幣政策基本目標之首，其他目標依序為經濟增長、物價穩定、利率穩定、金融市場穩定和外匯市場穩定等。但是，在很長時間裏，就業並沒有反映在中國的宏觀經濟政策目標中。

在很長時間裏，成熟市場經濟的宏觀經濟政策目標長期鎖定

就業，而發展中國家則着眼於促進經濟增長，進而通過創造更多崗位帶動就業。然而，因凱恩斯主義的衰落和貨幣主義的興起，在過去幾十年的時間裏，無論在發達國家還是在發展中國家，這個宏觀經濟政策傳統都發生了巨大的變化，變得越來越單一地關注於價格穩定，在一些國家甚至乾脆接受了通貨膨脹目標制，在許多遭遇過債務危機的國家則被作為「華盛頓共識」的一條原則，體現在接受國際貨幣基金組織和世界銀行貸款的條件中。

這種政策目標的偏離所依據的假設前提是，只要實現了價格穩定，經濟增長和充分就業都會作為結果自然而然地達到。然而，這種單一宏觀經濟政策目標，被證明是基於錯誤的假設前提，即事實上，充分就業和經濟增長並不會在價格穩定之後自動實現。發達國家和發展中國家的經驗表明這種政策轉向，造成了惡劣的後果，而對發展中國家的危害尤其明顯[1]。

自進入 21 世紀以來，中國宏觀經濟政策對於就業的關注，卻走過了一條與許多西方國家相反的路徑。為了應對 20 世紀 90 年代末的嚴峻就業局面，保障基本民生，中國政府着手實施積極的就業政策，推出了一系列促進就業和再就業的政策手段。2002 年中國共產黨十六大的報告提出實行促進就業的長期戰略和政策，並將促進經濟增長、增加就業、穩定物價和保持國際收支平衡列為宏觀調控的主要目標。中央對於就業的表述，逐漸從要求把擴大就業放在經濟社會發展更加突出的位置，提高到實施就業優先

1　Deepak Nayyar, "Rethinking Macroeconomic Policies for Development", *Brazilian Journal of Political Economy*, Vol. 31, No. 3, pp. 339-351, 2011.

發展戰略和積極就業政策。

也正是因為有了這個對就業的高度重視和積極的就業政策，特別是在這個政策框架下發育勞動力市場，促進城鄉就業擴大和勞動力資源重新配置，中國才能發揮比較優勢實現高速經濟增長，在較短的時間內相繼經過了路易斯轉捩點和人口紅利消失轉捩點，實現了經濟發展階段的跨越。

不過，應該看到的是，在不同的經濟發展階段，就業問題的性質不盡相同，政策類型也應該發生變化。中國共產黨的十九大報告特別強調了注重解決結構性就業矛盾。中國經濟在跨越了路易斯轉捩點、喪失了人口紅利之後，就開始從一個典型的二元經濟發展過程，逐漸向新古典增長階段轉變。相應地，勞動力市場也開始經歷一個從二元結構向新古典類型的加快過渡，面臨的就業矛盾越來越不是總量性的，而是結構性和摩擦性的。

也就是說，在保持適度經濟增長速度創造就業崗位的同時，應對產業結構變化與勞動者技能之間不匹配產生的結構性失業問題，以及勞動者在就業市場上求職期間的摩擦性失業問題，越來越成為就業政策的重點。正如中國社會所普遍關注的，中國就業問題主要集中在三個羣體身上：進城農民工、城鎮就業困難人員和高校畢業生。我們可以從這三個羣體，看結構性和摩擦性的就業困難和自然失業問題。

目前官方的城鎮就業統計雖然從主要涵蓋城鎮戶籍人口的就業，逐漸把進城務工的農村勞動力也納入進來，但是，仍有很大一部分外來農民工被城鎮就業統計所遺漏。如果進行一定處理從而把穩定就業的農民工全部算在內的話，2015 年城鎮實際就業人

員總量有 4.24 億，這個數字高於統計年鑒的數字，其中約 39.7%
為進入城鎮 6 個月以上的農民工。也就是說農民工已經是城鎮就
業的主體，其增量緩解了城鎮就業實際發生的負增長現象。

從 2011 年進行的調查看，農民工的平均受教育年限是 9.6
年。這個人力資本狀況使他們恰好適應於第二產業的勞動密集型
崗位（要求勞動者有 9.1 年的受教育年限），以及第三產業的勞動
密集型崗位（要求 9.6 年的受教育年限）。但是，中國經濟變化的
趨勢是，經濟增長速度減慢而產業結構調整速度加快。按照崗位
對人力資本的要求，即第二產業的資本密集型崗位 10.4 年，第三
產業的技術密集型崗位 13.3 年，農民工的受教育程度，尚不足以
支撐他們轉向這些新崗位。

在經歷了路易斯轉捩點，出現勞動力短缺現象，並且普通勞
動者工資提高速度很快的情況下，20 世紀 80 年代以後出生的新
生代農民工，似乎不解就業困難的愁滋味，越來越多地在初中畢
業之後不願意升學，高跳槽率也意味着放棄了許多在職培訓的機
會。更有甚者，許多農村青少年甚至未完成義務教育就急於外出
打工。但是，勞動力市場的這個黃金時光並不會延續長久。那些
人力資本不能適應未來勞動力市場對技能需求的農民工，就會遇
到結構性失業的困擾。

傳統上，「有來有去」或候鳥式的勞動力遷移模式，是一種解
決農民工失業的手段。但是，隨着農業生產方式的變革，勞動節
約型農業機械化加快推進，相應加速了勞動生產率的提高，農業
已經難以執行剩餘勞動力蓄水池的功能，勞動力遷移越來越是單
向的，這一手段在今後不再奏效。20 世紀 80 年代以後出生的新

生代農民工已經成為農民工的主體，根據 2010 年的調查，他們中有 33% 在 16 歲以前生活在各級城鎮而不是農村，有 38% 是在各級城鎮上的小學。可以說，他們大多從未有務農經歷，更沒有回到農村務農的意願。

防止未來農民工面對就業風險的根本方法，在於提高他們的人力資本，使其具備與產業結構優化升級相適應的技能更新。一方面，鑒於農民工迄今為止是一個不斷地被新成長勞動力所更新的群體，創造良好的制度條件，使新成長勞動力在進入勞動力市場之前，儘可能多地接受普通教育和職業教育，應該成為政策應對的關鍵點。另一方面，按照中國共產黨的十九大要求，破除妨礙勞動力、人才社會性流動的體制機制弊端，推進農業轉移勞動力市民化，實現包括人力資本培養在內的基本公共服務均等化，是更為根本的途徑。

與農民工的情況相反，具有城鎮戶籍的勞動者群體，已經出現明顯的老年化趨勢。實際上，如果沒有農村勞動力的大規模流入，不僅城鎮勞動力需求得不到滿足，城鎮勞動力的年齡會比實際顯示的要老化很多。例如，根據第六次人口普查資料，在 2010 年城鎮常住的 15-59 歲勞動年齡人口中，20-29 歲組的比重，外來人口為 35.0%，本地戶籍人口為 21.6%；而 50-59 歲組的比重，外來人口為 7.2%，本地戶籍人口高達 19.3%（圖 7-1）。

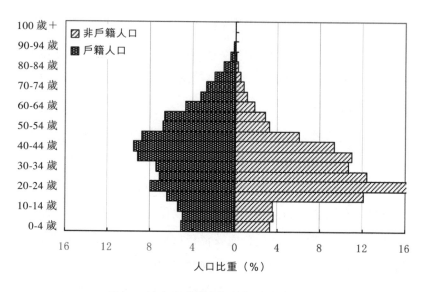

圖 7-1 城市常住勞動年齡人口年齡構成

資料來源：國務院人口普查辦公室、國家統計局人口和就業統計司編《2010 年人口普
查資料》，中國統計出版社，2012 年。

因此，具有城鎮戶口的勞動力中，有一個較大比例的人羣，人力資本積累明顯不足，表現在年齡偏大和受教育程度較低，難以適應產業結構調整對技能的更高要求，更不能適應未來延遲退休年齡的需要。這部分勞動者中的一部分人，已經被政府識別為城鎮就業困難人員，作為重點扶助的目標人羣。實際上，城鎮勞動者的這種人口構成特點，決定了總是有一個相對穩定的羣體，經常處於結構性和摩擦性失業狀態，形成典型的自然失業。而且，隨着人口老齡化程度的提高，這個人羣的比重有可能增大。

估算表明，2000 年以來，中國城鎮自然失業率大約為 4.0%-4.1%，與多年以來的城鎮登記失業率基本一致。我們可以從圖 7-2 看到各種失業率的變化及其相互之間的關係。眾所周知，城鎮登

記失業的統計物件僅為具有本地戶籍的城市居民,而不包括外來農民工。也就是說,從失業率數字的這個特徵看,具有城鎮戶口的本地勞動者就業具有正規性,因而僅僅承受結構性和摩擦性的自然失業。然而,從圖 7-2 中顯示的調查失業率變化趨勢來看,實際上週期性失業現象仍然不時發生,因此顯而易見的是,農民工成為週期性失業的唯一承受者。伴隨着宏觀經濟的週期性波動,農民工返鄉與民工荒反覆交替出現的現象,就可以證明這個結論。

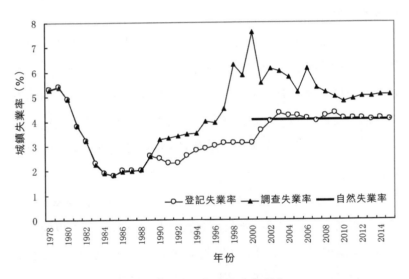

圖 7-2 中國城鎮失業率的變化

資料來源:國家統計局《中國統計年鑒 2016》;都陽、陸暘《中國的自然失業率水平及其含義》,《世界經濟》2011 年第 4 期;相關媒體報導。

至於説到城鎮勞動者面對的自然失業風險，還要提到這個羣體人力資本構成的一個特點。由於 20 世紀 90 年代以來中國教育發展成就顯著，異常迅速地增加了新成長勞動力的受教育年限，中國勞動年齡人口的人力資本分佈特點是，年齡越大受教育年限越少。由於城鎮勞動力年齡偏大，所以人力資本不足人羣的比重也較大。在產業結構變化十分迅速的條件下，很大一部分勞動者難以符合勞動力市場對技能的要求，很容易陷入結構性失業狀態。這同時也是這個羣體不情願接受延遲退休年齡政策的一個很現實的理由。

　　大學畢業生就業難以及他們的工資與低端勞動者趨同，越來越成為社會普遍關注的現象，並且成為一些質疑者批評大學擴大招生的依據。應該説，高校擴招之後所發生的變化是急劇的和根本性的，使得人們未能充分理解和良好應對，也屬不可避免。這個根本性變化就是，在極短的時間裏，中國便進入了高等教育大眾化階段。

　　早在 1973 年，一位美國學者馬丁·特羅（Martin Trow）提出了高等教育大眾化理論，指出高等教育毛入學率在 15% 以內為精英教育階段；在 15%-50% 之間為高等教育大眾化階段；在 50% 以上為高等教育普及階段。按照這一理論，在 2002 年即在擴招的第三年，中國便進入高等教育大眾化階段。在高等教育進入大眾化階段之後，大學畢業生就業的一些規律性逐漸顯現出來，認識不到的話則會誤導輿論和政策。

　　勞動經濟學研究表明，受教育程度越高，特別是接受過大學本科以上教育之後，尋職者實現與勞動力市場的匹配，所需要的

時間就越長。也就是説，大學畢業生要找到理想的工作，需要花費較多的尋找和轉換時間。因此，單純用大學畢業幾個月之後的就業率，以及畢業生的起薪水平進行判斷，並不能得出關於這個羣體人力資本優劣或者是否有用的正確結論。

而且，就現實勞動力市場行為而言，在經歷了相對長的尋職時間並實現初次就業之後，具有較高學歷的勞動者，或者職業提升的速度更快一些，或者仍然會處在繼續尋職的過程中。也就是説，較優越的人力資本條件也給予他們更多的機會，通過時間的積累或者工作崗位的轉換，獲得更好的職業發展，從而最終處於勞動力市場的有利地位。

人們一定會問，勞動力市場和政府的積極就業政策，究竟能夠為大學畢業生的就業做些甚麼。毋庸置疑，勞動力市場信號對於引導各當事人的行為是至關重要的。設想如果沒有 20 世紀 90 年代末出現的失業、下崗現象，從而激勵勞動者通過改變就業預期和就業技能，通過勞動力市場實現就業和再就業，城鎮勞動力資源的配置至今也不能建立在市場機制上面。對於大學畢業生的就業也是一樣，一定程度的結構性失業，對於這個勞動者羣體調整預期和尋職行為也是必要的。

近年來，城市勞動力市場供求狀況顯示了一個看似矛盾的現象。一方面，具有專科和本科學歷的勞動者，常常不如具有職業高中、技工學校和高中學歷的勞動者受歡迎。有時，高校畢業生的就業狀況甚至不如初中畢業生。另一方面，勞動力市場對於持有較高級職業資格證書或者較高級專業技術職務的勞動者，有着十分強烈的需求，而僅僅持有初級職業資格證書或者低級專業技

術職務的勞動者，則相對不受歡迎。

這無疑意味着，勞動者的人力資本並非沒有用處，問題在於勞動力市場或用人單位以甚麼標識來判斷人力資本。勞動經濟學中有一個「羊皮紙效應」的說法。其意思是說，僱主關心的是求職者是否與崗位相稱，其實並不關心其學歷，只不過在沒有其他可以用來事前判斷求職者能力的客觀標準的情況下，把學歷（古代歐洲以羊皮紙製作學位證書）當作一個代理性的標準。如果學歷所顯示的受教育程度，在實際生活中表現還不如職業資格或專業技術職務更好顯示技能水平和稱職程度，或者學歷並沒有能夠轉化為勞動力市場所需的就業技能，僱主們就更加看重資格而不是學歷。

這種信號就是勞動力市場傳遞的資訊，一方面向辦學者和求學者提出了如何把學歷與技能一致起來的命題，給改革和調整高等教育體制提出了諸多課題，另一方面對於政府職能的發揮也是必要的引導信號，豐富了政府實施積極就業政策的內涵。高校畢業生面臨的結構性就業困難，固然需要勞動力市場功能和政府的公共就業服務予以解決，但是，專業和課程設置不當、與市場需求脫節，以及教學質量低等問題，也可能加強大學畢業生面臨的結構性就業困難。這些都為政府積極就業政策提出新的挑戰。

不過，無論是上述大學畢業生就業難的現象，還是勞動力市場釋放出關於這個羣體就業狀況的信號，顯然都不能成為減緩高等教育發展速度的理由。來自各國經濟發展的經驗和教訓，都不能支持教育可能過度發展的說法；相反，幾乎在所有的情形下，人力資本都是克服結構性和摩擦性就業困難，幫助創業和就業的制勝法寶。

7.2 教育可能過度嗎？

在 20 世紀 80 年代以來的時期，中國的教育發展成就可圈可點，不僅鞏固了以往的教育成果，而且通過普及九年制義務教育和高等教育擴大招生，實現了教育的大幅度躍升。2016 年，學前三年毛入園率達到 77.4%，小學淨入學率達到 99.9%，初中階段毛入學率達到 104.0%；九年義務教育鞏固率為 93.4%，高中階段毛入學率達到 87.5%，高等教育毛入學率達到 42.7%，教育發展指標整體超過了中等偏上收入國家的平均水平。這一教育發展成果，通過改革開放被轉化為不斷增強的勞動者人力資本，成為中國經濟創造增長奇跡的一個重要貢獻因素。

粗略地我們可以把每年各級學校畢業未升學的青少年，看作是該級教育水平的新成長勞動力。而每年新增人力資本，則取決於教育發展和人口增量這樣兩個因素。在新成長勞動力中，僅具有小學畢業程度的人口比重，在 20 世紀 80 年代中期以後顯著下降；相應地，初中畢業生比重大幅度提高，在 90 年代以後尤其突出；而自從 21 世紀初以來的前十年，高校畢業生比重迅速提高，繼而高中畢業生的比重也提高了。

然而，進入 21 世紀第二個十年以來，以及進一步預測到 2020 年（圖 7-3），我們卻可以看到人力資本改善速度具有的放慢趨勢。這個變化首先是人口轉變的後果。由於新成長勞動力的受教育程度高於勞動力存量，長期以來中國人口人力資本的改善，在很大程度上是靠新成長勞動力的不斷進入造成的。因此，隨着

勞動年齡人口進入負增長階段，新成長勞動力的逐年減少，必然使得數量因素造成的新成長人力資本負面效應，開始大於新成長勞動力受教育年限更高的正面效應，導致新成長人力資本遞減。

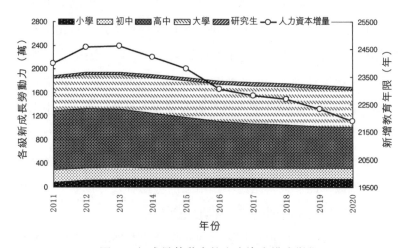

圖 7-3 新成長勞動力的人力資本構成變化

資料來源：根據國家統計局《中國統計年鑒》相應年份計算。

　　進一步看，中國教育發展和人力資本積累的良好勢頭，也不一定會自然而然地延續下去。迄今為止，教育發展主要得益於兩個突出的政策效應，即普及九年制義務教育和高等學校擴大招生產生的積極效果。然而，教育發展的不可持續性，一方面表現為這兩項政策本身面臨着新的挑戰，另一方面表現為在如何實現教育發展新突破上面尚未取得應有的政策共識。

　　普及義務教育的政府努力正式啟動於 1985 年。雖然由於產生過一定的消極因素，如為了達標而造成鄉村的過度負債，一度出現不同觀點之間的爭論，最終，事實證明這是一項具有遠見性

的政策，對於中國人力資本積累的積極效果十分顯著。然而，隨着小學和初中入學率已經很高，目前已經顯現出政策效應遞減的趨勢，即總體來說，義務教育不再能夠對於明顯提高人口受教育年限作出很大的貢獻。

高校擴招始於 1999 年，初衷是延緩青少年進入勞動力市場的時間，以緩解當時的就業壓力。出乎意料的效果，則是中國高等教育由此進入大眾化階段。一年內高校畢業生人數，從 1999 年的 85 萬，躍升到 2012 年的 680 萬。高校擴招還有一個意料之中的附帶效應，那就是拉動了高中入學率的提高，兩者共同增加了新成長勞動力的受教育年限。

正像許多其他國家和地區都出現過的，高等教育的大眾化，往往伴隨着畢業生就業難和工資相對降低等現象，這種情況在中國也發生了。這一度導致形成一股批評浪潮，認為擴招帶有某種盲目性。雖然這種批評並未正式得到認同，事實上在政策上的確開始變得謹慎，2008 年之後招生數量的增長速度顯著減緩。例如，普通大學本科和專科招生人數的增長率，從 2008 年的 7.4% 下降到 2010 年的 3.5%，進而下降到 2016 年的 1.5%。當然，這個下降趨勢也不排除有人口結構變化的影響。

在上述政策出現邊際效應遞減的情況下，人們寄希望於國家財政對教育支出的大幅度提高。早在 1993 年發佈的《中國教育改革和發展綱要》，就提出了國家財政性教育經費支出佔 GDP 比例達到 4% 的目標，直至 2012 年才終於實現。但是，這個數字足以解決中國教育發展的可持續性問題嗎？在回答這個問題之前，我們需要先來弄清楚，現實中有哪些因素已現端倪，並可能在未來

阻礙中國教育的進一步發展。

在許多人的頭腦裏，存在着教育可能過度發展的擔憂。當然，正是由於勞動力市場上出現了大學畢業生就業難的問題，人們才會做這種猜測：是不是我們本來不應該如此大規模地擴大高等教育？從經濟學的角度，也就是說，根據人力資本回報率來判斷高校擴招是否盲目，或者回答過去十多年高等教育的大眾化進程導致教育過度的問題，是簡單且直截了當的。這方面，無論是使用擴招前的資料還是擴招後的資料，計量經濟學研究都表明，高等教育比較低教育階段的回報率更高。

在這些研究中，使用擴招後資料所得出的結論更有意義，因為擴招之前由於大學畢業生比重很低，物以稀為貴，得到較高的勞動力市場回報是在情理之中的；而如果在擴招之後，高等教育仍然得到更高的回報率，則意味着這個擴招是符合勞動力市場需求的。例如，李宏彬發現，在 1999 年高校擴招之後，擁有大學專科以上文憑的僱員，平均工資高於高中畢業生僱員的幅度繼續提高，2009 年達到 49% 之高 [2]。

我們還有必要跳出即時回報率這種功利的考慮，從更長遠的視角回答：我們為甚麼需要高等教育的大力發展。據說英國前首相戴卓爾夫人曾經說過一句話：我們不需要擔心中國，因為這是一個只能製造洗衣機和電冰箱，而不能創造思想的國家。對於國人廣泛引述這句話，也有人頗不以為然，認為這種說法不符合中

2　李宏彬：《中國的教育回報率》，華爾街日報中文網 2012 年 10 月 18 日，轉引自中國社會科學網，http://www.cssn.cn/news/564656.htm。

國擁有燦爛文化遺產，並在改革開放時期繼續取得文化繁榮成就的事實。

的確，我們對待老祖宗創造的文化遺產，以及中國人民從站起來到富起來，再到強起來的偉大飛躍，絕不應該採取妄自菲薄或者虛無主義的態度。何況，中國科技論文數量和質量的躍升、註冊專利數量進入世界前茅、研究開發投入規模的迅速趕超、中學生在國際學生測評中的優異表現、科學家屠呦呦和作家莫言獲得諾貝爾獎，這諸種表現不過展示了中華民族創造力的滄海一粟，確實值得為之驕傲。不過，我們也不妨從以下角度，考慮對待諸如戴卓爾夫人式的批評，應該採取怎樣的態度。

中國古訓中的「兼聽則明」，應該兼及外國人。何況在國際比較方面，外國人的哪怕是膚淺的觀感，也是一種參照系。一概嗤之以鼻，不符合中國應有的大國心態。新加坡是個小國，當 20 多年前一些著名的經濟學家羣起批評其經濟增長模式，認為其高速增長只是生產要素積累的結果，而缺乏技術進步推動的全要素生產率的改善時，領導人也的確頗感沒面子。但是，他們還是採取了「寧可信其有」的態度，為全要素生產率的提高設立了國家目標。多年來，新加坡在全球競爭力指數的排名上名列前茅，位次年年攀升，與這種兼聽則明的態度應該不無關係。

著名的「錢學森之問」表明，受體制制約因而缺乏創造力，的確是中國的現實。著名科學家錢學森直至去世之前，在病榻上仍然思考着，為甚麼我們的大學不能按照培養科學技術發明創造人才的模式去辦學，沒有自己獨特的創新的東西，老是「冒」不出傑出人才。許多有識之士都嘗試給出自己對「錢學森之問」的答案，

都從不同角度切中問題的核心。至少有一點原因在於：中國的大學尚未成為一個創意的市場。

市場，在這裏代表的是一個舞台或者平台，思想或者創造力藉此得到孕育、誕生、哺育、激勵和成長。中國歷史上一位著名的大學校長梅貽琦曾經說過，所謂大學者，非謂有大樓之謂也……然而，任何人談起大學又不能離開「校園」這個詞。這就是說，正如市場的核心不是其場所，而是其貨品的交易與流動意義，大學的核心不是其硬體，而是其激發創意和交流創意的氛圍。因此很明顯，大學的健康且快速的發展，是產生一個創意市場的前提。中國的大學體制固然存在諸多的問題，需要通過全面的改革予以解決，但絕不應該成為因噎廢食的理由。

凡事預則立，為了防止真有高等教育過度的情況發生，一個有效且有益的辦法就是，從現在開始，我們逐步讓家庭承擔更多的大學教育支出。我們之所以要對人力資本或教育投資，是因為這種投資帶來回報。這個回報又可以區分為私人回報和社會回報。前者體現為對人力資本進行投資的家庭和個人，最終通過就業和創業得到的市場回報，後者則恰好是所謂教育的正外部性，即家庭和個人未能得到的人力資本回報，表現為社會整體效率的提高、交易費用的降低、投資和教育環境的改善。

教育經濟學的一個重要發現是，如果把教育的社會回報率由高到低排列的話，依次是學前教育、基礎教育、較高階段的普通教育、職業教育和培訓。相應地，教育的私人回報率應該具有與之相反的排序。很顯然，私人回報率高的領域，則應該更多地引導家庭和個人的投資，而社會回報率高的領域，適合由政府更多埋單。

說到政府對教育埋單，我們面臨的問題就是，當公共教育投入達到 GDP 的一個較大比率，公共教育投入的總規模也較大的情況下，這筆寶貴的資源應該如何配置，才可以達到最有效率。

我們先來看一種可能的不合理情形。從 2012 年開始，政府財政對教育的投入佔 GDP 的比率基本保持在 4% 以上。設想一下，這個公共教育支出比率如果依樣畫葫蘆般地被落實到每一級政府，會意味着甚麼。拿銀行等金融機構的總部所在地，因而集中了全國 GDP 一個很大比重的北京市西城區，與不發達省份貴州省最窮的城市六盤水市相比，常住人口人均享有的公共教育支出，前者至少會是後者的十幾倍。這樣的公共投入差別能否做到既公平又有效率，答案應該是不言自明的。

我們再來看各級教育階段的情況。根據教育部的統計資料，2016 年學前教育在園人數為 1922 萬，尚有 561 萬沒有機會入園；義務教育在校生為 1.4 億，假設全部適齡人口都在讀（其實不儘然）；高中階段在校生 2887 萬，尚有 412 萬人沒有進入該階段；大學本科和專科在校生 3280 萬人，尚有高達 4402 萬人未上大學。公共教育投入在這不同階段上的投入比例如何，顯然具有截然不同的社會回報效果。

此外，2016 年全國有 5.9 億人口生活在農村，7.9 億人被定義為城鎮化常住人口，後者中有大約 1.69 億為農村進城打工人員即農民工。農民工的子女很大部分處在義務教育階段，分別成為留守兒童或流動兒童。包括留守兒童在內的農村孩子、進城的農民工隨遷子女，以及城鎮戶籍孩子，分別又是如何享受這個相當於 GDP 總規模 4% 的公共教育支出呢？

讓我們再回到經濟學的基礎理論上來。經濟增長的不竭源泉是生產率的提高，而提高生產率的重要途徑是按照最有效率的方式配置資源。諾貝爾經濟學獎獲得者詹姆斯·海克曼於 2003 年指出，中國在物質資本與人力資本投資之間以及不同地區之間的教育投入，都存在着不平衡的問題，既缺乏公平性，也不符合效率原則 [3]。因此，在堅持繼續加大公共資源對教育發展投入力度的同時，遵循均等化和均衡化的原則改善教育資源配置格局，既達到增強教育公平性的要求，也將顯著提高資金和其他資源的使用效率，為教育發展創造出新的更大的空間。

正如我們已經討論過的，在人口紅利消失之後，勞動力無限供給不再是中國經濟發展的特點。相應地，資本報酬遞減的現象已經愈演愈烈。一個好消息則是，在物質資本回報率下降的同時，人力資本則愈加顯現其報酬遞增的優勢。並且，人力資本提高也是全要素生產率改善的必要條件。所以，社會資源從物質投資領域更多地轉移到人力資本投資領域，必然帶來巨大的資源配置效率，支撐中國經濟的可持續增長。

雖然從長期的觀點看，人力資本投資具有報酬遞增的特點，但是，此時此地的有限教育資源如何在各級各類和各地區進行配置，也存在效率差別。例如，同等數量的公共教育支出，在北京市西城區的投入效率，要大大低於這筆錢配置到在六盤水市的情形。因此，我們依據資源配置的基本原則，從各級各類教育面臨的問題出發，對中國教育發展提出以下政策建議。

3　詹姆士·丁·海克曼：《提升人力資本投資的政策》，上海：復旦大學出版社，2003 年。

首先，義務教育階段是為終身學習打好基礎，形成城鄉之間和不同收入家庭之間孩子的同等起跑線的關鍵，政府給予充分的公共資源投入責無旁貸。值得指出的是，鑒於學前教育具有最高社會收益率，並且在這個教育階段具有決定性意義的認知能力和非認知能力，對於應對人工智慧對就業的挑戰，具有異乎尋常的意義。因此，政府為學前教育埋單是符合教育規律和使全社會受益原則的，應該把這個階段逐步納入義務教育的範圍。

　　自從中國跨越了路易斯轉捩點，隨着就業崗位繼續增加，對低技能勞動力的需求比較旺盛，一些家庭特別是貧困農村家庭的孩子在初中階段輟學現象比較嚴重。從家庭的短期利益着眼，這種選擇似乎是理性的，但是，人力資本損失最終將由社會和家庭共同承擔。因此，政府應該切實降低義務教育階段家庭支出比例，鞏固和提高義務教育完成率，而通過把學前教育納入義務教育，讓農村和貧困兒童不致輸在起跑線上，也大大有助於提高他們在小學和初中階段的完成率，並增加繼續上學的平等機會。

　　其次，大幅度提高高中入學水平，推進高等教育普及率。高中與大學的入學率互相促進、互為因果。高中普及率高，有願望上大學的人羣規模就大；升入大學的機會多，也對上高中構成較大的激勵。目前政府預算內經費支出比重，在高中階段仍然較低，家庭支出的負擔過重，加上機會成本高和考大學成功率低的因素，使得這個教育階段成為未來教育發展的瓶頸。因此，從繼續快速推進高等教育普及化着眼，政府應該儘快推動高中階段免費教育。相對而言，高等教育應該進一步發揮社會辦學和家庭投入的積極性。

最後，通過勞動力市場引導，大力發展職業教育。中國需要一批具有較高技能的熟練勞動者隊伍，而這要靠中等和高等職業教育來培養。在歐美國家特別是德國、瑞士等國家，適齡學生接受職業教育的比例都明顯高於中國。中國立足於製造業轉型升級，無疑應當從中長期發展對勞動者技能的要求出發，加大職業教育和職業培訓力度。但是，在許多國家也出現了高中階段教育中普通高中比例提高、職業教育比例下降的趨勢，背後的含義也值得我們思考。

　　這或許意味着，隨着產業結構優化升級的速度加快，人工智慧對勞動者技能和其他人力資本的替代日益加深，職業教育中可能出現付出昂貴代價，學到的技能很快過時，成為「屠龍之技」的情形。對此，未雨綢繆的辦法有兩點。第一，即便是職業教育也不能忽視受教育者通識能力的培養，並且建立起高中階段職業教育與職業高等教育及普通高等教育之間的升學通道，加快教育體制、教學模式和教學內容的改革，使學生有更多的選擇實現全面發展。第二，由於這個教育類別具有私人收益率高的特點，勞動力市場激勵相對充分，因此，應該更多地依靠家庭和企業投入的積極性，政府投入的力度應該低於普通高中。

7.3 應對未富先老

中國在改革開放至今的近 40 年裏，不僅經歷了世界上最快的經濟增長，也以快於世界上其他國家和地區的速度，完成了人口類型從高出生率、低死亡率、高增長率向低出生率、低死亡率、低增長率的轉變。早在 20 世紀 90 年代初，中國的總和生育率就降到了 2.1 的更替水平之下。根據聯合國的估計，2006 年中國的總和生育率下降到 1.4，以後一直保持大體上這個水平，不僅低於發展中國家平均水平和世界平均水平，而且低於發達國家的平均水平。

作為以生育率下降為主要動力的人口轉變的一個必然結果，人口老齡化程度必然加深，而經歷最快的人口轉變過程的中國，老齡化速度更為突出。根據聯合國的資料，中國 60 歲及以上人口佔全部人口的比重，迅速地從 1980 年的 7.2% 提高到 1990 年的 8.2%、2000 年的 9.9%、2010 年的 12.4% 和 2015 年的 15.2%。

不過，僅僅從時間序列上縱向觀察，還不足以揭示中國老齡化的嚴重性和特殊性。我們把中國老齡化程度與其經濟發展水平類似的國家相比，可以看到一個突出的特點，即中國在較低收入水平上達到了較高的老齡化程度，或者說在類似的經濟發展水平上，比其他國家的老齡化程度更高，即形成了所謂「未富先老」特徵。2015 年，中國 60 歲以上人口比重為 15.2%，65 歲以上人口比重為 9.6%，而不包括中國在內的其中等偏上收入國家平均，這兩個比重分別只有 10.9% 和 7.3%（圖 7-4）。

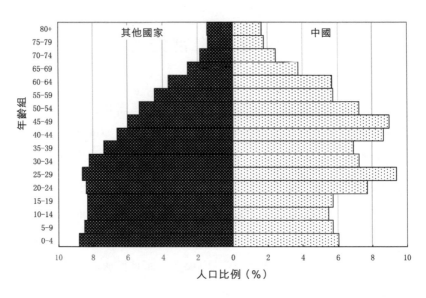

圖 7-4 中國與其他中等偏上收入國家人口年齡結構

資料來源：United Nations, Department of Economic and Social Affairs, Population Division, World Population Prospects: The 2015 Revision, DVD Edition, 2015.

人口老齡化是一個不依人的意志而轉移，並且不可逆轉的過程。在當今世界，大多數發達國家都進入到了高度的老齡化階段。應對老齡化的手段，通常也是與經濟發展水平相伴而生的。在歐洲、北美的高收入國家，通常具備了以下條件，以應對老齡化的衝擊。與之相比，中國在相關方面的條件尚未充分形成，既需要加快促成也需要做好準備，在一定時間內與未富先老共舞。

首先，在發達國家，一系列與應對老齡化相關的制度，已經形成並成熟到相應的程度。這包括養老保障制度和醫療制度以及其他社會福利制度，足以為老年人提供所需的贍養、照料、醫療乃至精神慰藉等服務。雖然各發達國家也遭遇到了養老保障制度

的可持續性的難題，分別嘗試着進行相應的改革，但是，目前在這些國家，總體而言老年人的保障得到了基本滿足。

由於中國尚處在較低的經濟發展階段，社會保障體系建設起步較晚，雖然發展速度前所未有，目前的社會保障仍然不足以應對老齡化的挑戰。從覆蓋率來看，2015 年城鎮職工參加基本養老保險的人數為 2.6 億，佔城鎮就業人數的比例為 64.9%，參加城鎮職工基本醫療保險的人數 2.9 億，佔城鎮就業人數的比例為 71.5%。而在城市務工的農村轉移勞動力，參加這兩項保險的比例，2014 年分別只有 16.4% 和 18.2%。由於中國城鎮職工養老保險仍在實行「現收現付」制度，缺乏資金積累的功能，隨着人口撫養比的迅速上升，隱性債務問題和體制的可持續性問題都值得擔憂。此外，雖然城鄉居民基本養老保險和基本醫療保險等制度逐漸建立起來，但覆蓋率尚不高，保障水平也仍然很低。

其次，發達國家經濟具有了很高的勞動生產率。人口老齡化之所以對經濟和社會構成負擔，原因在於隨着人口結構變老，撫養比越來越高，不參與生產過程的依賴型人口，特別是其中老齡人口的比重變大，而從事生產性活動的勞動年齡人口比重變小，從勞動力供給和儲蓄率的方面，對經濟增長產生負面的影響。這個過程是不可改變的，但是，勞動生產率提高恰好可以抵消這個人口老齡化效應。對於大多數發達國家來說，幸運的是，更高的勞動生產率和更大的老齡化程度，都是更高經濟發展水平的結果。

然而，對於未富先老的中國而言，由於還處在較低的經濟發展階段，勞動生產率並未提高到這樣的程度，足以抵消人口年齡結構變化產生的負面效果。儘管中國勞動生產率的增長速度顯

著地快於世界其他國家，但是，就絕對水平來說，迄今為止仍然大大低於發達國家。例如，世界大型企業聯合會用每個就業者創造的按照購買力平價計算的 GDP 衡量勞動生產率，並進行國際比較。根據其資料，2017 年中國的勞動生產率僅相當於美國的 21.3%、德國的 28.3%、英國的 29.8% 以及日本的 32.8%。與一些新興經濟體相比，相當於俄羅斯的 45.5%、南非的 61.0%、巴西的 85.4% 和印度的 151.7%[4]。如果按照我們習慣的匯率方法來計算 GDP，中國相比發達國家而言，勞動生產率水平將會表現為更低。

第三，發達國家的勞動力存量具有較高的人力資本。老齡化的挑戰之一就是勞動力短缺，因此，通過調整勞動力市場政策提高勞動參與率，例如延遲退休年齡，自然是一種應對老齡化的適宜且有效手段。在發達國家，人力資本積累歷時已久，相對年長的勞動者也擁有較多的受教育年限，足以使他們延緩退休的時間，從而擴大整體勞動力供給。

但是，對於教育發展十分迅速卻起步較晚的中國來說，勞動年齡人口的教育水平呈現一個年齡越大受教育程度越低的特徵（圖 7-5），結果是在新成長勞動力的教育水平迅速提高的同時，勞動力存量的人力資本改善卻相對較慢，特別表現為年齡較長的勞動者羣體受教育水平仍然很低。較低的受教育程度意味着，隨着舊的技能逐漸被替代，這部分勞動者缺乏學習新技能的能力。因

4　來自於世界大企業聯合會（The Conference Board）官方網站資料庫：https://www.conference-board.org/retrievefile.cfm?filename=TED_1_NOV20171.xlsx&type=subsite。2017 年 12 月 30 日下載。

此，即使在勞動力短缺的情況下，這個臨近退休的羣體也難以成為有效的勞動力供給。

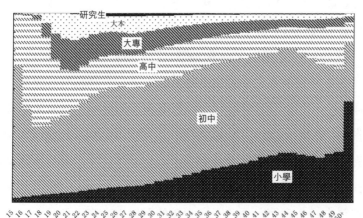

年齡

圖 7-5 分年齡人口的教育構成

資料來源：根據國家統計局網站資料計算：http://www.stats.gov.cn/tjsj/pcsj/rkpc/6rp/indexch.htm，2017 年 12 月 30 日下載。

概而論之，就像一個輕裝簡從的人得以越過一個湍急的河流，卻把必需的輜重留在身後，他終究要回過身來修橋造路，以達到整體過河的目的一樣，未富先老而不具備應對老齡化挑戰條件的中國，必然要在制度建設、生產率提高和人力資本積累方面進行補課，才能到達老齡化條件下的高收入社會這個彼岸，捨此之外幾乎沒有捷徑可走。

不過，如果探尋一下造成未富先老的因素，還是能夠找到一些中國特有的機會視窗，也算是亡羊補牢之舉。很顯然，實行了幾十年的計劃生育政策，特別是 1980 年以來實行的獨生子女政

策，或多或少使得中國的人口轉變，相比其他國家而言發生得更快一些，人口老齡化來得更早一些。因此，趁着人們尚有一定的生育意願，及早調整生育政策，不啻為一個為未來創造更加均衡人口結構的有效舉措。

以 1980 年中共中央發表《關於控制我國人口增長問題致全體共產黨員共青團員的公開信》為標誌，獨生子女政策已經實行了近 40 年。不過，把中國執行長達 30 多年的計劃生育政策簡單理解為「一孩政策」並不準確。實際上，演進到 2010 年前後，中國生育政策大致上形成了如下格局：(1) 一孩政策。包括全國城鎮居民和 6 省農村居民，覆蓋總人口的 35.9%。(2) 一孩半政策。指農村夫婦生育第一個孩子為女孩的可以再生育一個孩子。包括 19 個省農村居民，覆蓋總人口的 52.9%。(3) 二孩政策。指農村居民普遍可以生育兩個孩子，包括 5 省農村居民，覆蓋總人口的 9.6%。(4) 三孩政策。指部分地區少數民族農牧民可以生育三個孩子，覆蓋總人口的 1.6%。此外，西藏自治區藏族城鎮居民可以生育兩個孩子，藏族及人口稀少的少數民族農牧民不限制生育數量。

生育政策執行的嚴格程度也並非一成不變。首先，計劃生育政策實際上是與建立市場經濟體制為導向的改革同時起步的，因此，在堅持政策不變和既定的人口控制目標不變的基礎上，計劃生育政策越來越與發展經濟、農村扶貧、家庭建設、綜合治理人口問題、利益導向相結合。其次，很久以來，許多省已經先後允許夫妻雙方均為獨生子女的夫婦生育兩個孩子，以及一方為獨生子女的農民夫婦生育兩個孩子。最後，全國範圍更為根本性和大

幅度的政策調整，則是在 2014 年開始，全國實行夫妻一方為獨生子女的可生育二孩，以及從 2016 年開始，全面實行一對夫妻可以生育二孩。

如同在許多其他國家和地區一樣，影響中國人口轉變的決定因素，不僅僅是計劃生育政策，還要歸功於同一時期改革推動的高速經濟增長和社會發展。根據一項研究，在改革開放的第一個 10 年，計劃生育政策、人均 GDP 水平和人力資本水平都對生育率的急劇下降有明顯作用。但是，在隨後的 10 年裏，計劃生育政策對生育率下降的邊際效果幾乎消失，而其他兩個變數的作用則依然存在[5]。

應該説，至少在相當大的程度上，正是快速經濟社會發展，使中國的生育率不僅在 20 世紀 90 年代初降到更替水平之下，而且在那之後繼續顯著下降，人口快速增長的勢頭得到了控制。就此而言，中國遵循了人口轉變的一般規律。而不同尋常的是，中國用了大約 30 年的時間，完成了發達國家用多一倍的時間，甚至上百年才完成的從高生育水平到低生育水平的轉變過程。與同等收入水平的發展中國家相比，中國在較早階段上完成了人口轉變，因此形成獨有的未富先老特點。

2014 年和 2016 年兩次生育政策調整後，在各地進行的調查反映出，年青夫婦在政策允許生育後仍然不想生或不敢生的糾結。國內外的研究都表明，社會性別平等、教育發展、婦女的勞動參與、社會規範和價值觀、城鎮化和人口流動、住房、收入等

5　都陽：《勞動力市場變化與經濟增長新源泉》，《開放導報》2014 年第 3 期，第 31-35 頁。

都會影響生育的決策和生育行為。目前這些作用幾乎都按照同一方向，共同對婦女推遲生育和放棄二孩生育產生重要的影響，其綜合阻力遠遠大於生育政策放寬的作用。

多年來，中國的實際生育水平一直低於羣眾的期望生育水平。因此，生育水平還有提升的空間和可能，但需要有來自外部力量的支持，減輕生育給家庭尤其是婦女帶來的各種壓力，核心是解決婦女和夫婦的工作與育兒衝突問題，例如有關育兒假和婦女就業保障的政策，以及普遍提供托幼服務、普及學前教育等。部分歐洲國家逐步採取了一系列有效的育兒友好型配套政策，開始擺脫生育率長期走低的困境，同時保持適當水平的婦女勞動參與率。

然而，保持中國經濟長期可持續發展，完成向高收入階段的過渡，無論如何不能指望政策方向的轉變會使人口轉變的進程逆轉。因此，解決未富先老的問題，歸根結底而要靠轉變經濟發展方式，靠改革開發制度紅利轉換經濟增長動力，挖掘新的增長源泉，儘快跨越中等收入階段。在後面的章節中，我們將對此進行深入的討論。

第八章

實現均衡發展

經濟發展經過了必要的轉捩點如路易斯轉捩點，並不必然導致健康、可持續經濟增長的終結，但是，卻意味着傳統增長模式走到了盡頭。保持長期可持續增長，不僅要通過改革挖掘傳統經濟增長潛力，並且從人力資本和全要素生產率等角度挖掘新的增長源泉，還要形成更加均衡的增長模式。後者強調的是推動經濟增長的方式的轉變，即把經濟增長建立在一個能夠最大限度地為勞動參與提供均等機會、促進城鄉經濟社會發展的一體化、提升產業之間協調性的基礎上。與此同時，這種均衡發展是與縮小區域差距、改善收入分配、實現基本公共服務均等化的共用發展相一致的。

8.1 提高勞動參與率

勞動年齡人口從 2011 年開始負增長，這並不意味着勞動力供給相應轉入負增長。因為勞動力（即有就業意願的經濟活動人口）數量是勞動年齡人口與勞動參與率的乘積，因此，根據各年齡組勞動參與率可能提高的假設進行預測，經濟活動人口開始負增長的時間，將比勞動年齡人口晚大約七年。然而，一方面勞動參與率或許不會提高，另一方面即使其有所提高，但終究會下降，所以，勞動力供給數量的絕對減少是遲早的事情。

無論如何，若想避免勞動力供給的過快減少，唯一途徑就是提高勞動參與率。雖然總體而言，中國的勞動參與率在世界上屬

於較高水平，但是，農業勞動力比重仍然較高，而家庭承包制保障了每個農戶成員有土地可耕種，是一個重要因素。換句話說，是農業這個部門的特殊性質，使得中國勞動參與率較高。一旦剔除這個因素，情況則會有所不同。

中國 2010 年進行的第六次人口普查資料顯示，16 歲及以上人口的勞動參與率為 70.8%；16-64 歲勞動年齡人口的勞動參與率為 77.3%。按照地區類型分，城市、鎮和鄉村 16 歲以上人口的勞動參與率分別是 62.2%、67.3% 和 77.6%；16-64 歲勞動年齡人口的勞動參與率分別為 68.2%、73.3% 和 84.9%。然而，如果只計算非農產業的勞動參與率，結果則顯著低於按照全員勞動力口徑計算的結果。以 20-25 歲年齡段來看，全員口徑下計算的勞動參與率為 72.6%，但是剔除農業後的勞動參與率則顯著降低，僅為62.8%（圖 8-1）。

根據國際勞工組織資料，1990-2011 年期間，中國 15 歲以上人口的勞動參與率有所下降，從 78.7% 降低到 74.1%。不過，這個變化主要是教育深化的效應，即由於義務教育普及率提高、高中入學率提高及高校持續擴大招生，使得青少年在學時間大大延長，降低了相應年齡組的勞動參與率。例如，15-19 歲和 20-24歲年齡組的勞動參與率，從 1990 年的 64.8% 和 91.2% 分別下降到 2011 年的 36.2% 和 83.9%。總體而言，2011 年中國勞動參與率為 74.1%，比 64.1% 的世界平均水平高 10 個百分點，比 60.0%的發達國家平均水平高 14.1 個百分點，更大大高於東亞之外世界其他地區的平均水平。

根據 2015 年 1% 人口抽樣調查資料，各個年齡組的人口勞動

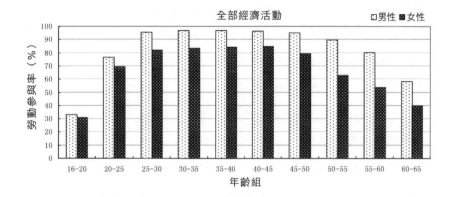

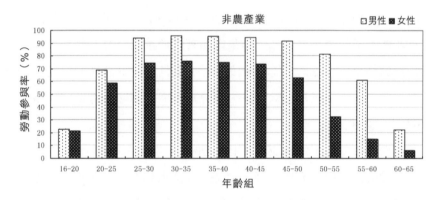

圖 8-1 分口徑、年齡組和性別中國勞動參與率

資料來源：作者根據「第六次人口普查」樣本計算得到。

參與率都有所降低。由於這個時期各級學校的毛入學率仍在繼續提高，例如，初中升高中和高中升大學的比例，在 2010-2016 年期間分別提高了 6.2 個百分點和 11.2 的百分點。所以，教育深化對勞動參與率下降的效應，至少對於受教育年齡人口仍然適用。但是，對於其他年齡人口為甚麼勞動參與率下降，則不能做出充分的解釋。

不過，這種情況本身並不改變我們的分析思路和結論，只是加強了提高勞動參與率的緊迫性。也就是說，雖然我們並不希望阻斷教育深化的過程，仍然堅定不移地加強人力資本積累，但是，對於其他因素導致的勞動參與率下降的情況，我們仍然應該根據影響勞動力供給因素的一般規律，做出政策性的調整，最大限度地提高勞動參與率。

一旦談到提高非農產業的勞動參與率，人們通常想到的兩個潛在途徑，一是提高婦女的勞動參與率，一是延長退休年齡。從國際範圍看，這種思路無疑既是正確的，也是具有針對性的。不過，從中國情況出發，問題則沒有那麼簡單，需要花費更多一點筆墨給予說明。

從國際比較來看，中國婦女的勞動參與率是比較高的。2011年，中國 15 歲以上女性人口的勞動參與率為 67.7%，高於 51.1% 的世界平均水平和 52.8% 的發達國家平均水平，更大大高於其他發展中國家的平均水平。男女勞動參與率的平等程度，中國高於世界平均水平和發達國家的平均水平，當然更高於其他發展中國家的平均水平。

但是，從中國自身的變化趨勢看，國際勞工組織資料顯示出

女性勞動參與率下降速度快於男性的傾向。此外，把性別和年齡結合起來看，勞動力市場呈現出不利於女性的趨勢。例如，從圖 7-1 的 2010 年人口普查資料看，女性勞動年齡人口在超過 40 歲以後，勞動參與率下降速度明顯快於男性。近年來，新成長勞動力在進入勞動力市場時，女性求職過程中遭遇到越來越多的歧視，未來可能表現為女性勞動參與率的進一步下降。因此，嚴格執行相關勞動法規，最大限度地縮小性別歧視，有助於保持中國的勞動參與率。

中國的特有退休年齡是歷史地形成的。中國的勞動力市場長期存在着制度分割。一方面表現為城鄉之間的勞動力市場分割，即農民不享受城鎮就業者的相關就業待遇，也就談不上退休或者不退休；另一方面是城鎮勞動力市場上的制度分割，其中包括幹部身份和工人身份的不同退休年齡，以及退休年齡的男女差別。

目前關於退休年齡的法律依據是 1978 年發佈的《國務院關於安置老弱病殘幹部的暫行辦法》和《國務院關於工人退休、退職的暫行辦法》，分別適用於幹部和工人。具體來說，沿用至今的退休年齡是，無論是幹部身份還是工人身份，男性一律 60 歲退休，對於女性來說，具有幹部身份的 55 歲退休，具有工人身份的 50 歲退休。這個原則因工種、幹部級別和個人身體條件不同，實際執行中仍有差別。

因此，無論是從目前中國職工的法定退休年齡來看，還是該標準的性別差別來看，認為通過提高退休年齡同時消除性別差別，可以大幅度提高勞動參與率的建議，似乎是合乎邏輯的。何況，由於經濟社會發展和生活質量改善，中國出生人口預期壽命

已經從 1982 年的 67.8 歲提高到 2010 年的 74.8 歲,其中男性從 66.3 歲提高到 72.4 歲,女性從 69.3 歲提高到 77.4 歲。在健康壽命延長以及人力資本有所改善的條件下,老年人不啻是寶貴的人力資源。

在大多數發達國家,挖掘勞動力供給潛力的一個政策手段,是提高退休年齡以便擴大老年人的勞動參與率。例如,在多數為高收入市場經濟國家組成的經濟發展與合作組織(OECD)中,有半數以上的國家,已經或者計劃提高法定退休年齡。2016 年,以 20 歲參加工作為基準,OECD 國家男性平均正常退休年齡為 64.3 歲,女性為 63.4 歲。2016 年這些國家參加工作的勞動者,男性平均正常退休年齡將提高到 65.8 歲,女性為 65.5 歲,其中丹麥、荷蘭和意大利等國退休年齡將超過 70 歲。平均而言,在 2016 年的基礎上,OECD 國家男性退休年齡將提高接近 1.5 年,女性退休年齡提高大約 2.1 年[1]。

然而,各國提高法定退休年齡的政策並非沒有爭議,實際執行中出現的情況遠比政策初衷要複雜得多。近年來歐洲國家發生的一些事件表明,政府提高退休年齡的嘗試在一些國家遭到民眾的抵制。從勞動者和決策者對退休年齡調整動機不盡相同的説法,可以看到導致這種民眾意願與政策意圖相衝突的原因。

反對此類政策調整的民眾,往往認為政府提高退休年齡的政策調整,動機是減輕對養老保險金的支付負擔。與此相對應的政

1 Organization for Economic Co-operation and Development, *Pensions at a Glance 2017: OECD and G20 Indicators*, OECD Publishing, 2017, Paris: http://dx.doi.org/10.1787/pension_glance-2017-en(2018 年 1 月 1 日下載).

府解釋則是，勞動者長期耽於過於慷慨的養老保險制度，以至因為不願意失去既得利益而加以反對。隨着人口老齡化的進程加速，養老金缺口確實日益成為現實的或潛在的問題。特別是在勞動年齡人口尚高的時候形成的現收現付模式，最終會因人口年齡結構的變化而捉襟見肘。因此，政府的確要從養老保險制度的可持續性角度出發，考慮延遲退休年齡的政策調整。這種認識和利益的衝突，使得退休年齡的變化不可避免地成為一種政治決策，受到人口老齡化之外因素的制約。

也有一種官方解釋，認為政府延長法定退休年齡的出發點是提高勞動參與率，以應對老齡化加劇導致的勞動力供給不足問題。然而，這一說法在許多歐洲國家，並不能得到民眾的廣泛認同。不過，日本為了解決 1947-1949 年出生的人口集中退休可能導致勞動力供給嚴重不足的問題，在 2004 年開始實施《改正高齡者僱用安定法》，要求企業採取法律規定的措施延長工作年限。實施的結果，明顯改善了 60-64 歲老齡人口的僱用環境，增加勞動力供給的同時，也提高了他們的平均收入水平，相應促進了國內消費需求的擴大 [2]。

值得考慮的關鍵問題在於，提高退休年齡並不意味着老年勞動者可以自然而然地獲得就業崗位。即使在發達國家，勞動力市場上依然存在着年齡歧視，造成老齡勞動者就業困難。在許多國家，在青年失業率高和就業難的壓力下，政府某些政策甚至還縱

2　三菱東京 UFJ 銀行（中國）有限公司（BTMU）：〈日本「團塊一代」老齡化帶來的影響 —— 着眼於〈改正高齡者僱用安定法〉〉，《BTMU 日本經濟觀察》，2012 年 8 月 6 日第 22 期。

容了提前退休的情形，旨在讓老年人給青年人「騰出」崗位。此類政策的實施結果表明，其在降低老年職工勞動參與率方面，部分地達到了效果，對於降低青年失業率卻絲毫無濟於事[3]。這說明，政策效果歸根結底取決於是否對症，而不是取決於出發點是甚麼。

與發達國家在兩個重要條件上相比，中國的情況有顯著的不同，使得這個做法尚不能成為近期的選擇。主要表現在，以人力資本為主要基準來衡量的勞動力總體特徵不同。中國目前臨近退休的勞動力羣體是過渡和轉軌的一代。由於歷史的原因，他們的人力資本稟賦使得他們在勞動力市場上處於不利競爭地位。

延緩退休年齡以增加勞動力供給的可行前提，是老年勞動者的教育程度與年輕勞動者沒有顯著差別，加上前者的工作經驗，因而在勞動力市場是具有競爭力的。這種情況在發達國家通常是事實，在美國的勞動年齡人口中，20 歲的受教育年限是 12.6 年，而 60 歲反而更高，為 13.7 年。目前在中國勞動年齡人口中，年齡越大受教育水平越低。例如，受教育年限從 20 歲的 9 年下降到 60 歲的 6 年，而與美國的差距則從 20 歲比美國低 29%，擴大到 60 歲時則比美國低 56%[4]。雖然這是一項較早的研究結果，但迄今情況並沒有發生變化（參見圖 7-5）。

在這種情況下，一旦延長退休年齡，高年齡組的勞動者會陷入不利的競爭地位。在西方國家，由於勞動力市場需要一個追加

3　George Magnus *The Age of Aging: How Demographics Are Changing the Global Economy and Our World*, Singapore: John Wiley & Sons, 2009, p. 108.

4　王廣州、牛建林：〈我國教育總量結構現狀、問題及發展預測〉，載蔡昉主編《中國人口與勞動問題綠皮書 No. 9》，北京：社會科學文獻出版社，2009 年。

的勞動力供給，延長法定退休年齡可以為勞動者提供更強的工作激勵，而對中國來說，類似的政策卻意味着縮小勞動者的選擇空間，甚至很可能導致部分年齡偏大的勞動者陷於脆弱境地：喪失了工作卻又一時拿不到退休金。

在路易斯轉捩點到來的情況下，勞動力短缺現象不斷發生，就業總量壓力也明顯減緩，但是，勞動力供求中結構性矛盾反而更加突出，與勞動者技能和適應能力相關的結構性失業及摩擦性失業愈益突顯。這表明，目前勞動力市場上對高年齡組勞動者的需求，並沒有隨着路易斯轉捩點的到來而增大。真正有意義的是實際退休年齡，而不是法定退休年齡。勞動參與率隨年齡提高而降低，意味着實際退休年齡大大低於法定退休年齡，這時提高後者只會加大這個缺口。

正如第六次人口普查資料（圖 7-1）所顯示的，勞動年齡人口在非農產業的勞動參與率在 30-35 歲達到峰值，此後隨着年齡提高逐年下降。例如，從 30-35 歲的 86.0% 降低到 50-54 歲的 57.0%，進而下降到 55-60 歲的 37.6% 和 60-65 歲的 13.8%。其中女性的勞動參與率下降更為嚴重。對於那些年齡偏大的勞動者來說，勞動參與率的降低顯然是在勞動力市場上競爭力缺乏的結果。

可見，至少就中國目前的條件而言，單純提高退休年齡並不是提高老年人勞動參與率的可行辦法。擴大勞動力總體規模和降低社會對老年人的供養負擔，恐怕不應該在當前的臨近退休年齡人口身上做文章，而是需要創造條件，把當前的這一代年輕人逐漸培養成為擁有更充足人力資本的勞動者，使得他們不僅適應產業結構變化的要求，而且能夠在未來具備能力延長工作時間。所

以，延遲退休年齡固然是最終出路，但是，其推進策略應該是漸進式的。

中國應該着手設計一個有差別和選擇自由的退休年齡制度，一方面，在近期內主要着眼於提高實際退休年齡而不是法定退休年齡，另一方面，形成必要的獎懲機制鼓勵自願的延遲退休。這個制度框架應該包括以下內容，即通過立法和嚴格執法、發展教育和培訓，以及廣泛的勞動力市場制度和社會保險制度安排逐步推進。

最具中國特色並且有巨大潛力的非農產業勞動參與率，應該來自於對農民工勞動力供給的開發。農民工勞動參與率受到的這種制度性壓抑表現在以下兩個方面。首先，隨着宏觀經濟的波動，農民工常常受到週期性失業的衝擊，許多人甚至不得已而返鄉。事實上，每個農民工在春節返鄉過年時，都要重新做一次決策——節後是否仍然外出。如果一個人仍然年輕，勞動力市場狀況樂觀，這個決策的結果是不言而喻的。但是，如果遭遇諸如金融危機這樣的勞動力市場衝擊，對於那些年齡偏大的人羣來說，就很可能作出不再外出的決策。

其次，農民工沒有城鎮戶口，不能享受相關的社會保險和社會救助，特別是不能預期在城市頤養天年，因此他們在較低的年齡上就主動退出了城市勞動力市場，從而退出高生產率的就業。因此，從終身來看的，他們的非農勞動參與率較低。這也就降低了勞動年齡人口整體的非農產業勞動參與率。

這種由於戶籍制度的制約，農民工非農產業勞動參與率被人為壓抑的狀況，必須通過推動以市民化為核心的城市化予以解

決，由此穩定農民工的勞動力供給，減輕勞動力短缺壓力，保持勞動力繼續在地域之間和產業之間進行重新配置，達到提高潛在增長率的積極效果。

8.2 城市化的本質

在網上一度曾經流傳着一幅圖片，美國國家航空航天局（NASA）在外空拍攝並發佈的地球燈光分佈效果表明，世界各國各地區的燈光亮度大小不一。人們紛紛解釋説，這種情況反映了人口的密集程度，或者更確切地說，燈光的亮度與寬泛定義的城市化水平有着密切的相關。如果觀察這張圖（例如筆者是在 2012 年下載該圖的），人們可能會注意到，當時中國的燈光亮度十分低，甚至用肉眼並不能看出中國是否明顯高於印度。當然，自那以後中國的城市化繼續推進，據說也反映在夜間燈光亮度的改善上面了。

這個地球燈光的分佈圖，除了更接近於直接反映城市化水平之外，也常常被用作某種隱喻，如以燈光強度代表經濟發展水平，或者乾脆暗示亮度與人均 GDP 密切相關。事實上，這並非只是一種隱喻。經濟學家們的確以 NASA 燈光圖辨識地球上經濟活

動的密集度，從而經濟發展水平的區域分佈[5]。這裏，我們借助於這張圖明顯的或者隱含的意義，看一看中國城市化的水平和特點。

很久以來，人們就把表現為農村居民向城市遷移的城市化描述為追逐「城市之光」的過程。這裏所謂的城市之光，並非僅指城市更加豐富多彩的文化生活，更是指城市所能提供的更多的就業和創業機會，以及更好、更充分的基本公共服務。2016 年中國的城市化率，即在城市居住 6 個月以上的人口佔全國人口比重，已經達到 57.4%。不過，這個數位包含着複雜的資訊，需要做進一步的剖析。

官方在統計城市化率時，依據的是常住人口這個口徑，即在城市居住 6 個月以上的人口。從這個統計口徑，我們馬上可以想到另外一個統計概念，也就是官方把離開本鄉鎮 6 個月以上的農村人口，定義為外出打工人口，即我們常說的農民工。目前，外出農民工人數為 1.69 億，其中絕大多數進入到各級城市。可見，佔全國人口 57.4% 的城市人口，實際上包括了農民工。

然而，這些被統計為城市常住人口的農民工，並沒有獲得城市戶籍。如果按照一個傳統的統計口徑 —— 擁有非農業戶口的人口佔全國人口比重，2016 年只有 41.2%。那麼，按照戶籍人口比重衡量的城市化，與按照常住人口比重衡量的城市化之間，有甚麼本質上的不同呢？很顯然，從經濟社會意義上來看，兩者之間的差別是巨大的。

5　J. Vernon Henderson, Tim L. Squires, Adam Storeygard, and David N. Weil, "The Global Spatial Distribution of Economic Activity: Nature, History, and the Role of Trade", *NBER Working Paper* 22145, 2016.

戶籍制度是 20 世紀 50 年代末，為了阻礙農村人口向城市流動，以及分割城鄉社會福利供給的需要應運而生的一種計劃經濟制度安排。經過自 20 世紀 80 年代以來 30 多年的改革，勞動力流動和人口遷移已經不受制度的約束。但是，戶籍制度仍然存在並且與一系列公共服務綁在一起。因此，可以自由進城、自主就業的農民工，由於沒有獲得城市戶籍身份，就不能均等地享受到城市的公共服務，特別表現在各類基本社會保險專案的覆蓋率明顯低於城市戶籍人口，基本不能享受最低生活保障待遇，隨遷子女面臨接受義務教育的困難，也沒有機會獲得保障性住房等等。

　　例如，按照相關法律規定的基本社會保險專案，如社會養老保險、工傷保險、基本醫療保險、失業保險等，應該以就業身份而不是戶籍身份予以全覆蓋。但是，戶籍制度決定了農民工流動性很強，也為用人單位的歧視對待提供了制度基礎，因而仍然發揮着阻礙農民工獲得充分覆蓋的功能。2015 年，進城務工的農民工有 60.3% 沒有與用工單位簽訂勞動合同。由於沒有勞動合同，勞動合同法規定的基本社會保險則不能覆蓋這些農民工。由於上述在享受基本公共服務上的不足，進城農民工作為消費者和勞動者的功能，也不能完整和充分體現。

　　首先，由於在養老、患病、失業和子女教育方面有着後顧之憂，以及由於他們的終身收入流缺乏穩定性，農民工的消費充滿了後顧之憂，並不能成為像城鎮居民一樣的正常消費者，他們的消費是不完全的。總體統計表明，與城鎮居民把收入的 74.3% 用於消費相比，他們僅僅消費其收入的 32.9%。而一些調查顯示，農民工需要把收入的 1/4 左右匯回或帶回農村老家。其一，由於

工資性收入佔到農戶收入的越來越大的部分，這種匯款是供擴展性家庭消費的重要部分。其二，由於缺乏基本社會保險，未雨綢繆的儲蓄則是自我保障的必然選擇。其三，由於農民工外出工作時間被大大縮短，因此，這個匯款也作為個人的儲蓄以平滑終身消費。

其次，農民工未能成為真正意義上的城市居民，而只是有來有去的外來勞動者，妨礙他們作為城市重要勞動力供給作用的充分發揮。這表現在，一方面，伴隨着宏觀經濟的波動，農民工常常受到週期性失業的衝擊，城市對待農民工的政策環境也會相應地發生週期性變化，許多人甚至不得已而返鄉。另一方面，由於不能享受相關的社會保險和社會救助，特別是不能預期在城市退休頤養天年，加之舉家外遷遇到諸多體制障礙，因此，他們在較低的年齡上就主動退出了城市勞動力市場。

根據估算，2014 年全部城鎮就業人員中，農民工已經佔到約 38%。也就是說，沒有城市戶籍、未能均等地獲得相應基本公共服務的農民工，已經是城鎮就業的主體。但是，沒有成為戶籍居民這個特點，使得他們不能真正把自身點亮。作為一種隱喻，雖然城市常住人口因農民工而增加了 1.69 億，但是，這些新移民卻仍然居住在建築工地、擁擠的集體宿舍或者工作場所，不能增加城市的燈光。因此可以說，這也是中國城市沒有真正亮起來的原因。

從人口資料可以看到一個新現象，農村 16-19 歲人口於 2014 年達到峰值，從那之後絕對數量就減少了。這意味着甚麼呢？有時，官方檔把農民工也稱作農業轉移人口。這個稱呼說起來似乎

不像「農民工」或多或少帶有歧視的意味，但是，其內涵卻不那麼準確。因為農業勞動力大規模轉移至今，農民工已經遠遠不是從農業中轉移出來的剩餘勞動力了。特別是從每年新增農民工來看，幾乎全部是農村初中和高中的新畢業生，即 16-19 歲的人口。

因此，這個人口羣體的減少，必然導致外出農民工增量的減少，從而總量的徘徊乃至停滯。事實上，外出農民工增長率已從 2005-2010 年的平均 4%，下降到 2016 年僅為 0.3%。也就是說，近年來外出農民工總量的確已經趨於穩定。與此同時，年齡結構也發生變化，即最年輕的人羣數量減少，佔全部農民工的比重下降（圖 8-2）。這個農民工總規模穩定不變的因素有哪些，這些因素如何維持農民工總量的均衡水平呢？

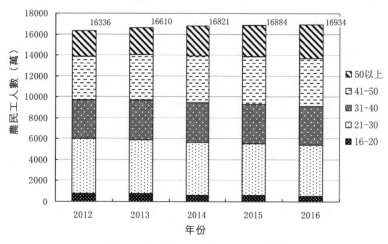

圖 8-2 外出農民工總量和年齡構成

資料來源：國家統計局《2016 年農民工監測調查報告》，國家統計局官方網站：http://www.stats.gov.cn/tjsj/zxfb/201704/t20170428_1489334.html, 2017 年 5 月 7 日下載。

農村 16-19 歲人口自 2014 年以後固然呈現逐年遞減，但仍然保持着一個較大的絕對規模。例如，從人口預測資料看，2014 年至 2020 年，這一年齡組人口將從 3500 餘萬減少到 3000 萬。在每年的 3000 餘萬這個年齡人口中，有相當大的一個部分進城打工，成為外出農民工統計數中的毛增量。與此同時，農民工中超過 40 歲的人羣具有相對大的返鄉意願，形成一個特定的返鄉概率。既然進城毛增量是一個既定的數量，40 歲以上農民工的返鄉意願則成為農民工淨增量從而總量的決定因素。相應地，政策如何對待農民工，是友好型的還是排斥性的，歸根結底決定勞動力流動是從農村到城市正向的，還是從城市到農村反向的。

為甚麼把勞動力流動區分為正向和反向，各自代表甚麼含義呢？諾貝爾經濟學獎獲得者西蒙·庫茲涅茨把勞動力從農業向非農產業轉移看作是一個改進生產率的過程，因此，我們可以把勞動力從低生產率部門向高生產率部門的重新配置過程，視為庫茲涅茨過程。

中國在 1978-2015 年期間，整體勞動生產率提高了 16.7 倍。借助統計方法，可以將其進行分解，可以看到其中 56% 是三個產業自身勞動生產率提高的加總貢獻，而其餘的 44% 則來自於勞動力按照生產率提高的方向，在三個產業之間進行重新配置，即庫茲涅茨過程做出的貢獻。可見，如果勞動力流動逆轉為反向的，即逆庫茲涅茨過程，勞動生產率就會下降。

隨着人口結構變化，中國的城市化內在地出現減速的趨勢。雖然在近年來常住人口城鎮化率的提高幅度看，似乎減速並未明顯表現出來。但是，深入觀察我們會看到，推動城市化的構成已

經發生變化。

根據 2010 年的人口資料，我們把城鎮新增人口（城鎮化增量）進行一個分解。分解的結果表明，城鎮人口自然增長的貢獻率為 16%，戶籍從農村遷入城鎮的人口增長的貢獻率為 3%，進入城鎮常住但沒有戶籍遷入的人口（即外出農民工）增長的貢獻率為 26%，而就地轉移人口的貢獻率為 53%。這就是說，維持目前城鎮化速度的主要貢獻來自於城鄉人口劃分的口徑變化，如縣改市、鄉改鎮（街道）和村改居（委會）等因素。這種就地戶籍變遷並未伴隨着就業類型和居住地的變化，所以並不產生城鎮化的一般效應。

與之相應的是，農民工進城常住（居住 6 個月及以上）對常住人口城鎮化的貢獻，則從 2004 年的 39.1% 和 2011 年的 26.8%，下降到 2015 年的 2.9% 和 2016 年的 2.3%。而城鎮化增量中這個農民工的貢獻部分，因其背後的支撐因素是勞動力的重新配置，所以才是真正意義上的生產率提高因素，或預期的城鎮化效應或庫茲涅茨過程。

可見，城市政府採取對農民工不友好的政策態度，就會加大農民工的反向意願，導致生產率下降的宏觀經濟結果。與此相反，以實現農民工的市民化為內涵的城市化，則是一個典型的制度變革推動經濟增長的機會視窗。而且，無論是針對勞動力流動方向，採取正面的政策還是負面的政策，都具有立竿見影的效果。

經濟學家認同改革可以帶來促進經濟增長的紅利，但是，他們通常認為改革紅利的獲得需要假以時日。例如，以首次提出「中等收入陷阱」概念著稱的世界銀行經濟學家卡拉斯，根據其他發

展中國家的經驗指出，諸如發展資本市場、加快創新和發展高等教育、改善城市管理、建設宜居的城市和形成集聚效應、有效的法治、分權和反腐敗等領域的改革效果，至少需要 10 年乃至更久才能顯現出來[6]。

然而，從中國特殊的情況來看，的確存在着一些改革領域，如果得到實質性的推進，可以產生立竿見影推動經濟增長的效果。戶籍制度改革便是這樣的一個領域。具體來説，通過戶籍制度改革，推進農民工市民化進程，可以產生一石三鳥的效果，即通過增加勞動力供給和保持資源重新配置，從供給側提高潛在增長率，以及通過擴大消費羣體，從需求側促進拉動經濟增長的需求因素的平衡和可持續性。

中國正處於經濟增長減速的發展階段。由資本、勞動力等生產要素供給，以及生產率提高速度衡量的潛在增長率趨於下降。經濟規律和國際經驗都表明，面對經濟增長減速，正確的應對政策不應是藉助刺激需求的手段超越潛在增長率，而是通過挖掘制度潛力提高潛在增長率。戶籍制度改革和農民工市民化，不僅有利於按照轉變經濟發展方式的要求，使中國城鎮化更加實至名歸，而且將產生提高潛在經濟增長能力的顯著效果。

正如已經闡釋的那樣，有利於農村勞動力進一步轉移的做法，不僅通過增加勞動力供給和創造資源重新配置效率提高潛在增長率，而且通過提高農民工的社會保障覆蓋率擴大其消費水

6　霍米・卡拉斯:〈中國向高收入國家轉型——避免中等收入陷阱的因應之道〉，載林重庚、邁克爾・斯賓塞編著《中國經濟中長期發展和轉型：國際視角的思考與建議》，中信出版社，2011 年，第 470-501 頁。

平。如果通過戶籍制度改革，很大一部分農民工的社會保障覆蓋率能夠達到城鎮居民水平的話，即便在收入不提高的情況下，他們可以列入消費預算的收入至少也可以增加 1/3。可以預期的是，市民化的過程必然會進一步增強農業轉移勞動力的收入穩定性，擴大其勞動參與率，收入增長也是自然而然的，這將大幅度地擴大居民消費需求。

我們可以粗略地算一筆賬，看農民工市民化所產生的需求收入效應，或可能創造何種數量級的消費需求。如果農民工像城市戶籍職工一樣籌劃自己的收支預算，也就是把原來匯寄回家的 1/4 工資留在手裏，他們可支配的工資可以提高 33.3%。換一個角度看，1.69 億農民工按照 2016 年平均工資計算的工資總額，將達到 6.64 萬億元，相當於這一年全國居民消費總支出 26.77 萬億元的 24.8%。或者説，如果農民工把這 1/4 工資用於消費，可以把全國居民消費支出提高約 6%。

不僅如此。根據中國的投入產出表，2016 年在國內最終消費支出中，大約 73.1% 是城鄉居民的消費支出，26.9% 是政府消費支出。後者是指政府部門為全社會提供公共服務的消費支出，以及免費或以較低價格向居民提供貨物和服務的淨支出。以農民工市民化為核心的城市化，一方面由於為農業轉移勞動力提供了更穩定的就業機會，以及更加均等的基本公共服務，可以大幅度提高居民的消費水平，另一方面又因強化了政府提供均等化基本公共服務的責任，可以合理地擴大政府消費規模。這兩個效果進而都將表現為國內消費需求的擴大，有助於促進經濟增長再平衡。

8.3 農業當自立

　　由於中國人均耕地擁有量大大少於世界平均水平，許多人認為中國農業天然缺乏比較優勢，曾經還有研究估算出，中國的農作物播種面積與實際需求之間的缺口，高達 6 億畝，約佔全部播種面積的 20%。有鑒於此，有人認為更多進口農產品特別是糧食，不啻為一種揚長避短的戰略。但是，即便我們的確做到了適當降低農產品自給水平，也只應該是一種在基本自給自足的前提下，利用比較優勢的策略。從遠為宏大的戰略視角出發，中國這樣一個大國，農業發展不可能選擇一種削弱自身供給能力，過度依賴進口的路徑。

　　另一方面，糧食安全歸根結底是生產能力的保障。以此為出發點，中國終究需要建立起一個具有自立能力和市場競爭力的農業生產方式。可以說，中國經濟未來持續增長的所有可能性，無一不是建立在農業現代化的基礎之上。

　　進入 21 世紀以來，中國農業政策呈現明顯的惠農傾向，在農業增產和農民增收方面取得的成效可圈可點。然而，人們也不禁要問，這種政策傾向的延續是否足以保持農業發展的可持續，進而與工業化、資訊化和城鎮化同步實現農業現代化？回答這個問題，需要把中國農業劃分為三個階段，從每個階段所要完成的任務，來看農業發展已經取得的成就和面臨的挑戰分別是甚麼。

　　中國農業的第一個階段是解決食品供給問題的階段。雖然這個任務在時間上貫穿過去、現今和今後，在 20 世紀 80 年代和 90

年代尤為一個突出解決的任務。在這個階段上，核心任務是通過改善激勵機制和市場環境，以及提高稀缺生產要素的生產率增加農產品特別是糧食供給。20 世紀 80 年代初農村經濟改革以來，這個目標得到了良好的實現。

例如，1978-2014 年期間，人均佔有農產品產量，糧食提高了 40.2%，棉花提高了 95.7%，油料提高了 3.74 倍，肉類提高了 4.79 倍，水產品提高了 8.9 倍，牛奶提高了 29.0 倍。這一組數字不僅說明了食品供給方面取得的成就，也反映了先後通過節約土地和節約勞動的技術進步，在農業勞動生產率提高方面取得的顯著效果。

如果我們觀察農業機械化的歷程，既可以看到農業技術進步及其模式的變化，還可以看到農業發展對生產要素稀缺性變化所作出的敏感反應。也就是說，改革開放後稍早的一段時間內，農業中還蓄積着大量的剩餘勞動力，技術進步的重點不是節約勞動力，而是節約土地，反映在小型農機具增長較慢。稍後直至最近的一段時間內，農業中已經逐漸顯現勞動力短缺的問題，大型農機具發展迅速，具有了節約勞動的技術變遷特點。

例如，在 1979-1995 年期間，大中型拖拉機總動力的年平均增長率為 0.84%，而其配套農具的增長率為 -1.7%；同期小型拖拉機總動力年平均增長率則高達 11.2%，其配套農具增長率為 10.5%。此後，隨着農業勞動力大規模轉移，生產要素相對稀缺性發生變化，即出現了農業中的勞動力短缺現象，技術變化的方向則發生了逆轉。在 1996-2012 年期間，大中型拖拉機總動力年平均增長率為 11.8%，其配套農具增長率為 13.2%，而小型拖拉機總動力的年

平均增長率下降為 4.7%，其配套農具增長率為 6.7%。

中國農業的第二個階段是解決農民收入問題的階段。這個任務也是貫穿始終的，而不是局限於某一特定時期。改革開放以來，農民收入得到迅速且大幅度的提高。但是，其間經歷過幾度波折。由於改革最早發生於農業，所以，20 世紀 80 年代初農民收入增長較快。之後，隨着經濟改革的整體推進，農民收入提高相對城市居民收入來說一度徘徊。進入 21 世紀以來，中央政府實施工業反哺農業、城市支持農村、對農業採取多予少取或多予不取的政策以來，農民收入增長的成效格外顯著，城鄉收入差距已經呈現縮小趨勢。

農民收入增加主要來自於農產品價格提高、農業剩餘勞動力轉向非農產業的工資性就業和政府對「三農」事業各項投入的增加。2016 年，穩定實現農業到非農產業轉移的農民工人數達到 2.8 億，其中 1.69 億實現異地轉移，絕大多數進入各級城鎮，農民工實際工資水平比 2003 年提高近 2.5 倍，自 2002 年以來，國家相繼實施了對農業生產的良種補貼、糧食直補、農資綜合補貼和農機購置的直接補貼政策，2013 年全年支出已經達到了 1600 多億元。

相應地，城鄉收入差距明顯縮小。輿論界甚至學術界普遍認為，目前城鄉收入差距，即以農戶收入為 1 計算的城鄉收入比仍然高達 2.73。但是，這是由於沒有按照城鄉不同的價格變化進行調整得出的結果。按照不變價格計算，1978 年城鎮居民與農民收入之比為 2.57，2009 年達到 2.32 的最高點，2016 年已經下降到 1.91。

不過，農民收入的增長以及城鄉收入差距的縮小，卻越來越不依賴於農業收益本身。特別是在勞動力大規模轉移並迎來路易

斯轉捩點的情況下，非農經營和工資性收入成為農民家庭收入中最主要的組成部分。例如，2014 年，農戶現金可支配收入中有63% 的部分與農業經營無關，而在當年增長的收入中，非農收入的貢獻更高達 75%。這一現實提出了值得深思的農業發展問題，需要在農業發展的第三個階段上予以考慮。

中國農業的第三個階段是解決糧食安全問題的階段。通過提供充分的激勵機制和激勵力度，建造保障食品供給安全的農業生產條件和方式，是一個隨着時間的推移愈益突出的任務，也是在經歷了前述兩個農業發展階段的基礎上，不能迴避的難題。對於中國這樣一個人口眾多的國家，保持必要的糧食自給水平無疑是食品安全戰略的重要部分，但是，一個基礎堅實、激勵完善、具有可持續性，因而生產率得以隨着技術進步而不斷提高的農業生產方式，是糧食安全戰略更加核心的要求。

發展經濟學的一個曠日持久的話題，就是一個國家在經過了勞動力短缺的路易斯轉捩點之後，如何使農業生產率的提高與時俱進。二元經濟的本質涵義就是農業中存在着剩餘勞動力，因此，農業勞動的邊際生產力極其低下，接近零的水平。這時，隨着非農產業日益擴大的對勞動力需求，剩餘勞動力從農業中轉移出來不會影響農業產出水平。總體來說，在中國農業的前兩個階段，總體上是與這個典型的二元經濟發展時期相對應的。

一旦越過路易斯轉捩點，則意味着農業的勞動邊際生產力雖然尚低，卻已經顯著地大於零。這時，如果沒有生產率的提高，勞動力繼續轉移就會對農業生產造成負面影響。也正是在這個意義上，有的發展經濟學家將路易斯轉捩點也稱為食品短缺點，即

如果生產率提高不能與經濟發展階段變化相適應，則會出現食品短缺引發的通貨膨脹等問題[7]。2004 年之後，中國逐漸完成了路易斯轉折，而在後路易斯轉捩點時代，中國農業發展跨入了第三個階段，開始面臨這個嶄新而嚴峻的挑戰。

在揭櫫於農業的整個經濟改革過程中，中國農業的生產率提高，無論是表現為勞動生產率、土地生產率還是全要素生產率的提高，都是成效顯著的。但是，把農業生產率表現放在特定歷史階段上，進行國際比較的話，即觀察中國到達路易斯轉捩點時，農業勞動生產率和土地生產率與其他國家和地區相關發展階段上的農業生產率水平相比，我們可以看到，中國仍有巨大的生產率差距和提高潛力（圖 8-3）。

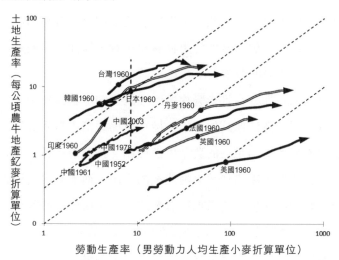

圖 8-3 農業生產率的歷史比較

資料來源：趙文：《新格局下的中國農業》，北京經濟管理出版社，2012 年，第 145 頁。

---

7 參見 Gustav Ranis and John C. H. Fei, "A Theory of Economic Development", *The American Economic Review*, Vol.51, No.4, 1961, pp.533-565。

例如，從以往的研究文獻我們可以知道，日本大約在 1960 年，韓國和中國台灣地區大約在 20 世紀 70 年代初，分別到達各自的路易斯轉捩點，而中國大陸到達這個轉捩點的時間，則是 2004 年。圖 8-3 中 2003 年中國大陸的土地生產率，與這幾個東亞經濟體相比較，差距仍然較大。而把中國的農業勞動生產率與發達國家 1960 年水平相比，差距則更加明顯。由此得出的一個政策涵義是，中國需要儘快面對第三個農業發展階段的新挑戰。

在以解決農民收入為主的農業發展階段上，實施工業反哺農業、城市支持農村的政策是必要的，也是有成效的。特別是從增加農民收入、農村扶貧和食品安全的角度看，沒有政府支出的這樣一個大幅度增加，無法補償計劃經濟時期對農業生產條件的長期負債，廣大農民無法脫貧，也難以奠定如今的農業和農村發展基礎。然而，從農業發展的更長遠視角看，僅僅依靠補貼不能形成具有自生能力的農業生產方式。

有一個長期存在且影響深遠的理論傾向，認為農業天然是一個弱質產業，無法像其他產業一樣在市場經濟中自生發展，價格機制也不能創造出足夠的農業生產激勵。按照這個邏輯，好的三農政策就是要不斷增加政府對農業的支出，而無論以何種方式。然而，政府以何種形式增加對農業的投入，所產生的效果是不同的，而且，僅僅靠政府一個積極性也是不夠的。

雖然在發達國家普遍存在政府對農業的補貼，但是，真正具有可持續性、具有競爭力的發達農業，歸根結底是建立在農業本身的自立能力基礎上的。誠然，中國目前的發展階段，仍然需要實行城市支援鄉村、工業反哺農業的政策。但是，着眼於未來，

構造現代化農業的生產方式基礎，已經越來越具有緊迫性。

由於面對自然風險、生產週期長，產業保險和生產融資有一定的特殊性，因此，農業作為一個產業，或多或少有其脆弱性。但是，發達國家農業發展的實踐已經表明，通過政府和市場的合理結合，上述產業特點並不妨礙農業成為一個具有競爭力的自生產業。

其實，農業最大的產業特點，在於其在國民經濟中份額不斷下降的變化趨勢。在中國的突出表現則是，當農業產值份額下降快於勞動力份額時，導致農業比較生產率持續顯著低於非農產業。解決的出路是現成的，即按照經濟發展規律的要求，實現農業勞動力和農村人口的徹底轉移。與此同時，創造完備的市場機制和充分的價格激勵。

首先，補貼不會自然而然創造出必要的激勵。以目前最流行的種糧直接補貼為例。其實，這種補貼形式不能產生刺激種糧積極性，已經先天注定了。在 WTO 框架下，能夠影響糧食產量的政府支出方式，被認為是一種導致不公平競爭的補貼，是被禁止採用的。也就是說，不違背 WTO 承諾的補貼，歸根到底不能刺激糧食增產。

當然，惟其如此，這種政策也沒有特別的扭曲效果。事實上，在承包土地流轉的情況下，糧食直補往往被承包權所有者而不是實際耕作者所獲得。但是，如果沒有激勵生產效果的補貼不斷增加下去，也會造成行政成本的提高和尋租行為的滋生。此外，為了防止穀賤傷農，國家對大宗農產品實行最低價收購政策，在市場價格較低且缺乏變化的情況下，目前大宗農產品如棉花和糧食

等幾乎全部是由最低價收購的，意味着市場機制在農業被大大地邊緣化了。

其次，單靠政府一個積極性不足以打造出現代化農業生產方式。中國共產黨第十八次代表大會提出：促進工業化、資訊化、城鎮化、農業現代化同步發展。這一方針在社會上被概括為「四化」同步。而要做到這一點的必然前提，則是在工業化、資訊化、城鎮化、農業現代化之間有相同的激勵機制和激勵力度。舒爾茨在批判把農民貶作天生的非理性小農，把農業當成天然的弱質產業時，強調了改造傳統農業的關鍵：只要有足夠的激勵，農民就可以點石成金。

加入 WTO 意味着必須考慮國際國內兩個農產品市場和兩種價格。兩者之間的互動既帶來挑戰，也提供機會。一方面，國際農產品市場價格為國內農產品價格設定了上限，長期採取貿易保護的方式，人為保持國內農產品價格高於國際市場，是 WTO 禁止的保護行為，也的確造成價格信號的扭曲。另一方面，國際市場價格波動既可能影響國內市場的穩定性，也可以被善用以形成有利於農民增收的價格激勵。

利用這種激勵機制，關鍵在於順勢而為，而不是逆流而上。以往中國對待國際農產品市場波動的應對往往是被動的。每當國際市場農產品價格高於國內時，政府總是嚴格限制農產品出口，因此農民無緣從國際市場價格升高中獲益。而每逢國際市場價格低謎，進口增加和出口減少都會抑制國內農產品價格，農民則是最終的受害者。通過機制設計和創新，這些問題本可以利用現代市場制度加以解決的。

第三，與三農政策相關的其他制度安排，尚不足以支撐現代化農業生產方式的形成。例如，與認為農業是天生的弱質產業相對應的一種政策傾向，出於對農業產業式微和農村經濟社會凋敝的擔憂，希望繼續把勞動力流動和人口遷移保持為一個「有來有去」的候鳥型模式。這應該是造成現今沒有市民化的城市化的政策根源。

事實上，羞羞答答的城市化，並不能造就一個建立在價格激勵和規模化經營基礎上的現代化農業生產方式。在缺乏穩定的定居預期的情況下，外出的農民工不敢轉讓承包土地的經營權，更不願意放棄已經閒置的宅基地，造成在最嚴格的土地管理制度下，土地的生產和生活利用率卻有所下降。

例如，2014 年農民工總規模為 2.74 億，其中 1.06 億在本鄉鎮從事非農產業。這些勞動者從就業性質來看，無疑已經離開土地，但是，他們中很多人仍然兼營農業，承包土地和宅基地無疑也繼續保留。同年，外出農民工即離開本鄉鎮 6 個月及以上的農村勞動力為 1.68 億，其中 1.32 億屬於住戶仍在農村的外出家庭成員，他們無暇從事農業生產，但承包地和宅基地並不會放棄。此外，還有 3578 萬舉家外遷農村人口，已經完全脫離了農村生活和生產活動。但是，他們名下的承包地和宅基地使用權，在很多情況下也沒有放棄。有些在把承包土地轉包他人耕種的情況下，卻享受着政府給予的種糧補貼。

作為 20 世紀 80 年代初家庭承包制的一個結果，中國農業土地的分佈具有零散、細碎、經營規模小的特點。在務農勞動力大幅度減少的同時，農業經營戶總數，即或者全業或者兼業或者仍

然實際擁有承包土地經營權的農戶數量，並沒有實質性減少。這導致農業經營規模不能隨着農業就業比重的下降而相應擴大，妨礙了農業勞動生產率的提高。美國作家梭羅在《瓦爾登湖》中描繪了一種自給自足的農業生產方式：一個人如果要簡單地生活，只吃他自己收穫的糧食，那麼他只要耕幾平方杆（每平方杆約等於 25.3 平方米）的地就夠了，而且用鏟子比用牛耕又便宜得多……

中國農戶的平均土地規模，不僅遠遠小於歐美發達國家、東歐國家、拉丁美洲和非洲國家，甚至顯著小於亞洲鄰國。世界銀行把戶均低於 2 公頃耕地的情形稱作「小土地經營者」，中國戶均 0.67 公頃的規模只是這一標準的 1/3，可謂超小規模的農戶了。由於中國每個農戶的土地還分散在若干不同位置，每個農戶的土地平均被分散為五塊、六塊甚至更多（Gao et al., 2012），算下來與梭羅描寫的情形幾近沒有差別。

在勞動力總數減少的情況下，如果未能根本改變這種土地經營狀況，不僅不利於機械化耕作，土地邊界和田埂還浪費土地。此外，超小型的經營規模，不僅妨礙生產者對價格激勵作出積極的反應，不利於形成專業化和職業化經營，還導致農業物質資本投入的邊際報酬遞減現象。例如，與改革初期相比，在目前糧食作物生產中勞動邊際生產率提高了數十倍的同時，資本邊際生產率降低了一半。

從「谷歌地球」上下載的一幅圖片（圖 8-4）給出了上海市崇明島兩個耕地區域的鮮明對比。其中左上角的土地通過集中形成了一定的規模經營，形成了條狀的田壟、較少但更有效率的溝

渠，以及更少的房屋佔用；右下角顯示的另一塊土地則是典型的分散耕種和小規模經營。撇開經濟學關於規模經濟的道理和其他因素不說，僅僅房屋、田界、溝渠對耕地的佔用，就足夠顯示其較低的生產效率。

圖 8-4 上海市崇明島土地集中與分散的對比

資料來源：https://maps.google.com/maps?ll=31.641353,121.566156&t=k，2013 年 7 月 15 日下載。

曾經針對經濟學家一味強調農業經營規模重要性的傾向，諾貝爾經濟學獎獲得者舒爾茨指出農業中存在着生產要素的「假不可分性」，因而土地經營規模並不像人們以為的那樣重要[8]。生產要素不可分性是指拖拉機的使用必須與相應的土地經營規模匹配，

8　希歐多爾・舒爾茨：《改造傳統農業》，北京：商務印書館，1987 年，第 92-94 頁。

設想一組聯合收割設備，在一個狹小規模的地塊上，顯然不可能是有效率的。所以，「假不可分性」的含義是，拖拉機可以是大型的，也可以是小型的，可以依據土地規模改變。此外，每一個經營單位如農戶的土地是有限的，或者某個地塊是狹小的這一現實，可以靠購買機械化服務來解決，而不必每個農戶都具備完整的機械耕種設備。

舒爾茨的這個理論，在很長的時間裏對於中國農業具有針對性，因而也是有幫助的。中國的經濟學家和農村政策研究者不主張過分強調規模經營，原因有兩個。第一是擔心強調規模經營會給地方幹部或村集體以藉口，動搖家庭經營這一農業基本經營制度，傷害農業生產激勵機制。第二是擔心在存在剩餘勞動力的條件下，擴大經營規模會造成部分勞動力無地可耕的現象。

中國農業迄今為止的發展道路，也的確證明了生產要素「假不可分性」的假說。例如，正如前面提到的，早起小型農業機械的較快增加，就是與土地規模小、勞動力剩餘的家庭經營條件相適應，所誘致形成的機械化道路；而後一時期大型農業機械的迅速增加，則是與土地規模沒有擴大，但已經出現勞動力短缺，農戶購買機械服務的條件相適應，形成的節約勞動的機械化道路。

歸根結底，狹小的戶均規模以及地塊分佈的分散性，加大了農戶之間協作購買農業機械服務的談判成本，限制了對大型農業機械服務的使用；農民在產前、產中和產後購買生產資料和相關服務的活動，也存在着規模經濟，規模不足則導致討價還價、收集資訊、評估結果等交易費用過高；在狹小的經營規模情況下，生產者則難以對市場信號做出有效的反應，從而難以形成技術變

遷的有效誘致機制。

　　當農業發展進入到新階段，由於規模龐大的農村勞動力和人口轉移出農業，遷移到各級城市，通過既節約土地也節約勞動力的技術進步提高農業生產率，越來越顯出其重要性，擴大土地規模日益緊迫地提上議事日程。在家庭經營這一基本經營制度的基礎上，進一步確立農民對承包土地的使用權和出讓權，尊重農民的首創精神，通過制度創新，可以探索出一條中國特色的土地集中之路從而農業現代化之路。

第九章

重新界定政府職能

從享有人口紅利的二元經濟發展階段，轉向具有越來越多的新古典增長特徵的經濟發展階段，經濟增長減速是自然而然的，因為在後一新階段上，經濟增長必須越來越依靠技術進步和生產率提高來驅動。因此，創造一系列必要的，而以往尚不具備的制度條件，通過競爭壓力推動創新，是這個發展階段轉捩點上亟待探索的任務。不過，歸根結底中國經濟尚未成為一個純粹的新古典增長類型，意味着尚有諸多傳統增長潛力可以挖掘。

無論是開發新的增長源泉，還是挖掘傳統增長源泉潛力，都對進一步改革提出了更高的要求，都是中國經濟未來增長必須贏取的改革紅利。而根據中國的經驗和教訓，經濟體制改革的核心是重新界定政府與市場、社會及企業的職能邊界，通過營造良好的政策環境促進創造性破壞，實現經濟發展方式轉變、產業結構調整和增長動力轉換。

9.1 打破政府悖論

諾貝爾經濟學獎獲得者亞瑟·路易斯曾經不無迷茫地指出一個事實：「政府的失敗既可能是由於它們做得太少，也可能是由於

它們做得太多」[1]，我們可以將這句話看作是一個「路易斯悖論」。這個發展經濟學理論上的悖論，在經濟發展實踐中似乎成為一個魔咒，禁錮了古今中外政府經濟職能的合理界定。

較早實現工業化的發達國家，始終未能根本破解這個路易斯悖論。從現代經濟學誕生之日，人們普遍接受了關於政府只應該作為「守夜人」的說法。亞當‧斯密指出，除了一些涉及國家安全和秩序的基本職能以外，政府儘量遠離經濟活動和市場。

不過，值得指出的是，許多人記住了「守夜人」的說法，卻沒有注意到他所指的「涉及國家安全和秩序的基本職能」，既包括保護社會免受其他獨立社會的暴力與侵犯，以及保護社會個體免受他人的壓迫和侵犯，也包括建立並維護某種公共工作或公共制度。以致很長時間以來，西方國家的主流認識，是讓政府儘可能遠離經濟活動，政府越小，履行職能和所作所為越少，便是越好的政府。

但是，世界經濟史也表明，至少有兩個普遍存在的問題，無法在政府缺位元的情況下予以解決。其一，並非每一個人、每個羣體都從經濟發展過程中均等獲益；其二，經濟增長並不能自動、完美地調節自身，以致經濟危機和週期性擾動層出不窮。

事實上，形形色色的經濟危機週期往復，而且隨着全球化程度的加深，而越來越成為全球性經濟危機，即往往是在那些推崇自由市場經濟的發達國家濫觴，最大多數的普通勞動者承擔結

1　亞瑟‧路易斯；梁小民譯：《經濟增長理論》，上海：上海三聯書店、上海人民出版社，1994 年。

果，隨後波及全球，傷害發展中國家的窮人。此外，無論在發展中國家還是在發達國家，甚至在高速經濟增長的國家，貧困現象都像幽靈一樣，徘徊不去。一些國際組織和在國際範圍內活躍的經濟學家，也曾推銷新自由主義經濟學，但後者的大行其道並未能夠消除富者愈富、貧者愈貧的馬太效應。這些事實都不以人們意志為轉移地證明，政府遠不是做得越少就越好。

自英國經濟學家凱恩斯的更具有國家干預色彩的理論開始統治西方經濟學之後，市場經濟國家也接受了政府應該在必要的範圍內影響經濟活動的理念。甚至在一些國家形成了強調計劃調節、實施產業干預政策、頻繁推出宏觀經濟政策和建立高福利制度的傾向。比較典型地體現在美國以大規模投資為特徵的「羅斯福新政」、西方各國凱恩斯主義佔統治地位的宏觀經濟政策、法國等國有經濟比重頗高的經濟計劃。

然而，政府干預經濟作用的增強，既沒有消除發達國家的經濟週期現象，也沒有消除各種形式的貧困，反而加重了經濟波動的危害性，如在美國出現了經濟衰退和通貨膨脹並存的「滯漲」現象，歐洲國家計劃失靈和市場失靈同時並存，高福利政策難以為繼。因此，高度推崇自由市場經濟，反對政府干預的新自由主義經濟理論再次興起，獲得了廣泛的市場，以美國的列根政府和英國的戴卓爾政府為代表的發達國家政府，則通過私有化等一系列政策將其付諸實踐，直至形成理論與政策一體的所謂「華盛頓共識」，輸出到發展中國家和轉型國家。

發展中國家更是未能逃離路易斯悖論所帶來的魔咒。早期發展經濟學的結構主義學派是主張政府積極干預的，成為 20 世紀

50-60 年代的主流觀點，極大地影響過發展中國家的政策制定。但是，政府扭曲導致發展中國家未能如願地實現其趕超目標的一系列事實，使得關於政府經濟職能的新古典主義和新自由主義經濟學復活，取而代之並於 70 年代以後佔據了統治地位，否定政府積極作用的觀點甚囂塵上。不過，在經濟學家在試圖對一些後起工業化經濟體的經驗進行詮釋時，理論傾向又發生了新的變化，政府的積極意義重被提起。

例如，許多拉丁美洲國家先後選擇過兩種大相徑庭的發展戰略。第一次是受本土的激進發展經濟理論潮流的影響，選擇了以排斥貿易和市場機制，以及過分強調政府作用為特徵的發展戰略；第二次是受到一羣「芝加哥小子」舶來的新自由主義經濟學思潮影響，選擇了以高度依賴貿易和國外資本，推崇市場機制、限制政府作用為特徵的發展戰略。兩種發展戰略在理念上和政策上幾乎南轅北轍，但是，在很多情況下，執行的結果卻十分相似，都未能取得良好的經濟發展效果，以致形成所謂「拉美陷阱」或中等收入陷阱。

關注到東亞經濟的崛起，最初西方學者將其總結為主要由自由市場發揮作用的成功，以後甚至有人將其作為驗證了貿易自由化、價格市場化和私有化「華盛頓共識」的成功案例。另一方面，許多西方學者在進一步研究東亞經濟發展的經驗時，注意到東亞國家和地區的政府在經濟發展過程中所起到的獨特作用，進而有些學者將其歸納為「發展型政府」（developmental state）。同樣的發展事例形成截然相反的理論總結，充分表明在關於政府經濟職能的理論爭論中，路易斯悖論仍然沒有得到破解。

在中國，長期以來形成一個在中央政府與地方政府之間、政府與企業、市場和社會之間的「放權─收權」循環往復，「一放就亂，一收就死」似乎成為打不破的怪圈，或解不開的死結。在改革開放之前的計劃經濟條件下，這種「放權─收權」循環主要發生在中央與地方之間，以及政府內部的條條塊塊之間。而在 20 世紀80 年代以來，以市場化為取向的改革時期，「放權─收權」循環則更多地發生在政府與企業、市場及社會之間。

經驗表明，這種反反覆覆的放權和收權，都沒有觸及政府與市場關係的本質。國外觀察家常常把中國改革歸結為中央向地方政府的放權，認為這種做法強化了地方政府的財政激勵，加之對官員的目標考核機制，激發了地方政府推動地方經濟的強烈動機，並通過地方經濟之間競爭，推動了中國的高速經濟增長。這種解釋在一定程度上是說得通的。不過，注意到這種放權並沒有解決政府與市場之間關係的問題，地方政府過度積極地介入直接經濟活動，甚至像經營企業一樣經營地方經濟，就可以想像這種發展模式的可持續性是值得擔憂的。

在擁有人口紅利這個特殊增長源泉的二元經濟發展時期，經濟增長主要依靠資本、勞動以及土地和資源的投入驅動，正如在第二章分解經濟增長源泉時（如參見圖 2-2）所看到的，資本積累對經濟增長的貢獻率可達 70%。在這個發展階段上，政府在招商引資和動員土地等資源方面可以發揮積極的作用，通過產業政策和區域發展戰略推動大規模建設項目，政府可以影響投資甚至直接進行投資。

隨着人口紅利從 2010 年起開始消失，勞動力供給和人口撫

養比越來越不利於經濟增長，資本報酬遞減現象愈演愈烈，也不可避免地使資本積累對經濟增長的貢獻式微，過度依靠生產要素投入的經濟增長模式難以為繼。因此，長期可持續增長源泉，只能來自於更有效率的資源配置和通過創新獲得的技術進步。

在這個嶄新的經濟發展階段上，如果政府繼續像以前那樣過度積極介入經濟活動，反而不利於這些新的增長源泉的獲得。有一種觀點，認為在經濟發展階段變化之後，傳統比較優勢逐漸喪失，恰恰要求國家從更長期和更加宏觀的層面，進行動態比較優勢的展望，並採取補貼等鼓勵手段鼓勵投資者進入具有潛在比較優勢的產業，採取規制等設置障礙的政策，阻礙投資者進入不具有潛在比較優勢的產業，或者作為公共品供給者直接推動新技術的應用。

但是，這種對政府的良好期待往往不能成為現實。首先，政府通過大規模項目干預經濟增長，傾向於把有限的資源過度配置到少數行業和企業中，降低資源配置效率。其次，政府不可能對技術創新的方向有充分資訊，不能替代千千萬萬企業的創新活動。最後，也是最重要的是，探索動態比較優勢和技術創新，依靠的是競爭壓力和創造性破壞機制，即企業要有生存壓力才有創新動力，而在創新過程中必然承受失敗的風險，最後的整體成功是建立在許許多多的個體失敗基礎上的。

政府介入經濟活動特別是以產業政策的方式干預投資活動，最大的危險在於它不肯承擔風險，也不能承認失敗。面對風險和失敗，政府傾向於維護既有的資源配置格局，甚至不惜以刺激和保護的方式防止低效企業的退出，實際上繼續加深低效率配置的

程度，最終結果必然是提高槓桿率，積累起過高的政府債務，及至造就殭屍企業。

雖然以上分析表明，對於政府與市場關係正確答案的探尋，還遠遠未有窮期，但是，我們已經從國際比較的角度以及中國探索中的經驗和教訓，認識到關於政府的經濟職能及其實現路徑和具體操作方案，應該是多樣化的和不同的，沒有也幾乎不可能有放之四海而皆準的模式或共識。

既作為西方主流經濟學的代表性人物，又在某種程度上作為其離經叛道者，諾貝爾經濟學獎獲得者斯蒂格利茨曾經一針見血地指出：「如果當今果真有一個關於哪種戰略最可能推進貧困國家發展的共識的話，那就是：除了華盛頓共識沒有提供對這個問題的回答之外，不再有任何共識了」[2]。各國的社會制度、歷史背景、面臨的現實問題和直接的制約因素都不盡相同；而在一個國家內部，不同的時期和不同的發展階段，都產生不同的制度需求，因而政府在其中的職能和作用方式也應該不盡相同。

至少，我們已經找到了一個有益的理論起點，即摒棄糾結於政府做「多」與做「少」之間的路易斯悖論，而着眼於更好地界定政府應該「做甚麼」與「不做甚麼」。在這個最基本的問題比較清晰的情況下，進一步探索「怎麼做」的次級問題。結合形形色色的經濟學理論以及各國千奇百樣的經濟發展實踐，以及中國在政府職能問題上存在的突出問題，我們可以歸納出，政府應該如何施

---

2 斯蒂格利茨：《後華盛頓共識的共識》，載黃平、崔之元主編《中國與全球化：華盛頓共識還是北京共識》，北京：社會科學文獻出版社，2005 年。

加對經濟發展的影響，不應該在哪些常規經濟活動中施以手段，以及在需要有所作為的領域應該怎樣做。

首先，政府必須履行的經濟職能是提供公共品，即通過法律和必要的經濟規制，防止各種壟斷行為，保護市場競爭的公平性和充分性；通過建立社會保障體系和勞動力市場制度，對經濟發展中的弱勢群體給予社會保護。即便在提供基本公共服務領域，政府也應探索與社會組織的合理分工，防止包辦一切的做法。在發展階段變化的情況下，探索和形成新的增長引擎，中國經濟越來越需要一個適應創造性破壞的政策環境，既從資源重新配置中獲得生產率提高，又要對勞動者進行社會政策托底。

其次，針對直接經濟活動，政府也需要通過財政政策和貨幣政策手段，對宏觀經濟運行進行調節；通過實施產業政策和區域政策，探尋動態比較優勢和平衡經濟發展過程。但是，在履行上述職能中，政府應該最大限度地減少直接參與經濟過程，杜絕對生產要素價格的扭曲，防止對不同經營主體歧視性待遇。在中國經濟發展進入新常態，一系列與人口紅利消失相關的供給側因素，導致經濟增長速度逐漸回歸均值。這時，最重要的是準確區分經濟增長長期因素與短期週期因素，避免把解決短期波動的宏觀經濟政策手段長期化和常態化。

最後，為了處理好政府和市場的關係，更加尊重市場規律和更好發揮政府作用，需要適時推進一系列重要領域的改革。包括進一步精簡機構，建立服務型、高效廉潔的政府；改革和完善基本社會保險制度，實現基本公共服務的均等化；通過法律、法規和公共服務平台建設，創造有利於創新和人才湧現的政策環境；

消除阻礙勞動力、資本等生產要素在部門、地區、城鄉和企業間流動的制度障礙；以及實施必要的再分配政策，縮小城鄉之間、地區之間、部門之間和不同羣體之間長期存在的收入差距。這些改革涉及政府本身，需要有更大的政治決心、勇氣和智慧。

9.2 拆除配置障礙

設想有兩塊相鄰的耕地 A 和 B，生產率相同，共同鄰近一個可以用來澆灌的水塘。耕地得到澆灌自然增產，所以我們假設水是一種重要的、決定產出水平的生產要素，這個水塘恰好滿足兩塊耕地需要。但是，如果水塘為地塊 A 所獨佔，可以滿足澆灌所需甚至可能澆水過度，導致邊際產出下降；與此同時，地塊 B 因得不到澆水，產出能力被嚴重抑制。在這種情況下，地塊 A 和地塊 B 之間產生生產率差異，資源配置效率大大降低。再假設 B 是一塊更加優質的耕地，得到相同的澆灌可以獲得高於 A 的產出，因此，在得不到同等灌溉的情況下，資源配置效率則進一步降低。這時，一旦允許水流到地塊 B，使兩塊土地都獲得所需灌溉的話，資源配置效率可以得到顯著的提高，總產出也可以大幅度增加。

把這個兩塊土地的比喻應用到產業之間、行業之間和企業之間，觀察各種生產要素如勞動力、資本和土地在其中配置的情況，則可以得出結論：如果存在着資源分配的制度性不均等及重

新配置的障礙，則會產生持續的生產率差別，資源配置效率達不到最佳狀態；一旦拆除阻礙資源配置的制度性障礙，則可以獲得資源重新配置效率，而後者是全要素生產率的要義。

全要素生產率常常會成為一個被誤讀的概念，躍躍欲試的有為政府也往往會感覺找不到立竿見影的抓手。如果把全要素生產率理解為歸根結底是資源重新配置效率，有利於回答政府需要怎樣做才能促進這一生產率提高的問題。首先，全要素生產率直接來自庫茲涅茨效應。諾貝爾經濟學獎獲得者庫茲涅茨把產業結構變化的動力和結果，歸結於資源或生產要素在產業間重新配置導致生產率提高。其次，全要素生產率直接來自熊彼特效應，即在創造性破壞條件下資源或生產要素在企業間流動並重新配置的效果。最後，雖然技術應用等創新因素是生產率重要源泉，但是，技術進步並非一個勻質的過程，最終生產率得以提高，在於讓那些最先且最成功的創新者更多獲得和使用要素與資源。

在改革開放的整個時期，產業結構變化最突出的方面，表現在農業勞動力比重急劇下降，非農產業就業比重提高，實現了資源重新配置。在計劃經濟時期，生產要素特別是勞動力不能流動的結果，就是在農業中累積下規模龐大的剩餘勞動力，像在大多數發展中國家一樣，農業作為剩餘勞動力的蓄水池，勞動邊際生產力十分低下。而經濟改革的一大成果，則是創造了資源配置大幅度改善的效應。

這種效應是在豐富的勞動力供給作為一種稟賦條件，加上計劃經濟體制下形成的勞動力扭曲分佈這個制度遺產，在改革的條件下釋放出來的。具體表現為，一旦解除了體制束縛，農業剩餘

勞動力和國有企業冗員便按照生產率引領的原則,在城鄉之間、地區之間、產業之間、行業及企業之間流動,成為全要素生產率從而勞動生產率的主要組成部分,對經濟增長作出顯著貢獻。

　　研究表明,在 1978-2015 年期間,中國的勞動生產率(勞均GDP)實際提高了 16.7 倍,其中第一產業提高了 5.5 倍,第二產業提高了 13.5 倍,第三產業提高了 5.2 倍。在總體勞動生產率提高中,各產業勞動生產率提高的貢獻合計為 56%,其中以第二產業貢獻最大。然而,這個由三個產業生產率提高簡單加總的貢獻,尚不能解釋勞動生產率提高的全部來源。也就是說,表現為勞動力重新配置的產業結構變化,對勞動生產率提高的貢獻為44%。其中靜態轉移效應,即勞動力向初始年份勞動生產率較高產業轉移的貢獻佔 5 個百分點,動態轉移效應,即勞動力向勞動生產率提高速度較快的產業轉移的貢獻佔 39 個百分點(圖 9-1)。

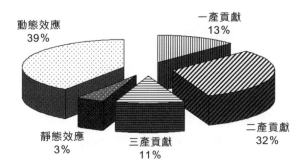

圖 9-1 勞動生產率增長的部門和結構貢獻

資料來源:蔡昉:〈中國經濟改革效應分析 —— 勞動力重新配置的視角〉,《經濟研究》

2017 年第 7 期。

隨着勞動力大規模轉移和流動，農業勞動力比重大幅度下降，農村剩餘勞動力也明顯減少，加上新成長勞動力進入負增長這一事實，由此獲得資源重新配置效率，並據此支撐中國全要素生產率提高的空間也將變得越來越狹窄。不過，即使僅就基於資源重新配置效率而言，全要素生產率提高的潛力也還遠遠沒有開發殆盡。如前所述的資源重新配置效率，只是把兩個地塊的例子應用於第一產業、第二產業和第三產業之間時的情形，進一步，如果把這個道理運用到一個產業內部的行業之間，或者一個行業內部的企業之間，可以想像得到，仍然會有巨大的資源重新配置潛力。下面，我們引用兩項相互獨立卻邏輯上一致的研究成果，以說明這種效率潛力的存在。

第一項研究表明，在像美國這樣的成熟市場經濟國家，企業的進入和退出、成長和消亡，形成一種創造性破壞的過程，產生資源重新配置效率，其所能帶來的全要素生產率的提高，佔到全部生產率進步的 30%-50%[3]。

另一項研究有關中國。經濟學家發現，中國工業行業內部企業之間的生產率差距非常之大，無論用何種指標衡量，都顯著地高於美國。這無疑意味着，生產率低的企業沒有被淘汰掉，生產率高的企業沒有相應擴大自身規模。因此，由此可以推論並且

3　Lucia Foster, John Haltiwanger and Chad Syverson, "Reallocation, Firm Turnover, and Efficiency: Selection on Productivity or Profitability?", *American Economic Review*, vol. 98, 2008, pp. 394-425.

得到定量印證的是：如果允許優勝劣汰，生產要素達到更好的配置，企業間生產率差距降低到美國的水平，中國工業的全要素生產率可以提高 30%-50%[4]。

　　上述兩個各自獨立的研究，得出的可以通過全要素生產率的數量級卻是一樣的，結果這麼巧合與一致，説明中國還沒有把這個全要素生產率提高的機會加以利用。因此，讓企業的能生能死或成長消亡，可以期待獲得巨大的全要素生產率源泉。那麼，我們究竟需要拆除哪些制度障礙，以實現我們期望的結果呢？

　　歸根究底，人們普遍看到的是生產要素在部門間、行業間和企業間的流動仍然是遇到障礙的，導致的結果則是競爭的不充分。中國經濟增長的經驗反覆證明，競爭是提高效率的根本動力和源泉。一方面，隨着國有經濟面臨更多的競爭壓力，效率得到較大的提高。例如，根據一項研究[5]，國有經濟全要素生產率的年均增長率，在 1978-1988 年期間為 0.70%，在 1988-1998 年期間為 0.05%，到 1998-2007 年期間提高到 4.19%，與非國有經濟已經持平。另一方面，競爭更加充分的非國有經濟在整個改革期間，全要素生產率的提高速度卻明顯優於國有經濟。在 1978-2007 年期間，國有部門全要素生產率，年平均增長率為 1.36%，非國有部門則為 4.74%，前者僅相當於後者的 28.7%。

　　同一研究結果顯示，剔除基礎設施的因素，國有經濟比非國

4　Chang-Tai Hsieh and Peter J. Klenow, "Misallocation and Manufacturing TFP in China and India," *The Quarterly Journal of Economics*, vol. CXXIV, Issue 4, 2009, pp. 1403-1448.
5　L. Brandt and Xiaodong Zhu, Accounting for China's Growth, *Working Paper*, No. 395, Department of Economics, University of Toronto, February 2010.

有經濟具有更高的資本勞動比、更低的資本回報率以及更為遜色的全要素生產率表現。例如，在 1978-2007 年期間，國有經濟的勞均資本增長率是非國有經濟的 2.7 倍，國有經濟的勞均產出增長率只是非國有經濟的 95%，國有經濟的全要素生產率增長率只是非國有經濟的 1/3。這個對比似乎意味着資源並沒有按照向生產率更高部門流動的原則得到配置。

但是，如果我們不是僅僅看 1978-2007 年的平均數字，而是分時期來觀察並比較的話，就可以看到，在國有企業經歷了深刻改革之後的 1998-2007 年期間，在國有企業佔全部工業產值、固定資產和就業比重持續下降的同時，國有經濟與非國有經濟都面臨着更大的競爭壓力，兩者之間的勞均資本、勞均產出和全要素生產率的提高速度明顯趨同。可見，改革並不是讓哪種所有制類型的企業退出的問題，而是創造條件實現競爭性行業的企業自由進出，只有競爭才能激勵創新和實現資源配置優化。

可見，把全要素生產率理解為資源重新配置效率，可以使我們懂得，在這個問題上有為政府所要做的事情，主要不是越俎代庖去選擇哪些產業或企業是具有提高生產率潛力的，因而通過產業政策進行干預，而是通過發育生產要素市場和維護市場競爭，營造創造性破壞的環境。正因為如此，如果一定要使用產業政策這個概念，也不應該人為去挑選贏家，而是抓住一些瓶頸性的行業，找出這些行業中存在的體制機制問題，着力消除其中存在的制度性障礙。其效果必然是促進資源在產業、行業、地區和企業之間的合理流動，提高生產要素配置的效率。

9.3 患寡，也患不均

嚴謹地說，孔子講「不患寡而患不均」，並非強調「不患寡」，而是強調「患不均」。所以這個思想，與我們講既要做大蛋糕，又要分好蛋糕，是沒有矛盾的。事實上，古今中外的歷史經驗和教訓都表明，做大蛋糕雖然不是分好蛋糕的充分條件，卻無疑是必要條件。例如，在 21 世紀前十年，巴西等一些拉丁美洲國家經濟增長取得較好績效，相應地，這些國家的堅尼系數也有明顯的降低。而美國自上個世紀 70 年代以後，經濟增長比以前顯著減緩，加上一些政策傾向上的偏斜，貧困發生率大幅度提高，收入和財富出現明顯的兩極分化，成為發達國家中收入分配最不平等、堅尼系數最大的國家。

在當代中國，在人民收入水平明顯提高的同時，也出現了較大的收入差距和財富的兩極分化。在政策研究領域、學術界和輿論界，人們熱衷於討論收入分配現實，也普遍認識到收入分配與政府的政策傾向密切相關，關於公平與效率關係的討論經久不息。特別是，隨着時間的推移和收入分配狀況的變化，無論是從理論角度進行討論，還是出於切身利益發出聲音，各種觀點針鋒相對，常常出現情緒激昂的交鋒。

公平與效率成為一個討論的話題，最初針對的是計劃經濟時期盛行平均主義和缺乏激勵機制的弊端。那時，「大鍋飯」現象廣泛存在，致富之路在法理上和實踐中都是被堵死的。針對這種情況，在 20 世紀 80 年代中期，鄧小平提出讓一部分人先富起來，

以達到共同富裕的目標。相應地，在理論上形成了「效率優先，兼顧公平」這個官方表述。從 1993 年中共十四屆三中全會提出，在相當長的時間裏，這種提法也是廣為接受的共識，即針對平均主義大鍋飯盛行的傳統體制弊端，強調效率優先，着力建立激勵機制，起到了調動勞動者和創業者積極性的積極作用。

隨着生產要素市場機制逐漸成為基礎性的資源配置和收入分配方式，地區之間、城鄉之間、部門之間和社會成員之間收入差距趨於擴大，人們開始重視收入分配的公平性問題。特別是，針對一些由體制因素導致的不合理收入差距，乃至出現的貧富分化趨勢，許多人建議在政策上應該向更加注重公平轉變。這些認識也逐漸反映在官方對於公平與效率關係的表述上面。

例如，在中共十六大報告中，新的表述是：「初次分配注重效率，再分配注重公平」，強調了政府對收入分配的調節職能，作出了調節過大收入差距的鄭重承諾。中共十七大之後，官方兼顧公平與效率的表述愈加清晰。如中國共產黨的十八大報告指出：「初次分配和再分配都要兼顧效率和公平，再分配更加注重公平。」中國共產黨的十九大報告則更加明確要求「履行好政府再分配調節職能，加快推進基本公共服務均等化，縮小收入分配差距。」

在常見的討論中，或多或少反映出，許多人把效率和公平看作是對立的概念，兩者之間似乎具有「魚和熊掌不可兼得」的取捨關係。其實，這個理論傳統來自於奧肯在 1975 年出版的名著《平等與效率 —— 重大抉擇》。不過，中文版對這部著作副標題的翻譯，即使不是誤譯，也多少偏離了原文的本意，容易誤導人們的理解。副標題中的「重大抉擇」，原文為 "The Big Tradeoff"，準確

地翻譯應該是「大取捨」，意思或此或彼，兩者只能取其一，無疑隱含着「魚和熊掌不可兼得」的意思。

由於政治家和決策者在大多數情況下並不能決斷地説「我更傾向於要平等」，或者「我寧願要效率」。因此，這種把平等與效率看作對立和取捨關係的認識，很容易造成誤導，產生政策上的搖擺不定，要麼不顧收入分配的惡化，任其發展到不可收拾的程度，要麼形成極端化的分配政策傾向，不利於協調發揮初次分配機制和再分配政策的作用，或者以民粹主義政策代替社會分配政策。兩種極端的政策傾向，都分別在一些國家甚至造成災難性的結果，而且最終造成政策意圖與政策效果的南轅北轍。

效率和公平都是發展所追求的目標。保證效率是調動經濟發展參與者積極性的關鍵，是建立有效的激勵機制的核心。而公平是經濟發展的終極目標，也是衡量效率的圭臬。效率和公平在根本上是不矛盾的。在講求效率的前提下，把蛋糕做大，才可能為公平分配提供物質基礎，才會有經濟發展成果的共用。而只有確保分配的公平，才能保證效率的達到，並使效率實現自身的歸宿。但是，效率和公平有各自的側重點，並非可以自動實現兩者的平衡點。

實現效率和公平的統一兼顧，需要堅持以人民為中心的發展思想，根據不同時期、不同發展階段和不同的主要矛盾，既需要實現兩者的總體均衡，也需要在優先順序和政策偏重上有所抉擇。那麼，中國當前在收入分配領域面臨的最突出問題是甚麼，改革收入分配制度的難點在哪裏，應該以甚麼為突破口推進改革，取得實質性成效呢？下面，我們從收入分配的一般規律與中

國的特殊矛盾結合起來，探討這些問題。

　　諾貝爾經濟學獎獲得者庫茲涅茨曾經有一個著名的觀察，即收入差距隨經濟發展水平先擴大，到達一個轉捩點之後，呈現縮小的趨勢。這個發現被稱作「庫茲涅茨倒 U 字型曲線」。由於迄今為止，存在着證明和否定這個觀察的不同經驗研究，所以庫茲涅茨所概括的經濟發展與收入分配的關係，充其量可以被看作是一個假説。必須承認，影響收入分配的因素多種多樣，並且依一個國家的經濟體制、發展階段、政策取向不同，主導因素也不盡相同。所以，即使存在着一種與庫茲涅茨觀察類似的變化趨勢，也必然以紛繁複雜的方式表現出來。

　　以往對於庫茲涅茨觀察到的這一事實及其概括，無論是追隨者還是質疑者，大多從是否存在着倒 U 字型曲線出發。按照這樣的討論方向，一經皮凱蒂在其《21 世紀資本論》中揭示的資本積累的長期動態，及其導致的收入差距擴大趨勢被廣為接受，庫茲涅茨理論似乎就壽終正寝，不再有圍繞其進行爭論的必要。然而，如果我們把爭論轉向嘗試回答：需要付出哪些政策努力，具備並創造哪些制度條件，才能迎來收入差距從上升到下降的庫茲涅茨轉捩點，則可以繼續推進關於收入分配問題的研究，並獲得有益的政策含義。

　　伴隨着中國經濟先後處於不同的發展階段，收入分配格局也經歷了相應的變化。總體上，收入分配狀況的變化主要受三個因素的影響，分別有擴大差距和縮小差距的效果。各自的相對作用強度在不同時期不盡相同，從而它們綜合作用的結果形成收入分配狀況變化的特定軌跡。

隨着勞動力市場逐步發育，勞動者在人力資本等方面的羣體和個體差異，導致收入水平的分化從而收入差距擴大。從一定意義上說，這種效應有利於勞動積極性和受教育激勵。改革開放促進經濟增長的過程，不是一個在全國同時鋪開和推進的過程，因此，經濟發展機會也不會均等地在地區之間和人口之間分佈。因此，收入水平的提高必然會有先有後。即使在機會相同的情況下，勞動者因家庭狀況、年齡、性別和受教育程度等方面存在差異，抓住增加收入乃至致富機會的步伐也必然有先有後。

我們可以從經濟學家最津津樂道的教育回報率為例。一般來說，教育回報可以從兩個角度來觀察。首先是從整體經濟增長的角度，勞動者平均受教育年限的增加，以一定的貢獻份額給產出帶來增長。這個教育回報總是存在的，即使勞動力市場發育水平較低。其次從勞動者個人的角度，受教育程度高通常代表着勞動者的人力資本稟賦高，對企業的產出貢獻也更大，因此，企業對人力資本的獎勵，就是付給這些人更高的工資。這就是所謂教育的私人回報。

在缺乏激勵機制的傳統體制下，「大鍋飯」的含義就是無論職工的人力資本是高是低，進而對企業的貢獻是大是小，通常都不會在工資水平中表現出來。這就是所謂「幹多幹少一個樣」和「幹好幹壞一個樣」。隨着改革的推進，企業面臨的競爭日益增強，勞動力市場的發育水平逐漸提高。勞動者的人力資本開始得到越來越多的承認，並在工資差異中體現出來。

例如，有學者使用微觀資料進行研究，估算出教育的私人回報率從 1989 年的 1.2%，提高到 1993 年的 2.2%，進而到 2000 年

的 3.8% 以及 2006 年的 8.9%[6]。其實，這並不是説人力資本回報率逐年提高，而是説在人力資本對企業產出的貢獻中，為個人所獲得的部分逐步得到認可並體現在工資中。這個勞動力市場發育產生的結果，雖然擴大了勞動者之間的收入差距，但是，總體而言具有正面的激勵作用。

不過，教育的私人回報率的提高，也會產生不好的收入差距擴大效應。有些學者發現，高收入羣體的教育回報率要大大高於低收入羣體的教育回報率，而前者在教育機會的獲得上，具有因體制因素造成的天然優勢。例如，由於公共教育資源分配不均等，大城市的教育機會和教育質量，明顯要高於中小城市和農村地區。而高收入羣體有更多的社會關係乃至特權，讓自己的孩子能夠享受更優質的教育資源。由此造成的收入差距，從道義上講是不公平的，從教育投資和發展上講是缺乏效率，由於降低了社會流動性，還會造成貧困的代際遺傳。

隨着城鄉居民就業範圍的擴大，特別是農村勞動力在非農產業就業機會的增加，產生縮小城鄉收入差距從而改善整體收入分配狀況的效果。雖然最初的就業和發展機會，往往會被那些人力資本能力強的人羣率先獲得，但是，隨着就業機會的增加，會逐步惠及到越來越大的勞動者羣體，形成所謂「涓流效應」。

在改革開放的整個期間，中國總體上處在一個二元經濟發展階段，即大量剩餘勞動力從農業轉向非農產業，勞動參與率不斷

6　王忠：《人力資本回報率、工資結構與收入不平等：1989-2006》，http://www.doc88.com/p-73547169251.html。

提高，使越來越廣泛的普通家庭和勞動者群體得以分享經濟增長的成果。農民工獲得高於務農所得的工資性就業崗位，整體上降低了農村的貧困水平，即使說沒有縮小城鄉收入差距，也具有抑制城鄉收入差距更為擴大的效應。

以土地均等分配為制度特徵的家庭承包制，保證了勞動力流動是追求更高收入和更好生活的自願選擇，因此，即使工資率不變，勞動力流動規模的擴大也足以顯著增加農民家庭的收入。勞動力流動增加農村家庭收入的作用和縮小城鄉收入差距的效果，可以從以下三個方面觀察。

我們先看勞動力流動的減貧效果。除去那些家庭勞動力不足或有就業能力缺陷的家庭，許多貧困家庭之所以貧困，是由於就業不充分。以往的研究表明，農村非農就業機會往往為那些有明顯技能或者有家庭背景有影響力的人群率先獲得，隨着就業機會進一步增加，貧困家庭開始從中獲益。因此，能夠外出打工就意味着有機會獲得更高的收入。研究表明，貧困農戶通過勞動力外出途徑，可以提高家庭人均純收入 8.5% 到 13.1%[7]。

我們再來看工資性收入對農戶增收的貢獻。按照國家統計局的統計口徑，農民家庭純收入來源被劃分為工資性收入、家庭經營純收入、財產性收入和轉移性收入四個部分。外出就業機會的增加顯著地提高了農戶工資性收入，提高這個收入成份佔農戶收入的比重，成為增加農民收入的主要源泉。

7　Yang Du, Albert Park, and Sangui Wang, "Migration and Rural Poverty in China", *Journal of Comparative Economics*, Vol. 33, No. 4, 2005, pp. 688-709.

觀察中國經濟在到達路易斯轉捩點之前的經驗，可以清晰地看到這一效果。例如，在 1997-2004 年農民工工資沒有實質增長的情況下，由於勞動力外出規模從不到 4000 萬人增加到超過 1 億人，農民工工資總額實現了年平均 14.9% 的增長速度，而農戶工資性收入，即使在被低估的情況下，佔農戶純收入的比重也從 24.6% 提高到 34.0%[8]。

　　其實，現行統計體系還遺漏了打工收入中的很大部分。由於官方統計系統內的住戶調查是分城鄉獨立進行的，因此，舉家遷移的農村家庭和外出打工農村家庭成員，既因難以進入抽樣範圍而被顯著排除在城市樣本外，又因長期外出不再作為農村常住人口，而被大幅度排除在農村樣本住戶的調查覆蓋之外。由此，農民工的務工收入在相當大程度上被低估了。在局部地區進行的調查發現，由於在官方統計系統的住戶調查抽樣和定義中存在問題，城鎮居民可支配收入平均被高估 13.6%，農村居民純收入平均被低估 13.3%，城鄉收入差距平均被高估了 31.2%[9]。

　　人口轉變和勞動力轉移，最終會消除二元經濟發展階段上的勞動力無限供給特徵。一個標誌性的時點便是所謂路易斯轉捩點。這個轉捩點並不意味着勞動力的絕對短缺，而是意味着如果沒有工資的實質性上漲，勞動力就會出現短缺現象。一旦這個過程開始，普通勞動者工資就會持續地提高下去。因此，經歷了路

8　蔡昉、都陽、高文書、王美艷：《勞動經濟學 —— 理論與中國現實》，北京：北京師範大學出版社，2009 年，第 220 頁。
9　高文書、趙文、程傑：〈農村勞動力流動對城鄉居民收入差距統計的影響〉，蔡昉主編《中國人口與勞動問題報告 No. 12 ——「十二五」時期挑戰：人口、就業和收入分配》，北京：社會科學文獻出版社，2011 年，第 228-242 頁。

易斯轉捩點之後，農民工的工資進而農戶的收入提高速度明顯加快，相應地縮小了城鄉收入差距。又由於全國的收入不均等中一個重要的貢獻因素，即是城鄉之間的收入差距，因此，城鄉收入差距的縮小趨勢，也必然會降低整體的收入不平等。

從國家統計局公佈的官方資料中，我們可以選取城鄉收入差距和全國居民收入堅尼系數，來描述收入分配格局的變化趨勢。總體來看，收入差距經歷了較長時期的攀升，在中國經濟迎來了路易斯轉捩點之後，收入差距擴大的趨勢開始得到抑制，在 2009 年前後達到峰值之後，已經呈現出逐漸縮小的趨勢（圖 9-2）。從不甚嚴格的意義上，我們也不妨把 2009 年作為中國經濟達到庫茲涅茨轉捩點的標誌性時點。

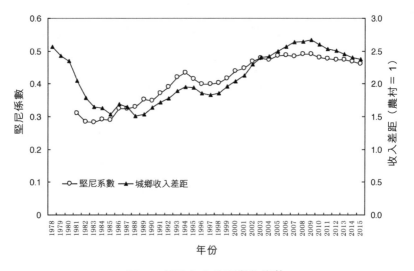

圖 9-2 居民收入差距變化趨勢

資料來源：國家統計局《中國統計年鑒》歷年；http://www.stats.gov.cn/tjdt/gjtjjdt/
t20130118_402867315.htm（2016 年 11 月 5 日下載）。

由於改革過程中出現的問題，或者因改革尚未完成而形成的階段性現象，導致收入差距擴大或者不能縮小，需要通過深化經濟體制的改革和進行社會政策的調整，才能最終得到解決。為了提高自然資源、政府以及國有企業資產存量的使用效率，在體制轉型的過程中，部分國有資產被資本化甚至民營化。相應地，許多礦產以及其他資源被讓渡給個人或集團使用，土地收益權變成個人或企業所有。結果是各種資源和資產被切割和分配，從名義上的國有制和實際上的無人所有，轉為個人或集團實質所有，繼而形成真金白銀的個人收入。

這種資源和資產的再配置缺乏監督，在很多情況下操作也不規範、不透明，甚至違法違規現象也很普遍，因此其隨後產生的收益往往具有灰色收入的性質。又由於這個再配置是以極端不均等的方式進行的，構成了擴大收入差距的重要因素。根據學者估計，2008 年各類隱性收入或灰色收入，是官方統計數位所顯示的城鎮居民人均可支配收入的 2.19 倍，並且 80% 集中分佈在 10% 最高收入組中 [10]。

正因為如此，中國社會仍然普遍高度關注收入分配問題，民眾常常對收入分配的改善沒有明顯的感覺。為了準確刻畫和認識實際收入分配狀況的變化軌跡，我們不妨把現存的收入差距從兩個層次上來認識，一個是勞動力市場收入差距，即人們通過就業獲得的收入之間的差異；另一個是社會收入差距，主要由勞動之

---

10 王小魯：《灰色收入與國民收入分配》，載宋曉梧、李實、石小敏、賴德勝主編《中國收入分配：探究與爭論》，北京：中國經濟出版社，2011 年。

外的要素分配的不公平所導致。前面的敍述表明，勞動力市場收入差距已經顯示縮小的趨勢，符合庫茲涅茨曲線的預期。然而，社會收入差距卻沒有表現出根本性的逆轉趨勢。

可見，問題出在兩個收入差距概念內涵之間的差別上。觀察家普遍認為，收入分配不公是未來潛在社會風險的源泉之一。實際上，以圖 9-2 顯示的趨勢作為分析問題的針對性，我們可以提出以下關於收入分配制度的重要問題。

需要看到的是，圖 9-2 中顯示的收入分配狀況變化並沒有考慮到統計之外的灰色收入分配。如果把這個因素加入其中，我們可以預料到，收入分配狀況根本性的逆轉尚未到來。這個特殊的造成收入不公的源泉，也提示了改革的重點領域。即解決收入不公問題應從增量、存量和收入流三個角度着手。

從增量上解決這種收入分配狀況，應着眼於在土地、礦產資源的開發過程中，真正以法律為依據，通過規範的程式，從制度上杜絕權力的介入。為防止農村集體土地農轉非過程中對農民利益的剝奪，要加快承包地和宅基地的確權，嚴禁任何形式的對農民物權的侵害。國有經濟仍將不斷重組，為了防止國有資產流失到個人和集團的手上，需要明確和嚴格界定產權，規範產權變動。加強對握有資源分配權力的政府官員的監督，加大反腐和防腐力度，最大限度消除領導幹部個人的資源分配權力，是更根本的解決辦法。

實際上，隨着中國經濟發展進入新常態，中央政府對地方不僅不再提出增長速度的約束性要求，甚至以防範系統性風險為核心的宏觀調控政策，着力抑制地方政府對資源配置的無限權力。

反腐敗鬥爭也取得絕對性的效果，對各類大腐敗、小腐敗和微腐敗的懲處，也通過取締非法收入，大大遏止了腐敗收入的增長。改革着力於讓市場在資源配置中發揮決定性作用，也有利於防止從增量上製造更多的財產性收入不公現象。

解決已經不合理地形成的個人或集團資產的存量，以及由此產生的收入流，應着眼於利用法律和稅收手段，調節過高收入。目前中國稅制結構的特點是間接稅比重過高，直接稅比重過低，稅制不具有累進的性質，不能起到調節收入分配的效果。為此，旨在調節收入分配的遺產稅和房產稅等稅種也應儘快出台。同時，鼓勵和推動企業職工持股，也具有一定的資產佔有均等化的效果。

城鄉居民的就業擴大是收入差距縮小的重要推動因素，這一路徑需要得以繼續遵循。迄今為止，收入差距的縮小僅僅表現出一種初步的跡象，能否成為穩定的趨勢，演變為庫茲涅茨式的轉折，仍然有待於與收入分配制度相關的改革，需要圍繞創造有利於庫茲涅茨轉捩點到來的諸多條件，進行具有長期效果的制度建設。

正如庫茲涅茨轉捩點不會自然而然發生一樣，工資性收入差距最終實質性縮小，也有賴於包括政府勞動法規在內的一系列勞動力市場制度的建設，如最低工資、工會、工資集體談判等制度的建設與完善。有關收入分配和改善民生的政府政策對縮小差距仍將發揮至關重要的作用。例如，更加包容和均等化的教育發展是縮小收入差距，防止貧困代際傳遞的根本辦法。政府改善收入分配的努力，要着眼於在經濟增長與再分配政策之間形成恰當的平衡。

無論是經濟增長、技術變遷還是全球化，本身無疑都是有益的社會進步過程，但是，這些過程都不會自動產生涓流效應，不能自然而然保證每個人羣均等獲益。因此，再分配政策應該是一個政策取向。另外，隨着人均收入水平的提高，政府政策在收入分配格局形成中的作用增強，是一個具有規律性的政策演變趨勢。例如，從二十八個收入差距較小的經濟合作與發展組織國家情況來看，通過再分配政策，堅尼系數平均從初次分配的 0.47，縮小到再分配之後的 0.30，也就是説，再分配把這些國家的堅尼系數平均下降了 17 個百分點。

9.4　社會保護不是負激勵

　　無論在富裕國家還是在貧窮國家，都存在着由於個人能力差異，如受教育程度有高有低，年齡要經歷從年輕、壯年到老年，身體有健康的時候也有生病的時候，因此，終究要有一些社會成員處於相對或絕對的脆弱地步；即使一個人在上述能力上具有優勢，也會因不可抗拒的經濟衝擊如失業、破產，以及遭遇各種自然風險，從而陷入這樣那樣的生活困境。因此，人們需要一種社會保護，幫助預防、應對和克服上述可能降低人們福利水平的各種脆弱性。

　　社會保護主要表現為一系列政策和項目構成的體系，通常包括社會保險、社會救助和勞動力市場制度等。中共十九大提出的

「幼有所育、學有所教、勞有所得、病有所醫、老有所養、住有所居、弱有所扶」也是指通過政府提供的基本公共服務，讓社會所有成員能夠享有的生活水平。

社會保護是一個流行的現代詞彙，但是卻有悠久的理論和政策爭論歷史。在馬爾薩斯看來，我們今天所說的社會保護只能加劇而不會減輕人類的災難和貧困。他從食品增長必然無法滿足人口增長的需要這一假設出發，認為造成貧困的根源是人口增長，因此，任何試圖幫助窮人的努力，最終會因提高人口出生率而適得其反。因此，他不僅在理論上反對任何關於社會保護的設想，他還乾脆提出了在英國逐步廢除《濟貧法》的政策建議[11]。

正如馬爾薩斯式的貧困陷阱，在工業革命之後被打破一樣，他從自己所總結的「人口規律」出發排斥一切社會保護的觀點，已經與他朦朧形成的「有效需求」理論相抵牾。在現代社會，貧困的根源不再由於絕對產出水平不足以使所有人獲得溫飽，而是制度弊端和政策傾向妨礙脆弱人羣獲得自己的份額。在任何時代、任何社會，這樣那樣的脆弱性都是不可避免的，在當今世界，反對為陷入脆弱境地的人羣提供社會保護的觀點，不再能夠爭取到學術上和道義上的同盟軍。

馬爾薩斯的同時代人斯圖加特·穆勒警告說，社會救助會產生兩種結果，一種是救助行為本身，一種是對救助產生的依賴性。前者無疑是有益的結果，後者則在極大程度上是有害的，

---

11 馬爾薩斯：《人口原理》，北京：華夏出版社，2012 年。

其危害性之大甚至可能抵消前一結果的積極意義[12]。這個「穆勒難題」，即如何取得社會保護的共濟性質與勞動力市場的激勵性質之間的平衡，顯然比馬爾薩斯理論是更值得爭論的命題。

目前，中國發揮社會保護功能的制度安排和政策體系由三個板塊組成。第一個板塊是基本社會保險制度，包括城鎮的職工和居民社會養老保險、職工和居民基本醫療保險、工傷保險、失業保險和生育保險，以及農村的新型社會養老保險和新型合作醫療保險等制度。第二個板塊是社會救助制度，包括城鄉最低生活保障制度、醫療救助制度和其他撫恤救濟制度。第三個板塊是勞動力市場制度，包括最低工資制度、工資集體協商制度、勞動合同制度、勞動爭議仲裁和調解制度等。結合這些方面的情況，下面嘗試給出關於「穆勒難題」的中國式回答。

處於從高速經濟增長向劇烈結構調整轉變的階段，中國社會對各類社會保險有着強烈的制度需求。在潛在增長率處於高水平的發展階段上，制約實際增長率的主要是來自需求方的衝擊，因此，在總體上就業擴大十分迅速的同時，不時出現週期性失業現象。在 20 世紀 90 年代末最大的一次就業衝擊期間，中國在較短的時間裏建立了社會養老保險和失業保險制度。今後，在潛在增長率降低的情況下，基本社會保險制度將不斷完善，所發揮的作用只會增強不會減弱。

---

12 John Hoddinott, "Safety Nets and Social Protection: Opportunities for Mutual Learning between Asia and Latin America," A Background Paper for the IFPRI and Universidad del Pacífico conference; "Fostering Growth and Reducing Poverty and Hunger in Asia and Latin America: Opportunities for Mutual Learning," Lima, Peru, March 22-24, 2010.

隨着產業結構調整加速，勞動者越來越多地面臨結構性失業風險。不僅農民工的技能會產生與企業需求的差距，即便是受過高等教育的新成長勞動者，也將遭遇因人力資本不匹配而導致的就業困難。解決結構性失業問題，除了政府實施積極就業政策之外，還需要通過勞動力市場傳遞關於技能需求的信號，才能為個人、學校和社會提供接受教育、改革教育體制、教學內容和方式、加強職工培訓的激勵。而這種信號的傳遞過程，就意味着一部分勞動者遭遇失業。

就企業競爭而言，市場力量發揮作用的機理就是創造性破壞。但是，在勞動力市場上，競爭壓力是必不可少的，卻不能把「破壞」的機制應用於勞動者身上。因此，必須有一張廣泛覆蓋的安全網，對那些暫時被市場擠出的勞動者進行社會保護。可以說，沒有堅固的社會保護體系，對脆弱羣體進行政策托底，中國經濟轉型和產業升級的任務就難以順利完成。

在中國的勞動力市場上，存在着一對矛盾現象，即一方面，產業結構升級對具有更高教育水平的勞動者提出巨大需求，另一方面，大學畢業生的就業難問題也十分突出。解決這對矛盾，需要把勞動力市場競爭與社會保護兩種機制結合運用。

大學畢業生就業難的一個重要原因，是這個勞動者羣體的就業面過窄。中國就業者擁有大專以上學歷的比重，2010 年為10.1%，比美國 2006 年 40.1% 的水平低 30 個百分點。把兩國擁有大專以上學歷勞動者的行業分佈相比較，我們卻發現，中國具有大專以上學歷者過度集中在金融、資訊、教育衛生和公共管理等行業，即這幾個行業中大學生比重畸高，甚至大大高於美國的情形。

而在那些實體經濟的直接生產性行業中，高等教育畢業生在總就業中的比重，中國比美國則要低很多。例如，在農業中，中國是 0.6%，美國則高達 24.6%；在製造業中，中國為 10.3%，美國為 30.0%；在交通業中，中國為 10.8%，美國為 27.1%；在商業、貿易、餐飲和旅遊業中，中國為 11%，美國為 28.6%（圖 9-3）。在一定程度上，這既是中國實體經濟尚不夠強的現實原因，也是實體經濟不強的一種表現。

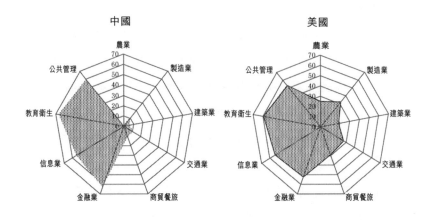

圖 9-3　中美相關行業就業者中大專以上學歷比重

資料來源：胡瑞文等，《我國教育結構與人才供求狀況》，課題報告，2013 年。

　　擁有較高學歷的勞動者，並不自願從高端服務業轉向製造業甚至農業這些傳統上認為的低端就業崗位。一方面，直接生產性行業對高端勞動者的需求增長，有待於這些行業的升級換代，另一方面，只有發揮市場力量，經過從尋職、待業到就業，從失業到再就業的過程，才可能實現高校畢業生就業結構的更加均衡和多樣化。這個轉變過程也是一個勞動者遭遇衝擊的過程，無疑需

要社會保險體系提供一個安全屏障。

　　勞動力市場從總量供大於求到結構性的供不應求轉變，激發了勞動者對勞動力市場制度的強烈需求。進入 21 世紀以來，就業者與僱主之間的勞動糾紛乃至衝突，呈現迅速增加的勢頭。雖然從媒體所報導的事件，或者來自道聽途說的消息，難以得出統計上具有顯著意義的結論，但是，我們可以使用記錄在案的勞動爭議案件增長情況，對中國勞動關係狀況作出一定的判斷。

　　可以獲得記錄的勞動爭議案件包括兩類，一類是全國各級勞動爭議仲裁機構受理案件，一類是案外調解案件。兩類案件數量之和，2000 年為 20.8 萬件，每年有所增加。在 1999-2007 年的八年期間，年平均以 14.3% 的速度增加。但是，2008 年發生一次巨大的跳躍性增長，這一年的案件記錄數比上年增加了 98.0%，案外調解案件數則增長 56.2%。2009 年之後則重新回歸穩定增加的趨勢，在 2008-2016 年期間兩類案件的數量，僅以年平均 2.3% 的速度增加。

　　由此可見，2008 年勞動爭議案件的大幅度增長，應該屬於一種典型的立法效應。僅在這一年，有三部與勞動就業相關的法律，即《勞動合同法》、《就業促進法》和《勞動爭議調解仲裁法》同時開始實施。這些法律擴大了勞動者的權益保護範圍，提高了權益保護力度，降低了維權成本，延長了勞動爭議申訴時效等，無疑都具有激發勞動者維權意識、鼓勵維權行動的作用。

　　許多國家的經驗都表明，在特定發展階段上勞動爭議或勞資衝突的激化，並不必然意味着勞動就業條件比以前惡化了，而更多地反映了在勞動力供求關係變化的條件下，勞動者選擇機會增

多，對工資、待遇和工作條件要求提高，以及在勞動關係中維權意識的覺醒。從各國經濟社會發展的經驗看，這是一種帶有規律性的普遍現象，標誌着勞動者對勞動力市場制度需求的提高。

歐美各國以及日本、韓國等東亞經濟體，在勞資摩擦加劇的時期，常常是在付出代價之後，終於認識到這種「成長中煩惱」的必然性，逐漸學會了遵循這種規律性，先後建立了完整的勞動力市場制度，總體上提高了就業的質量，同時形成了解決勞資爭議和對立的制度框架，維持了社會穩定。相反，那些陷入中等收入陷阱的國家，由於未能主動或被動採取制度建設的辦法予以應對，或者作出不能兌現的過度承諾，或者不恰當地採取高壓政策，結果造成社會不和諧甚至動盪。

對於中國是否應該積極地回應這種對勞動力市場制度建設的迫切需求，在學術界甚至政策研究者中，並沒有取得完全的共識。甚至有為數不少的人，對於勞動合同制和工資集體協商制度，甚至最低工資制度等憂心忡忡，認為這類制度的實施結果，不僅會提高勞動力成本，降低製造業產品的競爭優勢，而且會助長勞動者過度開展維權活動，提高經濟活動中的交易費用，甚至造成社會不穩定局面。

這些觀點顯然是把事物的因果關係弄顛倒了。無論是工資上漲本身，還是與之相伴的勞動關係中天平傾斜度的變化，都是中國經濟跨過路易斯轉捩點的必然結果，需要順應這種變化趨勢以制度建設來應對。相反，如果真的出現社會不穩定的情況，不僅不能歸咎於勞動力市場制度，恰恰是缺乏這種制度安排的不利後果。

一位知名度甚高、影響力頗大的經濟學家張五常，對勞動力市場制度始終採取不以為然的態度。當全國人大常委會通過《勞動合同法》之時，張五常教授就寫文章批評，甚至迫不及待地把這種批評當作一本著作的「不愉快的後記」[13]。此後，他一直不遺餘力、不厭其煩地對這部法律口誅筆伐。雖然類似這種旗幟鮮明的批評並不是普遍現象，也有不少其他呼籲者，認為這部法律及其實施後發生的一些勞動關係中的變化，要對製造業企業經營困難，工資過快上漲，進而比較優勢喪失負責。

　　經濟學家歷來對於勞動力市場制度的作用眾說紛紜、莫衷一是，本書作者無意也無力終結這個曠日持久的爭論。不過，從以下方面進行思考，或許有利於說明，在中國所處的這個經濟社會發展階段上，加強勞動力市場的制度建設確有必要性。

　　經濟學家論及競爭和效率的時候，總是懷着一顆鐵石心腸，露出一副冰冷面孔。經濟學是關於理性的學問，經濟學家多些理性、少點感性也無可厚非。但是，勞動力市場與產品市場以及其他生產要素市場的不同之處在於，這個市場上的交易主體和交易物件，都是活生生的人。馬歇爾曾經指出，磚頭用於建築下水道，還是用於建築宮殿，對於磚頭的供給者而言，是不重要的。但是勞動力的賣方即勞動者，一定關心勞動力賣出後被如何使用。何況，在勞動力僱傭關係中，也存在着資訊不對稱的問題，處於資訊弱勢地位的勞動者，合理的權益往往在缺乏規制的市場交易和僱傭關係中受到侵害。

13　張五常：《中國的經濟制度》，北京：中信出版社，2009 年。

沒有人否認各種勞動力市場制度形式，分別意在解決不同的勞動力市場主體脆弱性問題，分歧之處在於，超過勞動力市場供求均衡水平的保護，會不會形成一種負激勵，不利於勞動者的工作努力以及僱主的僱用積極性。從國際比較看，發達國家通常建立起了完備的勞動力市場制度，並且起到了積極的作用。而在許多發展中國家，勞動力保護並不充分，即便作出了某些相關的制度安排，或者乾脆不起作用，或者產生了負面激勵。

這意味着，包括勞動力市場制度在內的社會保護，是與發展階段相關的制度現象。因此，終究存在着一個轉捩點，一旦經濟發展到達這樣一個階段性時點，勞動力市場制度則成為不可或缺的。邏輯上，這個轉捩點與反映勞動供求關係的路易斯轉捩點密切相關。隨着勞動力從無限供給到短缺的變化，就業問題則從總量性到結構性轉變，中國越來越需要勞動力市場制度。經濟理論和實踐需要與時俱進，張五常教授們不應該把特定發展階段上的兩難選擇變成永恆的東西。

因此，在僱傭關係中，為了讓僱主和就業者都知道，勞動力市場究竟需要多少以及需要甚麼樣的勞動供給，固然需要以工資水平、失業率或者求職難度的方式表達出供求信號，乃至在就業崗位的競爭中優勝劣汰，但是，給予勞動力市場參與者最基本的社會保護，也是政府不可推脫的責任。那些無論何時何地總是表現出更高的社會凝聚力的社會，也恰恰得益於勞動力市場制度比較完善。

有學者出於良好的動機，即為了駁斥可能存在的以社會保護不足批評中國制度的論調，以社會保障公共支出佔 GDP 的比重於

2012 年達到 10.5% 為依據，認為中國已經告別了低福利國家的階段，躋身於世界上較高福利國家行列[14]。作為發展階段變化的一個結果，也作為中央政府更加關注民生政策的一個重要成果，中國的確在廣義的社會保護領域取得了前所未有的成績。不過，上述結論中暗含的中國已經顯現對社會保護產生依賴端倪的結論，則與事實十分不符。

中國目前的社會保護力度和覆蓋水平，遠遠沒有達到產生依賴性的程度。圍繞「穆勒難題」進行的曠日持久的爭論，對發達的歐盟國家來說或許具有針對性。在那裏，同時並存着對立的事例，即在金融危機和債務危機時期，既有社會保護與經濟績效矛盾的現象，如在西班牙、希臘、意大利所看到的，也有社會保護與經濟績效互相促進的現象，如在瑞典、丹麥、芬蘭所看到的。北歐這些被看作典型高福利的國家，恰恰在歐債深陷危機之時，突顯其頗為健康的經濟發展，至少在歐洲，有足夠的資本笑傲羣芳。

也有不少研究者認為，拉丁美洲國家之所以長期徘徊於中等收入陷阱，一個重要的原因，便是這些國家超越發展階段，不顧財政能力一味強調再分配，同時忽視市場機制，實行民粹主義的福利趕超[15]。拉丁美洲一些國家的確遇到了福利承諾過高，又難以實現均等化乃至實質性兌現的困境。但是，這充其量是其作為典

14　王紹光：〈中國仍然是低福利國家嗎？──比較視角下的中國社會保護「新躍進」〉，《人民論壇‧學術前沿》2013 年 11 月（下）：http://www.rmlt.com.cn/2013/1212/198102_7.shtml（2018 年 1 月 10 日下載）。

15　例如樊綱、張小晶：〈「福利趕超」與「增長陷阱」：拉美的教訓〉，《管理世界》2008 年　第 9 期。

型的中等收入陷阱國家的表現之一，卻不是其落入中等收入陷阱的根本原因。

從一定程度上說，在拉丁美洲成為一種現象的民粹主義政策，特別是過度福利承諾，毋寧說是在一些長期困於中等收入陷阱的國家，由經濟增長停滯所誘致出來的一種不得已的選擇。諸多因素導致經濟增長緩慢、停滯乃至倒退，而在蛋糕不再做大的情況下，過多的社會保護承諾不僅沒有可持續性，甚至有時根本就是政黨競選的手段，口惠而實不至。

因此，這個討論對於中國，具有針對性和借鑒意義，然而卻並不是那麼直截了當。習近平總書記指出：要堅持從實際出發，將收入提高建立在勞動生產率提高的基礎上，將福利水平提高建立在經濟和財力可持續增長的基礎上。與歐盟國家甚至與拉丁美洲國家相比，中國迄今為止的社會保護水平仍然較低。對於那些對過度保護憂心忡忡的人來說，社會保護項目的受益水平和相關規制是其關注所在。然而，不難看到並且必須看到的是，中國的社會保護不僅表現為覆蓋面仍然很低，而且絕對水平也相當的低。

以五類社會保險項目的覆蓋水平為例。根據國家統計局進行的農民工監測調查，2014 年，與城鎮戶籍居民相比，本地就業和外出就業的農民工，就業穩定性不夠，與僱主單位簽訂勞動合同的比例僅為 38%；農民工未能充分、均等地享受基本公共服務，如觀察其參加基本社會保險的比例，工傷保險為 26%，醫療保險為 17.6%，養老保險為 16.7%，失業保險僅為 10.5%。其實，即使從具有本地戶籍的城鎮就業者來看，被上述社會保險覆蓋的比率，也遠未達到充分覆蓋的水平。

再看最低工資水平及其變化情況。我們可以收集到的全國數百個城市最低工資的資料，可以看到提高最低工資標準的努力，即近年來提高最低工資標準的城市數越來越多，提高幅度也逐年上漲（圖 9-5）。但是，在 1995-2013 年期間，平均最低工資標準的實際年均增長率只有 8%，不僅慢於同期 GDP 增長速度，也低於城鎮職工平均工資的增長速度。2013 年，選取 287 個城市最低工資標準，其平均水平與城鎮單位就業中的平均工資相比，僅為國有單位的 19.2%，集體單位的 27.5%，其他單位的 21.2%。至於與國際水平相比，更談不上很高。

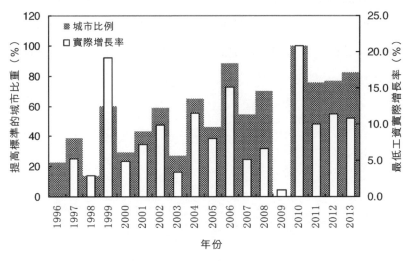

圖 9-5 提高最低工資標準的城市數和平均提高幅度

資料來源：中國社會科學院人口與勞動經濟研究所最低工資資料庫，資料庫中的資料
係從各城市人力資源和社會保障部門網站收集和整理得到。

最低生活保障（低保）制度的覆蓋率和保障水平，也遠遠談不上產生依賴性。2016 年，經過申請和公示等程式之後，城市獲得低保的人口為 1480.2 萬，佔城鎮常住人口的比例只有 1.9%，佔城鎮戶籍人口的比率為 2.7%。按照全年各級財政共支出城市低保資金 687.9 億元計，低保物件平均得到的補助金額每人每年只有 4647 元，這個補助水平僅為同年城鎮居民人均可支配收入的 13.8%。同年農村居民獲得低保的人數為 4586.5 萬，佔農村常住人口的比例大約為 7.8%，佔農村戶籍人口的比例為 5.5%。按照全年各級財政共支出農村低保資金 1014.5 億元計，低保對象平均得到的補助金額為每人每年 2212 元，為同年農民人均可支配收入的 17.9%。農村低保標準僅略高於農村脫貧標準，而後者也僅略高於世界銀行設定的絕對貧困標準（2011 年不變價 1.9 國際美元）。

第十章

擁抱偉大復興

隨着中國經濟的持續高速發展和綜合國力的迅速提高，重新取得物質文明和精神文明的世界領先地位，越來越成為億萬中國人的現實夢想，被恰如其分地表述為「中國夢」。中國是人類歷史中唯一實現文明延續的文明古國，並將成為唯一經歷由盛至衰，繼而偉大復興的國家。然而，過去的經濟增長成就並不能保證未來的高質量發展表現，整體收入水平的提高也不意味着發展本身可以自然而然實現包容和分享，從中等收入階段向高收入階段跨越的任務，比擺脫貧困陷阱的任務更加艱難。實現偉大的夢想需要付出更加巨大的努力。

　　在中國特色社會主義的實踐中，中國共產黨人以全新的視野深化對共產黨執政規律、社會主義建設規律、人類社會發展規律的認識。其中，人類社會發展規律對於廣大發展中國家更具有一般意義。雖然中國人並不輸出自己的發展模式，但是這種規律性的認識，特別是在提煉為中國智慧之後，不啻為一種可供選擇的中國方案，也是中國對人類作出新的更大貢獻的重要方式。

10.1 「李約瑟之謎」

中國人為自己提出的一個宏偉目標是：到 2050 年中華人民共和國成立 100 年之際，實現中華民族偉大復興。這個「中國夢」被表述為「復興」而不是「振興」，是因為在歷史上，中國在科技發展和經濟繁榮方面，並非從來就處於落後地位，而是曾經長期執世界之牛耳。

西方的經濟史學家也很早就否定了所謂的「歐洲中心論」，指出現有的世界經濟格局，即歐洲及其海外移民地區在科技和經濟從而人均收入上所處的絕對領先地位，並不是從來如此。學者的研究表明，在 1500 年前後的世界，財富主要集中在東方，而中國在這個「東方」概念中的地位舉足輕重。只是在那之後，歐洲才開始崛起，並且在 18 世紀較晚的時候，東西方的「大分流」才出現[1]。也大約在相同的時間範疇裏，中國與西方在經濟、科技和生活水平上的差距明顯拉大，中國逐漸變成一個積貧積弱的國家。

解釋國家興衰是許多學科曠日持久的學術好奇心所在，經濟學家更是孜孜不倦地發展出各種理論框架，期冀破解經濟增長之謎。激勵學者們把中國這個經歷了由盛至衰的歷史作為主要研究物件的，是以著名的中國科技史學家李約瑟命名的所謂「李約瑟之謎」。這個謎題嘗試回答為甚麼在前現代社會，中國科技遙遙領先於其他文明，而近現代中國不再具有這樣的領先地位。

1　參見彭慕蘭：《大分流 —— 歐洲、中國及世界經濟的發展》，南京：江蘇人民出版社，2003 年。

對於李約瑟之謎，在較長的時間裏具有支配性影響地位的解釋，來自於所謂「高水平均衡陷阱」理論。這個理論假說認為，由於中國歷史上的農業實踐把傳統技術和生產要素組合到盡善盡美的程度，以致維持了一個與歐洲早期歷史相比更高的生存水平，從而人口增長很快，相應導致勞動力過多和過於廉價，使得勞動節約型的技術不能得到應用 [2]。在這種理論看來，只有大規模採用資本密集型或勞動節約型的技術，才能形成突破馬爾薩斯陷阱所必需的技術變遷。其實，無論是從經濟理論邏輯上推理，還是從歷史事實觀察，這個假說都是不能成立的。

　　首先，即使在中世紀歷史上，歐洲固然經歷過開墾土地邊疆的時期，但是，更多的時期則是以人地關係高度緊張為特徵。換句話說，在這種資源稟賦上即便存在某些中西方差異，並不足以導致現代化動力的根本不同。惟其如此，馬爾薩斯均衡陷阱才成為最具有持續解釋力的理論。

　　其次，經濟研究表明，農業技術進步是由生產要素的相對稀缺性所誘致發生的，也就是說，在勞動力短缺更嚴重的條件下，勞動節約型技術最先被發明和應用，而在土地短缺更嚴重的條件下，土地節約型的技術更早被發明和應用，而在勞動節約型技術變遷和土地節約型的技術變遷之間，是沒有優劣之分的。有強有力的經驗研究證明，事實上，人口眾多的國家可以因人口與土地

2　「高水平均衡陷阱」的原創作者是伊懋可（Mark Elvin），關於這一理論最簡單和精煉的概括，可參閱 Daniel Little *Microfoundations, Method and Causation : On the Philosophy of the Social Sciences*, Chapter 8 The High-level Equilibrium Trap, pp. 151–169, Transaction Publishers, 1998。

之間的緊張關係，獲得更大的壓力和動力，進而實現更快的技術進步和進一步的人口增長[3]。

歸根結底，高水平均衡也好，低水平均衡也好，都不過是馬爾薩斯陷阱的特定表現，即任何可能提高食物生產的機會，歸根結底都只是一種暫時性的擾動因素，由此導致的人口增長，最終還會把生產力拉回到只能維持生存的均衡水平上來。

在兩百多年的時間裏，馬爾薩斯的理論不斷受到各種批評，但是，其在知識界的影響力長盛不衰，原因就是，這個理論的確可以為工業革命以前長達數千年的人類經濟活動，提供一個符合邏輯的解釋。既然一種經濟形態可以在如此悠長的時間裏，橫跨如此廣闊的地域而存在，自然不會是千篇一律和一成不變的。所以，馬爾薩斯陷阱既可以表現為高水平均衡，也可以表現為低水平均衡。

事實上，「高水平均衡陷阱」既不足以完美地解答李約瑟之謎，在歷史事實面前也難以自圓其說。例如，根據經濟史學家麥迪森整理的資料，就 1500 年人均 GDP 而言，歐洲國家中最富裕的意大利比最貧困的芬蘭高 1.43 倍，後來成為工業革命故鄉的英國，則比芬蘭高 57.6%。而歐洲 12 個國家平均人均 GDP 高於中國的幅度，1500 年為 33%，1600 年為 51.3%，1700 年為 72.2%，1820 年為 1.1 倍[4]。

3　Michael Kremer Population Growth and Technological Change: One Million B.C. to 1990, *The Quarterly Journal of Economics*, Vol. 108, No. 3, 1993, pp. 681-716.
4　安格斯·麥迪森：《世界經濟千年統計》，北京：北京大學出版社，2009 年，第 270-271 頁。

經濟學家通常嘗試以更簡潔的理論邏輯，來解說或破解「李約瑟之謎」。例如，林毅夫認為中國在前現代社會的科技領先，在於人口眾多有利於產生的更多創新；而沒有成功地轉變到以大規模實驗為基礎的現代科技創新模式，則是隨後中國的科技乃至經濟開始落後於西方的原因。而他把科技創新模式轉化的不成功，歸結為不鼓勵科技創新，而僅僅複述和詮釋四書五經的科舉制度。這個解釋無疑觸及到了問題的核心，即中國的落後在於沒有進入到現代科技創新。

經濟理論的用途在於解釋力，核心是其邏輯上的一致性。因此，一種能夠更好解釋李約瑟之謎的理論，要求不僅能夠解釋歷史，也能夠解釋與歷史相連的現實，在理論邏輯上，則不能留有缺失的環節。換句話說，不能把一個命題轉換為另一個命題，然後戛然而止。誘致性制度變遷理論認為，一種制度形式能夠產生並存在，必然是為了服務於特定的目的，而且其長期存在的條件，在於保留這一制度帶來的政治收益，總體上大於廢除這一制度需要付出的政治成本。因此，我們需要解釋的是，何以中國歷史上會形成並長期保留這種獨特的科舉制度。

例如，在未能完美地回答為甚麼中國歷史上形成科舉制的情況下，與李約瑟之謎相關的問題就不能算得到解答。此外，既然關於中國為甚麼沒能保持其科技領先地位的李約瑟之謎，是基於中西方的比較而提出的命題，理論回答則應該同時揭示與此相關的中西方之間的實質性差異，而不是僅僅似是而非的差異。

在一個典型的前工業革命社會，馬爾薩斯式的貧困惡性循環，或者說人均收入周而復始地回到生存水平，是經濟發展的常

態（即不發展）。但是，一旦實現工業革命的哪怕是具有偶然性的機會來臨時，物質資本、人力資本和技術進步是否積累到一個抓住機遇的最低要求水平，決定了能否在一國形成工業革命的突破。因此，我們嘗試以極其宏觀和大跨度的視角，來觀察中西方在前工業革命社會的不同，以提供關於李約瑟之謎的合理解釋。

在一個徘徊在生存水平的經濟中，千千萬萬個小農經濟家庭，甚至手工業家庭的規模都是大同小異的，所有這些「馬鈴薯」的一切成果，終究不過是維持或高或低的生存水平，因而也只是構成或高或低均衡陷阱的生產方式。因此，個體經濟單位不可能形成打破低水平均衡陷阱所要求的臨界最小努力。因此，比家庭更高層次的經濟體，如領主經濟、村落經濟及至國家的職能是否有利於資本積累和技術進步，是產生不同經濟發展結果的關鍵。而恰恰在這個層次上，西方與中國有着巨大的分野。

在西方封建制度形成和發展的過程中，君主與地方領主的關係是典型的封建關係，即前者把土地分封給戰爭功臣和貴族，後者藉此畫地為牢、割據一隅，形成自給自足的封閉經濟體。作為回報，君主要求領主和貴族在戰爭中效力，特別是在尚未形成常設國家軍隊的情況下，這種由封建主以騎士或者武裝首領的身份提供的軍事服務，以及召之既來的表現，是君主與領主之間的一種契約關係。

這種以土地為核心的財產與軍事服務之間的互惠，或隱或明地以契約的形式確定下來，同時也就奠定了君主統治的合法性。換句話說，這種統治合法性雖然常常也是脆弱的、時常變化的，但由於互惠互利關係的存在，總體上而言，可以被這種契約關係所保障。

或者説，關係雙方仍然願意付出努力維護和尊重這種契約關係。

獲得分封土地等資源的領主，財產權也具有同樣的合法性，據此實現的經濟增長和資源增值，也得到產權的保障。因此，領主是一個接近經濟活動並從中直接獲益的階層，具有促進領地經濟繁榮的穩定激勵。此外，即使財產權利的不穩定因素，也成為發展經濟的激勵。在許多情況下，外域的侵略和相鄰領主的掠奪，都可能造成財產的損失乃至喪失殆盡。因此，以自己可能的經濟實力和技術能力，築建儘可能堅固的城堡，是保護私人財產的唯一有效手段。而無論是保家衛土還是攻城掠地的能力，無疑都與莊園或領地的經濟發展水平密切相關。

從經濟活動的角度看，教會與上述封建關係有諸多相似之處。教士們不僅孜孜不倦地抄寫複製了宗教典籍，在那些印刷業不發達和普遍文盲的時代，還對古典科學和文化藝術的留存及傳播，作出了無與比擬的貢獻。有一個特別的事情值得一提，地方教會領導人的一個永恆的夢想，就是建築雄偉壯觀、持久屹立的教堂，其建築過程不僅需要物質資本的積累、技術的創新和應用，也是延攬、激勵和培養人力資本的過程。一旦教堂建成，則意味着一個新的商業中心的開拓，對地方商品經濟的促進作用，甚至超過那些直接以營利為目的的經濟活動。

在這種制度框架下，精英階層既可以通過為國王打仗獲得分封，也可以通過成為地方經濟組織者甚至高級僧侶擴大自己的財富，甚至通過搶劫或蠶食其他莊園的財富，及至進入統治階級。這在客觀上形成了發展地方經濟的強烈激勵。

至此，一個與人力資本積累相關的最為重要的因素，也已經

昭然若揭。那就是，既然君主與領主之間的關係更接近於一種互惠的契約關係，君主統治的合法性根植於此，則沒有必有形成一種機制，不厭其煩地要求領主表達自己的忠誠。這就是為甚麼在早期西方社會，沒有形成一個像科舉制度那樣阻礙人力資本積累的制度的原因。

一旦有繁榮和發展特定區域內經濟活動的激勵，經濟史學家道格拉斯·諾斯所闡述的必要的制度條件，就會向着私人收益接近社會收益的方向發展，從而形成支持生產性經濟活動的制度環境，發生工業革命所需的物質資本和人力資本條件就可以得到積累。事實上，在特定的發展時期，它們已是萬事俱備，只待合適的時間以及一點點運氣了。

與西方相比，中國的封建社會是非典型的。由於在較早的時期就形成了大一統的中央帝國，天高皇帝遠，中央政府除了在必要的基礎設施建設中，如修築防禦性的長城和大型水利設施時，需要動員全國力量，組織經濟活動之外，並不直接介入一般的生產活動。而地方政府作為中央政府的派出機構，只對中央政府負責，並且與地方經濟沒有直接的利益關係。因此，經濟發展只是一家一戶的分散經濟活動的疊加而已。

雖然這種典型的小農經濟（地主經濟通常也表現為個體的佃農經濟）具有較大的彈性和活力，許多制度形式如土地自由買賣等也有利於促進經濟活動，但是，缺少一個直接利益相關且具有規模經濟的中間層次，來組織和激勵技術創新，因而也就妨礙了物質資本的大規模積累，從而阻礙了可以達到革命性突破的技術進步。

更重要的是，由於皇朝與地方官員及士紳之間並不是典型的

契約關係，而是威權式的層級關係，皇朝統治的合法性並不牢固地建立在與地方官員和貴族的互惠基礎上。因此，建立一種封建意識形態和禮儀規則，輔之以君權神授的威權及中央軍事實力，是合法性的根本和唯一保障。在這種情況下，克己復禮的儒家思想就成為主流意識形態，繼西漢董仲舒「罷黜百家，獨尊儒術」之後，在隋唐時期形成以闡釋統治階級意識形態和效忠為唯一內容的科舉制度，並延續一千多年之久，也就順理成章了。

這種科舉制度被看做是一個開放的官員選拔制度，也恰恰起到了把所有的精英（同時也是潛在的麻煩製造者）引導到通過科舉獨木橋，從而進入統治階層的作用。在這種精英選拔體制下，表達對主流意識形態的認同，論證皇朝統治的合法性，以及自己對體制的忠誠，成為精英人才的晉升之途。而科學技術、工藝技能則都成為奇淫巧技，恥與人言。因此，科舉制度把有利於科技創新的人力資本積累道路牢牢地堵死了。

固然，生產活動中無時不刻產生這樣那樣的技術創新，作為一個人口泱泱大國，熱心於科學探索的官員或士紳，甚至普通工匠也大有人在，對人類文明積累作出了諸多貢獻。但是，知識分子的主流激勵不在於此，直接知識的創造就是隨機性的，間接知識的積累就是間斷性的，不足以積累到催生科技革命的臨界水平，自然也就不能在適當的時機激發出工業革命。

把中國和歐洲在前工業革命時期的物質資本和人力資本積累模式作出這樣的宏觀比較，就不難揭開為甚麼中國未能保持其早期經濟繁榮和科技發展的領先地位，沒有成為工業革命的故鄉的謎底了。也就是說，在世界各地都處在馬爾薩斯貧困陷阱中的時

候，中國較早並且或許常常處在高水平陷阱中。而當歐洲通過從低水平陷阱到高水平陷阱的提升，進而逐漸為工業革命積累了必要的物質資本和人力資本的時候，中國反而沒有進入這個發展階段，錯過了實現工業革命的機會。

我們用世界銀行的最新資料，補充安格斯‧麥迪森的歷史資料，可以清晰地顯示中國經濟發展在數千年中的興衰更替（圖 10-1）。在公元 1000-1600 年之間，中國的人均收入大體上處於世界平均水平；經濟規模（GDP 總量）長時間保持世界首位，1820 年時竟佔到世界經濟總量的 1/3。不過，也正是在那個時刻，中國在世界經濟「大分流」中落到了停滯的國家行列，無論是經濟總量佔世界的比重，還是與世界平均水平相比的相對人均收入都一路下跌，逐漸把中國推入積貧積弱的境地。

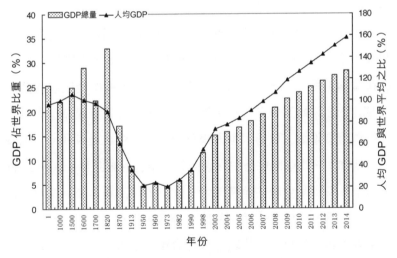

圖 10-1 中國在世界經濟中地位的變化

資料來源：2003 年之前資料取自 Angus Maddison, Contours of the World Economy, 1–2030 AD, Essays in Macro-Economic History, Oxford University Press, p. 379, table A.4; p. 382, table A.7；2004 年以後資料係根據世界銀行資料庫 （http://data.worldbank.org/）記載的相關指標增長速度推算。

中華人民共和國成立之前，中國更是陷入苦難深重的境地，在三座大山的沉重壓負之下，經歷了無盡的內憂外患、經濟停滯、民不聊生。在 1820-1952 年期間，GDP 總量和人均 GDP 的年均增長率分別為 0.22% 和 -0.08%，而同期歐洲的這兩個增長率分別為 1.71% 和 1.03%。中國經濟在世界經濟中的地位降到了最低點。

中華人民共和國前 30 年的經濟增長，受到傳統計劃經濟體制和重大政策失誤的影響，由於排斥市場機制、過高的積累率、產業結構失調，人民生活水平的改善十分緩慢，不僅沒有實現對發達國家及新興工業化經濟體的趕超，反而拉大了發展差距。中國終究沒有搭上 1950 年以後世界經濟大趨同的順風車，經濟發展失去了寶貴的 30 年，1978 年農村尚有 2.5 億人口不得溫飽，全年生活支出不足 100 元。

在改革開放時期，伴隨着一系列體制障礙的清除，物質資本和人力資本得到巨大的積累和有效的重新配置。中國終於把自己在幾個世紀「大分流」中的落後地位，逆轉為向發達經濟體的「大趨同」，開始了中華民族復興的宏偉征程，並以成為世界第二位經濟體為象徵，取得了世人矚目的經濟社會發展成就。正如圖 10-1 所顯示，改革開放是中國經濟由衰至盛的轉捩點，進入 21 世紀以來，特別是中國共產黨的十八大以來，無論是經濟總量還是人均收入水平，中國佔世界的比重都迅速攀升。正如中國共產黨的十九大報告指出，近代以來久經磨難的中華民族迎來了從站起來、富起來到強起來的偉大飛躍，迎來了實現中華民族偉大復興的光明前景。

10.2 兩個「百年目標」

正是親見了改革開放時期取得的經濟社會發展成就,使中國人民有充分的自信,中華民族偉大復興不是空談,也不會僅僅流於一個勵志的口號,而必然得到既扎實又迅速的推進。回顧一下從鄧小平提出「三步走」戰略,到中國共產黨中央提出「全面建設小康社會目標」,再到進一步將其昇華為兩個「百年目標」表述的過程,無異於書寫改革開放以來的中國經濟發展史,也有助於進一步增強實現目標的決心和信心。

在整個 20 世紀 70 年代末到 80 年代後期的時間中,鄧小平都在反覆調研、諮詢和思考「翻兩番」、達到「小康」、「人均收入八百美元」等目標的可行性。例如,在包括鄧小平在內的中國共產黨和國家領導人對發達國家及相鄰國家和地區進行了一系列考察之後,把 20 世紀末實現四個現代化的目標,先是實事求是地修改為中國式的現代化,繼而形成「小康」的概念。1980 年又受湖北省提出的工農業 20 年翻兩番設想,形成了從 1981 年到 20 世紀末的 20 年,實現工農業總產值翻兩番的戰略構想。

1983 年鄧小平在會見世界銀行行長克勞森時,向對方介紹了中國計劃實現工農業總產值翻兩番的目標,同時希望世界銀行組織一次經濟考察,針對中國未來 20 年面臨的主要發展問題,特別要根據國際經驗,為中國實現上述發展目標提供一些可選擇性建議,並對這一目標做些可行性研究。

遵照鄧小平的提議,世界銀行組織了一個龐大的團隊,對中

國經濟狀況進行了考察和研究,並於 1985 年給中國政府提交了一份題為「長期發展面臨的問題和選擇」的經濟考察報告。這份報告採用現代經濟學分析方法,從理論和經驗兩個方面論證了翻兩番的可行性,這個報告文本也不脛而走,為中國的經濟學家和政策研究者廣泛傳閱[5]。

在充分調研、論證和經濟發展實踐的基礎上,到中共十三大召開前夕,鄧小平在接見國外客人時,闡述了「三步走」的戰略思想。中國共產黨的十三大明確而系統地闡述了「三步走」的發展戰略,即第一步,從 1981 年到 1990 年實現 GDP 比 1980 年翻一番,解決人民的溫飽問題;第二步,從 1991 年到 20 世紀末,使 GDP 再增長一倍,人民生活達到小康水平;第三步,到 21 世紀中葉,人均 GDP 達到中等發達國家水平,人民生活比較富裕,基本實現現代化。2050 年這個時間點所對應的是中華人民共和國成立 100 周年,因此,屆時「建成富強民主文明和諧的社會主義現代化國家」,是中國共產黨十八大確立的兩個「百年目標」之一。

2002 年,中國共產黨的十六大作出一項關係改革開放和現代化建設全局的重大決策:在原定現代化建設「三步走」戰略部署基礎上,從「第三步」即 21 世紀上半葉的 50 年中,劃出其中頭 20 年(2001-2020 年),作為「集中力量,全面建設惠及十幾億人口的更高水平的小康社會」的發展階段,以及「實現現代化建設第三步戰略目標必經的承上啟下的發展階段」。2020 年這個時間點

---

5 林重庚:〈中國改革開放過程中的對外思想開放〉,《比較》總第 38 期,北京:中信出版社,2008 年。

對應的是中國共產黨建黨 100 周年，因此，屆時「全面建成小康社會」，是另一個「百年目標」。

　　包括鄧小平擬定的「三步走」戰略和兩個「百年目標」，都統一在了中共十八大提出的總任務之中，即實現社會主義現代化和中華民族偉大復興。2012 年 11 月十八大閉幕之後的 29 日，新當選中國共產黨總書記習近平，帶領新一屆中央領導集體參觀中國國家博物館「復興之路」展覽現場時，首次提出「中國夢」的概念，稱之為實現偉大復興就是中華民族近代以來最偉大夢想，而且滿懷信心地表示這個夢想「一定能實現」。我們可以將中國夢作為十八大提出總任務的「百姓版」。

　　中國共產黨的十八大以來，中國經濟社會發展發生了歷史性變化，取得了歷史性成就，中國特色社會主義進入了新時代。中國共產黨的十九大進一步明確了新兩步走戰略，即在 2020 年決勝全面建成小康社會的基礎上，到 2035 年基本實現社會主義現代化，提前實現鄧小平提出的第三步戰略目標，進而到 2050 年，全面建成富強民主文明和諧美麗的社會主義現代化強國。

　　古往今來，每一個民族的老百姓都希望過上幸福、富足和安全的物質生活和文化生活，形成各國版本的「夢想」，因此，各國民眾的夢想和期待無疑是相通的。但是，中國夢與其他國家提出過的夢想，也有着諸多不同之處。其中最根本之處，應該是實現夢想的途徑和手段。

　　作為一個從歐洲移民到美國的夢想者，施瓦辛格早在作為好萊塢動作明星成名之前，就期待着有一天人人能夠拼出他複雜的名字。最終他成功了，無論在娛樂圈還是政界都風頭甚健，成為

真正的世界名人，講英語的人們不少能夠拼寫出他的名字。這代表了一種典型的個人主義「美國夢」。但是，美國等西方國家並沒有在經濟全球化過程中，使每一個羣體均等獲益，反而出現了中產階級消失、收入和財富差距愈益擴大的趨勢，並導致社會分裂和政治兩極化，美國夢離美國人民的期待也漸行漸遠。

中國夢也是建立在千千萬萬中國人的努力基礎之上，但是，最吸引中國人民之處，則是這個夢想中的集體主義和共同富裕的理念。中國的經濟實力、科技實力、國防實力、綜合國力均已進入世界前列，推動中國的國際地位實現了前所未有的提升，以人民為中心的發展思想也使中國的發展越來越是包容和分享的過程，中國夢日益成為現實。面對中國眼前的挑戰，堅持改革開放發展，並使發展成果更多更公平地惠及全體人民，是中國夢的必要且充分條件。

10.3 全面小康的目標

中國共產黨全國代表大會每五年舉行一次，因此，從 2017 年中國共產黨的十九大到 2022 年中國共產黨的二十大，是「兩個一百年」奮鬥目標的歷史交匯期，既要全面建成小康社會、實現第一個百年奮鬥目標，又要開啟全面建設社會主義現代化國家新征程，向第二個百年奮鬥目標進軍。因此，確立和達到全面建成小康社會的目標，對於實現中華民族偉大復興中國夢，具有承上

啟下的關鍵意義。

中國共產黨的十八大從經濟持續健康發展、人民民主不斷擴大、文化軟實力顯著增強、人民生活水平全面提高、資源節約型、環境友好型社會建設取得重大進展等方面，對 2020 年全面建成小康社會提出了要求。其中，實現國內生產總值（GDP）和城鄉居民人均收入比 2010 年翻一番，是實打實的約束性指標。

2010 年中國 GDP 總量為 41.3 萬億元，到 2020 年翻一番即意味着，按照不變價屆時中國經濟總量達到 82.6 萬億元。當時，這是因應了廣大人民羣眾國民收入倍增的期待而確定的目標。對此，許多人會聯想到著名的日本「國民收入倍增計劃」，即池田勇人內閣制定並在 1961-1970 年間實施的經濟發展計劃。

日本經濟在 1955 年完成了戰後恢復，回歸到戰前的正常增長速度。在這個背景下，決策者希望制定一個鼓舞人心的計劃，保持恢復時期的高增長率，更快實現對歐美經濟的趕超。該計劃旨在通過刺激需求以拉動投資、加快科技進步、推動產業結構高度化，以達到加快國民收入增長，提高居民就業和收入水平的目標。在這個期間，日本經濟年均增長率達到 10% 以上，計劃完成之時，日本經濟總量超過德國和法國，成為美國之後的第二大經濟體，人均收入水平也大幅度提高。

雖然中國的經濟增長在 2012 年之後明顯減速，但是，由於保持了中高速增長，按 2010 年不變價計算的 GDP，到 2017 年已經達到了近 69 萬億元。此後，只需保持年平均增長率 6.3% 左右，即可在 2020 年實現 82. 6 萬億元的目標。屆時，中國的人均 GDP 水平將大幅度接近從中等收入國家行列跨入高收入國家行列的門檻。

值得注意的是，雖然中國共產黨的十八大報告中提出 GDP 的翻番，但是並沒有給予經濟增長速度特別的關注，而是強調在發展平衡性、協調性、可持續性明顯增強的基礎上實現目標要求。中國共產黨的十九大則沒有再提這個目標，固然是由於實現目標已經十拿九穩，更重要的是，十九大做出一個重要判斷：中國經濟已經從高速增長階段轉向高質量發展階段。十九大通過的《中國共產黨章程修正案》也把「又好又快發展」的表述修改為「更高質量、更有效率、更加公平、更可持續發展」，充分說明「快」與「好」已經不可兼得，而成為只可擇其一的替代選擇（trade-off）。

需要了解並深刻思考的是，日本制訂「收入倍增計劃」時，出發點並不必然像後來所顯示的那樣，是為了達到更快的經濟增長速度。實際上，在當時的計劃者中有一些人，本意卻是根據戰後恢復期高速增長完成後的新情況，制訂一個更為穩定增長的計劃。只是，最終拍板人傾向於推動一個更快的速度[6]。上有好者，下必甚焉，1961-1970 年期間的日本經濟最終實現的高速增長，終究是禍是福，當時並無定論。這種依靠刺激推動增長速度的方法，到 20 世紀 80 年代則把日本經濟推進泡沫時代，最終陷入「失去的數十年」。

為了促進居民收入增長與經濟增長的同步，中國共產黨的十八大還確立了城鄉居民收入翻番目標。從那時以來，居民收入增長跑贏了 GDP，而農村居民收入增長快於城鎮居民。在 2013-2017 年期間，城鎮居民可支配收入年平均實際增長率為 6.5%，

6　參見宮崎勇：《日本經濟政策親歷者實錄》第五章，北京：中信出版社，2009 年。

農村居民可支配收入年平均實際增長率為 8.4%。按照這樣的趨勢，即使略微慢一些的收入提高速度，2020 年比 2010 年城鄉居民實際可支配收入翻番，是完全可以實現的。

2015 年召開的中國共產黨的十八屆五中全會，對 2020 年全面建成小康社會設立了新的目標，要求屆時實現現行標準下農村貧困人口實現脫貧，貧困縣全部摘帽，解決區域性整體貧困。這裏所説的「現行標準」，係 2011 年確定的 2300 元的新標準，到 2015 年已經調整為按現行價格 2885 元，到 2020 年預計為現行價格 4000 元。做出這一莊嚴承諾，充分體現了讓全國各族人民共同進入小康社會、一個也不能少的決心。

在中國共產黨的十九大報告中，實際上對 2020 年提出了又一個新的要求，即建設現代化經濟體系。報告中指出：建設現代化經濟體系是跨越關口的迫切要求和我國發展的戰略目標。但是，報告本身並沒有明確點出完成這一任務的時間節點。

筆者認為，完成其中部署的核心任務和目標，時間節點應該是 2020 年，主要依據三個理由。首先是與把握新常態的階段性相關。自從習近平總書記做出關於中國經濟發展進入新常態的重大判斷以來，各級經濟工作領導幹部經歷了從認識新常態到適應新常態的理念轉變，應儘快進入到引領新常態的新的站位。其次是與決勝全面建成小康社會和開啟社會主義現代化國家建設新征程這個歷史交匯期邏輯銜接，現代化國家建設需要現代化經濟體系。第三是與十八屆三中全會全面深化改革的時間表相一致。全會要求到 2020 年在重要領域和關鍵環節改革上取得決定性成果。

10.4 現代化的涵義

如果説中華民族偉大復興是中國人民從自己的歷史着眼，期盼在這個世紀中葉得以實現中國夢的任務和期待的話，實現現代化則是在更有共性的語境下，對中國任務的一種界定。一般認為，自工業革命以來，各國所經歷的，或者努力探索的涉及社會生活各個領域的深刻變革過程，就是所謂的現代化。而這一過程終究要以某些既定特徵的出現作為完結或者階段性完結的標誌，表明一個社會已經實現了由傳統向現代的轉變。因此，現代化既是過程也是目標。

中共十八大表述的到 2050 年建設富強民主文明和諧的社會主義現代化國家，便是把現代化同時作為任務和目標提出的。十九大以 2020 年全面建成小康社會為基礎，進一步將其劃分為兩個階段：第一個階段是到 2035 年基本實現現代化，提前完成鄧小平確立的偉大任務；第二階段是到 2050 年建成富強民主文明和諧美麗的社會主義現代化強國。

無論是作為奮鬥目標的表達，還是作為戰略部署，全面認識中國式現代化的內涵，既具有鼓舞人心的務虛意義，也具有引導方向和規範過程的務實意義。從學術的角度，揭示現代化特別是大國現代化所必需的要素，以及中國在趨近現代化目標的過程中面臨着哪些挑戰，有助於推進中國特色社會主義現代化國家的建設過程，在預定的時間裏達到目標。

值得強調的是，中共十九大報告表達的「富強、民主、文明、

和諧、美麗」這些定語，揭示出目標中的現代化，包含了物質文明、政治文明、精神文明、社會文明、生態文明、國家治理體系和治理能力在內、全體人民共同富裕的全面內容，實現的過程中必須整體理解、綜合施策和全面發力。

我們先來看現代化內涵之一即建設富強國家這一目標。富強國家首先是以硬實力或綜合國力為標誌的。迄今為止，人們還是認為 GDP 是揭示一國財富水平和生產能力的最概括性指標。觀察改革開放以來經濟增長和收入提高，迄今為止的 40 年中，中國的國家富強程度以前所未有的幅度提升，並且在 2020 年之後將繼續提高。由於美國長期以來一直是世界第一大經濟體，科技等實力持續全球領先，也是最富裕的國家之一，我們以國際貨幣基金組織（IMF）的資料[7]，把中國與美國做一歷史比較，能夠說明很多問題。

按現價美元計算的 GDP 總量，直到 20 世紀 90 年代中期，中國都不到美國的 10%。進入 21 世紀以來趕超速度明顯加快，2016 年中國已經為美國的 60.3%，預計 2022 年將達到 78.2%。而按照購買力平價計算的 GDP 總量，中國已經於 2013 年與美國持平，2016 年反超美國 14%。這意味着，在 2035 年之前中國必然從經濟總量上超越美國。

與此同時，從以現價計算的人均 GDP 來看，中國在 1980 年處於 309 美元的低收入國家行列，自 2010 年成為第二大經濟體後也同時進入中等偏上收入國家行列，2016 年為 8123 美元。根

---

7 國際貨幣基金組織網站 http://www.imf.org/en/data，流覽時間：2018 年 1 月 20 日。

據 IMF 工作人員預測，到 2022 年中國的人均 GDP 將達到 12835 美元。根據世界銀行 2016 年的劃分標準，現價人均國民總收入（GNI）12235 美元是進入高收入國家行列的門檻水平，這意味着在中國全面建成小康社會之際，總體上跨入高收入國家的行列。

國際經驗和教訓表明，任何國家一旦進入從中等收入階段向高收入階段邁進的時期，一系列有助於打破貧困陷阱，跨入中等收入階段的做法，或多或少都不再行之有效。改革阻礙生產率提高的制度因素，轉變經濟發展方式，消除渙散社會凝聚力的體制弊端，是中國走向現代化過程中不容迴避的任務。

中國共產黨的十九大指出經濟從高速增長轉向高質量發展，是具有明確針對性的。也就是説，迄今為止中國取得的成就，主要還是得自於增長的速度和總量的擴大。一個經濟體從低收入邁入中等收入，速度和總量是至關重要的；而進而從中等收入跨入高收入，則需要以質取勝，即更高質量、更有效率、更加公平、更可持續發展。

在人口紅利迅速消失的情況下，隨着勞動力短缺特別是其導致的單位勞動成本上升和投資回報率下降，很容易得出結論，認識到傳統投入驅動型經濟增長難以為繼，亟待轉向全要素生產率驅動型的增長模式，獲取經濟增長愈益需要的新動能。然而，許多人尚未充分認識到的是，同樣由於人口因素作用，全要素生產率增長也面臨傳統源泉式微的挑戰，也就是説全要素生產率提高方式也面臨着轉型，實現經濟增長動力轉換任重道遠。

聯合國宣導的人類發展指數（human development index 或簡稱 HDI）把人均收入水平、居民健康水平和受教育程度融合為一

個指標，能夠更全面地反映經濟發展的水平以及包容和分享程度。2010 年，中國的 HDI 為 0.663，排位在世界第 89 位，屬於中等人類發展水平。2015 年這個指標提升到 0.738，排位第 90位。在該指標的構成因素中，中國的人均 GNI 提高顯然比絕大多數國家強勁，預期壽命提高無疑也是差強人意的，因此，中國在這個指數上的世界排位徘徊不前，原因在於教育水平拖了後腿。

無論是經濟增長還是全球化，本身無疑都是有益的社會進步過程，但是，這些過程同樣都不會自動產生涓流效應，不能自然而然保證每個人羣自動均等獲益。中國共產黨的十九大報告指出，中國社會的主要矛盾已經轉化為人民日益增長的美好生活需要和不平衡不充分的發展之間的矛盾。解決發展不平衡不充分的問題，既要堅持發展，做大蛋糕，也要解決好發展的均衡性，分好蛋糕。收入分配不公、社會流動特別是縱向流動管道不暢通、基本公共服務均等化水平尚低、社會保障水平和覆蓋率都不高等一系列問題仍然突出，是實現更加公平發展必須克服的難關。

傳統觀念認為，增長與污染的關係類似於一條倒 U 字型曲線，因此先污染後治理是一種備選或者不可避免的方式。中國長期以來主要依靠物質投入驅動的經濟增長，無疑與這種認識偏差有關，已經造成對資源環境和生態的欠債。而資源一旦枯竭，環境和生態一經遭到破壞，要麼是不可修復的，要麼須付出極高的代價。特別是，環境惡化對人的生活環境和人體健康造成的損害，代價尤其昂貴。現代化建設目標中強調「美麗」這個定語，講的就是讓人民從發展中獲得幸福感，必然不能以資源環境和生態為代價。

硬實力的另一個標誌是科學技術水平和創新能力。隨着中國成為經濟大國，也加大了躋身科技大國的努力，並取得了顯著的成效。長期以來，我們的新聞報導常常會以一些技術突破成果，振奮我們的民族自豪心，但是，作為一個中等收入大國，在某些科技領域居領先地位這樣的事實，並不足以顯示中國科技在世界上的地位。另一方面，用一些更加綜合性的指標進行評判，也越來越具有新聞效果，其中一些不乏更真實反映中國實施科教興國戰略的努力、成就和不足的資訊。

　　在 1997-2016 年期間，中國研究與試驗發展經費支出總額，按可變價計算年平均增長 20%，與名義 GDP 的比率，從 0.64% 提高到 2.11%。考慮到這個時期 GDP 總量的增長速度在全世界是獨一無二的，就可以想像這些年中國的科技投入力度有多大。這種投入相應帶來了許多顯示性的結果。例如，同期高技術產品出口和技術市場成交的名義額都以年平均 20% 左右的速度增長，發明專利申請授權數增長率更高達 28.4%。2005-2016 年期間，科研和開發機構發表科技論文數量增長了 60%，其中國外發表數量的比例從 14.2% 提高到 28.5%。在諸多此類指標上，中國都已經在世界上名列前茅。

　　總量性指標既有說服力也有局限性，追求總量增長既是必需的，也需要有所警惕。鑒於長期以來形成的地區之間和部門之間具有以重要性和業績爭取公共資源投入的慣性，這對於中國來說尤其具有針對性。過度追求總量增長，也造成低質量、平庸之作氾濫，甚至出現大量造假現象。更深入的分析顯示，在發表的論文和申請的專利被引用方面，中國仍然遠遠地落後於發達國家，

甚至落後於許多發展中國家[8]。

在大規模增加科技投入的同時，我們應該反思的是：科技投入的目的何在，科技創新的規律是甚麼，以及創新應該以誰為主體。英國《自然》雜誌主編菲力浦·坎貝爾（Philip Campbell）有一句很有針對性的話——「科學不是比賽。」科學技術發展的目的是為了經濟增長有一個賴以持續進行的科技基礎，這個基礎的水平和牢固性不是金錢可以堆積起來的，而是要通過千千萬萬的個人、企業、機構的創新。

「創新」這個詞，從其被經濟學家熊彼特發明以來，就是與創造性破壞聯繫在一起，即創新有成功也有失敗，創造中必然有毀滅。人們津津樂道的第四次科技革命或浪潮一個顯著的特徵，就是電腦、人工智慧、資訊技術和互聯網等改變了人們組織創新活動並使產品和服務商業化的方式。但是，這個新趨勢不僅不會改變科技創新的創造性破壞性質，而且在某種程度上進一步強化了這一性質。因此，科技水平是國家整體實力的表現，提升這種實力的創新活動，需要眾多單個主體積極探索並承擔後果。

國家軟實力是現代化不可或缺的內涵之一。軟實力這個概念最早是由美國學者提出並應用於國際關係領域。有些學者建議，相對於軍事力量和經濟手段這樣的硬實力，國家應該更多依靠文化和理念方面的軟實力獲得國際影響力。硬實力強調的誰贏得經

8　例如，觀察科學論文被引用量的國際比重與發表量的國際比重之比率，中國僅為科技創新最前沿國家瑞士的 25%，甚至排在南非、墨西哥和巴西之後。見 Sachi Hatakenaka, "The Role of Higher Education in High-Technology Industrial Development: What Can International Experience Tell Us?", in Justin Yifu Lin and Boris Pleskovic (eds) *People, Politics, and Globalization*, The World Bank, Washington D.C., p. 240。

濟戰或者軍事戰，軟實力則着眼於誰贏得了話語權。另外一些學者則認為，有必要把硬實力與軟實力綜合運用，形成巧實力。後一觀點得到美國官方的採納。可見，對西方學者來說，無論是硬實力還是軟實力，或者兩者的結合，都是國際關係博弈中的手段。

隨着中國日益走近世界舞台的中央，西方學者對於中國的國際定位做出過若干種猜測，反映了西方學者和政治家的立場、焦慮和意圖。第一個說法是美國學者格雷厄姆・艾利森提出的所謂「修昔底德陷阱」，借用歷史上守成國家（斯巴達）與挑戰國家（雅典）之間為爭奪霸主地位終有一戰的寓意，表達對中美兩個大國之間關係的憂慮。第二個說法是美國學者約瑟夫・奈提出的所謂「金德伯格陷阱」，以 20 世紀早期英國與美國霸主地位交接時期出現全球公共品供給真空的歷史，表達對中國不願或不能履行全球公共品供給職能的擔憂。

習近平新時代中國特色社會主義思想和基本方略中的一個重要方面，是堅持推動構建人類命運共同體。這一思想及其實踐堅決摒棄冷戰思維和強權政治，堅持正確義利觀，強調構建新型國家關係，以對話解決爭端、以協商化解分歧。中國改革開放發展和分享的成功實踐，經過理論總結和昇華，不僅指導中國決勝全面建成小康社會、開啟全面建設社會主義現代化國家新征程，也以其對人類社會發展規律認識的理論創新成果，為解決一系列全球問題特別是經濟社會發展問題，貢獻了中國智慧和中國方案，即為中國最大的軟實力。

其實，即便不涉及國際關係領域，一個國家在走向現代化的過程中，也面臨着一個增強國家軟實力的任務。這裏，民族文化

的感染力和流行性固然是軟實力的一部分，但是，一個國家具有更強的文化自信和社會凝聚力，價值觀獲得廣泛共鳴，話語權普遍得到接受，是更加實質性的軟實力。軟實力既是衡量現代化的標準，也會為國家的崛起創造更好的內部和外部環境。

10.5 爬坡與攻關

對於最早實現現代化的歐美國家來說，技術進步是在前無古人的基礎上進行的，每一步都是踽踽獨行，人均收入水平的提高，則是經過緩慢而曠日持久的經濟增長才達到的。相反，由於後發優勢的存在，越是後起的國家，則越是能夠以更高的速度實現對先行國家的追趕。例如，我們可以利用經濟史學家麥迪森歸納整理的資料，把中國與不同時期的「高速成長」大國（英國、美國和日本）的增長率進行比較。

英國在 1880-1930 年期間，人均 GDP 的年均增長率只有0.9%。以 1880 年時出生人口預期壽命 50 年來算，在這個時期，一個平均的英國人，可以在自己的一生中感受到生活水平提高56%。英國作為工業革命故鄉取得的這一增長結果，從今天的眼光看，絕談不上驚豔，卻是對綿延數千年的馬爾薩斯貧困陷阱的第一次，也是最具革命性的突破。

繼英國和其他西歐國家之後，美國成為又一個現代化強國。在趕超英國的過程中，即在 1920-1975 年期間，美國的人均 GDP

年平均增長率約為 2%。以 1920 年的出生人口預期壽命 55 年算，美國人終其一生，生活水平可以達到近 1 倍的改善。與眾不同的是，美國在隨後的經濟發展中，仍然保持了類似的增長速度，至今在世界上佔有最強經濟和科技實力的地位，位於最高生活水平國家的行列。

日本是下一個成功地實現對先行者趕超的國家，也是亞洲第一個實現了現代化的國家。在 1950-2010 年期間，日本的人均 GDP 年平均增長速度超過 4%。以平均預期壽命 60 年算，1950 年出生的日本人，一生中經歷的生活水平提高了將近 10 倍。但是，日本在 1990 年以後的經濟增長表現乏善可陳，收入水平的提高也舉步蹣跚，創新力和競爭力的國際排名都有所下降。

自 20 世紀 80 年代初起，改革開放把中國推進到高速增長的軌道。在 1981-2016 年期間，中國的人均 GDP 年均增長率為 8.8%，也就是說，中國人民自改革開放以來已經經歷了 20 多倍的生活水平改善。以平均預期壽命 68 歲計算，1981 年出生的中國人將期望活到 2049 年，即中華人民共和國成立 100 周年之際。如果過去的人均收入平均增長速度得以保持，終其一生，一個典型的 80 後中國人可以經歷高達數百倍的收入水平提高。

無論是進行橫向比較，還是進行縱向比較，中國人迄今為止所經歷的收入水平改善速度，都是前所未有的。這是已經發生了的事實。然而，今後幾十年仍然保持同樣的增長速度，卻是不太現實的假設。雖然根據 2010 年人口普查資料預測，2022 年中國人口總規模在 13.8 億的水平上達到峰值，此後絕對減少，從而有利於提高按人均計算的收入水平，但是，同樣的人口因素，也將

產生不利於今後經濟增長的效應。即以勞動年齡人口和撫養比變化為標誌的人口紅利，已經於 2010 年開始消失，經濟增長減速是必然的。

可見，中國經濟已經達到的高度，既可以自豪地被看作一個舉世矚目的成就，也應該警醒地被看作一個前所未有的挑戰。從此以後，中國經濟面臨着增長的爬坡時期和體制改革的攻關階段。

在較高的發展階段以及較大的基數上，一個國家的經濟增長，必然遭遇邊際難度遞增和邊際努力的效果遞減的現象。隨着國力的總體提升，中國在科學、技術、管理、市場成熟度及產業結構等方面，雖然與發達國家所代表的前沿水平仍有差距，但是，這個差距比之以往顯著地縮小了，意味着中國經濟增長所能夠利用的後發優勢，不再像此前發展階段上那麼明顯。

這一變化有兩重含義。一方面，中國的經濟增長從此需要更加依靠技術和制度創新，依靠產業結構的升級換代，依靠全要素生產率的提高。惟其如此，今後的增長速度雖然會減慢，增長質量特別是發展的包容性完全可以更高。另一方面，正如後發優勢理論的始作俑者格申克龍所發現的那樣，後起國家在趕超過程中，傾向於政府過度干預、更多倚重大企業和產業結構不平衡，並形成與之相適應的體制格局 [9]，因此，在後發優勢減弱之際，經濟發展方式的轉變，也必然以艱巨的體制轉型為前提。

創新過程存在着失敗的風險，產業結構調整也不會表現為所有企業並駕齊驅地實現升級換代。相反，越是創新和結構變革

9　亞歷山大・格申克龍：《經濟落後的歷史透視》，北京：商務印書館，2012 年。

加速的時期，越是會出現優勝劣汰的情形，意味着那些因循守舊或者決策失誤的投資者和企業，不可避免要被競爭的力量逐出市場。但是，在創新促進的全要素生產率提高成為經濟增長唯一源泉的階段上，這樣的發展結果是不容迴避的。政府固然要着眼於構築一個社會安全網，保護在競爭中暫時失利的勞動者，但是，絕不應該保護的落後的經濟行為，以致傷害創造性破壞機制。

競爭的艱難和失敗的風險，可能促使一些企業和部門尋求保護，甚至試圖阻礙必要的體制改革。而那些維護既得利益格局的體制障礙，也必然進一步阻礙經濟的可持續增長，最終造成更嚴重的減速甚至經濟增長停滯。因此，從中國經濟長期可持續發展、實現中華民族偉大復興的歷史大局出發，必須突破顯性和隱性既得利益集團的阻撓，以更大的政治勇氣和政治智慧推進重要領域的改革，以獲取人口紅利消失之後所必需的制度紅利。